UNI-WISSEN

Harro Müller-Michaels

Grundkurs Lehramt Deutsch

Klett Lerntraining

Bibliografische Information der Deutschen Nationalbibliothek
Die Deutsche Nationalbibliothek verzeichnet diese Publikation in der Deutschen Nationalbibliografie; detaillierte bibliografische Daten sind im Internet über http://dnb.d-nb.de abrufbar.

Auflage 4 3 2 1 | 2012 2011 2010 2009
Die letzten Zahlen bezeichnen jeweils die Auflage und das Jahr des Druckes.
Dieses Werk folgt der reformierten Rechtschreibung und Zeichensetzung. Ausnahmen bilden Texte, bei denen künstlerische, philologische oder lizenzrechtliche oder andere Gründe einer Änderung entgegenstehen.

www.klett.de/uniwissen
Umschlaggestaltung: Sabine Kaufmann, Stuttgart
Umschlagbild: Klett-Archiv (Thomas Weccard), Stuttgart
Satz: Kassler Grafik-Design, Leipzig
Druck: Druckerei Wirtz, Speyer
Printed in Germany
ISBN 978-3-12-939007-8

9 783129 390078

Inhalt

Vorwort

Leitende Absicht des Grundkurses ist es, Studierenden einen Überblick über Vielfalt und Komplexität der Probleme des Deutschunterrichts und seiner Theorie, der Didaktik, zu geben. Dabei werden Zusammenhänge sichtbar, die bei der üblichen Trennung von Sprach- und Literaturdidaktik verloren gehen. Der problemorientierte Zugang erleichtert nicht nur einen ersten Einblick in Abläufe der Praxis, sondern bietet zugleich Kategorien für Verständnis und Kritik der Theorien.

Die Einführung ist der Ertrag langjähriger Erfahrungen in der Lehrerbildung. Sie wurde vielfach im Hochschulunterricht erprobt; zuletzt in einer mit Wolfgang Boettcher gemeinsam veranstalteten Vorlesung. Die Ansätze zu den Themenfeldern gründen auf Theorien, die ich der öffentlichen Diskussion mehrfach ausgeliefert habe, z. B. zur Geschichte des Unterrichts, zu Kanon-Entscheidungen, der Methode der produktiven Rezeption oder der qualitativen Empirie. Ich bin dankbar für die Weiterentwicklungen dieser Vorschläge, auch wenn sie in einer Einführung nicht angemessen gewürdigt werden können. Vor allem geht es darum, Studierende neugierig auf Theorie und Praxis zu machen und sie zu differenzierten weiterführenden Studien anzuregen.

Ein Grundkurs zur Einführung in ein wissenschaftliches Studium soll dazu anleiten, genau in der Begrifflichkeit, plausibel in der Modellbildung und kontrolliert im Gebrauch der Methoden zu sein. Er darf aber nicht die Tatsache verdecken, dass Didaktik immer wieder zwischen Kunst und Wissenschaft schwankt: Die besten Stunden sind hin und wieder die, in denen Lehrerinnen und Lehrer sich von Begeisterung und Freude an den Sachen und den jungen Menschen in der Klasse tragen lassen. Dann folgen, wie Kleist festgestellt hat, die Gedanken sinnvoller Weise erst nach der Tat. Dass sie sich dennoch wirksam entfalten können: auch dazu will dieser Band anregen.

Danken möchte ich Gerhard Lauer, ohne dessen Zuspruch der Band nicht entstanden wäre, Sigrun Schuh für die wiederkehrenden Mühen mit dem Manuskript, Daniela Frickel für die anregenden Gespräche während der Überarbeitungen sowie die Erstellung des Registers und Sigrid Habersaat für die zuverlässige redaktionelle Betreuung.

Harro Müller-Michaels
Juli 2009

Unter Germanistikstudenten ist es nicht sonderlich attraktiv, über Berufsziele zu sprechen. Auf die Frage: „Was willst Du später machen?" hört man häufig ein undeutliches Bekenntnis: „Irgendwas mit Medien, Verlag, Uni oder so ...". Selten aber bekennt sich jemand offen zum Lehramt. Zu leicht wird unterstellt, dass man sich weniger für die Wissenschaft als für den Brotberuf interessieren könnte.

Im Kern ist diese Abwehr nicht falsch, denn nach 12 oder 13 Jahren eigener Schulkarriere sollte jeder und jede das Recht haben, sich ganz dem Studium einer Wissenschaft zu widmen, ohne an Zwecke, Ziele oder Nutzen zu denken. Das Studium einer Fächerverbindung nach freier Wahl ist das größte Privileg, das eine Gesellschaft für ihre Jugend bereithält.

Konsekutives Modell

Bei der Planung der neuen Abschlüsse habe ich mich dann auch seit 1994 für ein konsekutives Lehramtsstudium ausgesprochen: Auf die wissenschaftliche Ausbildung in zwei Fächern folgt nach dem B.A. im Masterstudium die Phase der Qualifizierung für den pädagogischen Beruf. Die Zweistufigkeit der Ausbildung kennen wir auch aus anderen Studiengängen: Theoretische Medizin ist Grundlage für das klinische Studium in der Ausbildung zum Arzt. Das Lehramtsstudium ist demnach so etwas wie das klinische Studium in den Geisteswissenschaften: Neben den Vertiefungen in den Fächern gilt es der Qualifizierung für den Lehrerberuf. Philosophie, Bildungswissenschaften und die Didaktiken sichern die Kompetenzen der zukünftigen Lehrerinnen und Lehrer. Eine stärkere Zusammenarbeit mit der bisherigen zweiten Phase ist dringend geboten; irgendwann in nächster Zeit wird sie als „Praktisches Jahr" in die Masterphase integriert werden. Solange das Studienseminar als selbständige Institution der Lehrerausbildung erhalten bleibt, kann diese Einführung in die Didaktik als eine Grundlage für die Planung der Fachseminare und für die Referendare als Repetitorium genutzt werden.

Integratives Modell

Als kompakte Einführung in die Didaktik der Germanistik ist dieser Grundkurs aber ebenso für die integrierten Studiengänge gedacht, die in Pädagogischen Hochschulen oder Erziehungswissenschaftlichen Fakultäten das Lehramt als grundständigen Studiengang anbieten. Die Interdisziplinarität des Studiums zwischen Bildungs- und Fachwissenschaften ist in diesem Hochschultyp von Anfang an gesichert.

Vierte Säule

Als Theorie eines Faches der Allgemeinbildung ist die Didaktik des Deutschen eng mit der Germanistik verbunden. Innovationen der Gegenstände des Fachunterrichts kommen zu großen Teilen aus der Forschung der germanistischen Disziplinen. Daher kann man den drei Teilbereichen, wie sie in den anderen Grundkursen dieser Reihe vermittelt werden, einen vierten hinzufügen:

- Die germanistische Didaktik befasst sich mit Zielen, Inhalten, Methoden und Evaluationen des allgemeinbildenden Unterrichts in deutscher Sprache, Literatur und Kultur.

Querstruktur

Ebenso plausibel wäre allerdings, die Didaktik als Querstruktur zu begreifen, die eine Verbindung zwischen den Teilfächern herstellt. Wie ein Gewölbebogen spannt sie sich über die drei oder vier (z. B. Publizistik/Medienwissenschaft) Säulen des Fachs mit der Funktion, Raum für die Bildung der nachwachsenden Generation zu schaffen. Diesem zweiten Verständnis von Didaktik als Verbindungselement folgt der vorliegende Grundkurs. Damit sehen wir die Germanistik sowie das Fach Deutsch nach wie vor als Einheit und widersetzen uns der wachsenden Ausdifferenzierung der drei Teilbereiche. Zu diesem Plädoyer gehört dann auch, die Diskussion über die Rolle der mittelalterlichen Kulturen für die Bildung wieder aufzunehmen, die Anfang der siebziger Jahre durch Richtlinien unvermittelt abgebrochen wurde.

Facetten des Unterrichts

Die Blickrichtung auf den Deutschunterricht wird also umgedreht: Sie folgt nicht mehr den Befunden der Teilfächer bis in die kleinen Verästelungen einer Unterrichtseinheit, sondern nimmt ihren Ausgangspunkt bei der Deutschstunde einer Klasse vor Ort in all ihren Facetten. Bisher orientieren sich die Einführungen für Studium und Unterricht an der Systematik der Disziplinen: Neben den Handbüchern für die beiden Teilfächer Sprach- und Literaturdidaktik finden sich Spezialstudien zur Didaktik des Dramas, der Neuen Medien, der Syntax, der Kinderliteratur, der Rechtschreibung, der Leseförderung u. v. a. m. Da bei gelungenen Darstellungen die fachwissenschaftliche Analyse bis zu konkreten Unterrichtsmodellen fortgedacht wird, enthalten die Studien vielerlei Anregungen für einen zeitgemäßen Unterricht. Aber den didaktischen Arbeiten fehlt durchweg die Reflexion auf die Partialität ihrer Befunde: Welche Inhalte sollen durch die neuen Modelle ersetzt werden, wo liegt der Kern, wo liegen die Ränder des Faches, wodurch lernen die Schüler die Gegenwart besser zu verstehen und die Zukunft zu meistern? In den systematischen Ausdifferenzierungen des Wissens wird alles gleich gültig; Kategorien für die Trennung des Wichtigen vom Unwichtigen fehlen.

Kompetenzprofil

Demgegenüber setzt dieser Band bei dem Auftrag der Lehrperson und den zu seiner erfolgreichen Ausführung notwendigen Kompetenzen an. Lehrerin und Lehrer kommen in die Klasse eines Schultyps, finden eine Kohorte von Jugendlichen vor, die sie nach sozialwissenschaftlichen Kategorien analysieren, überlegen sich Ziele, bestimmen die nächste Unterrichtseinheit, legen den Ablauf und Wechsel von Methoden und Medien fest, entwerfen Prüfungsarbeiten und nutzen die Ergebnisse für die weitergehende didaktische Planung. Diese Aufgaben sind hochkomplexe pädagogische Handlungen, bei deren Planung und Ausführung Lehrpläne, Schulbücher und Lehrmittel helfen können; aber auch die müssen wiederum kritisch gewürdigt werden. Für die Analyse der Bedingungen des Unterrichts und die Konstruktion von Curricula ist der Gebrauch der Methoden der Fachdidaktik notwendig, wenn der Unterricht nicht einem blanken Dezisionismus verfallen will.

Logik der Gliederung

Die Vielfalt der Aspekte von Unterricht und seiner Reflexion in der Didaktik soll in den Kapiteln nach und nach entfaltet werden. Dabei ist durchaus eine Logik der Gliederung zu erkennen: Geht es zunächst um das **Selbstverständnis** der Didaktik, so müssen dann **Bedingungen** geklärt werden, unter denen Unterricht stattfinden soll. Auf der Grundlage dieser Analysen können **Entscheidungen** über die Ziele, die Inhalte, die Methoden mit den Medien sowie den Prüfungsverfahren getroffen und begründet werden. Zieldiskurse haben Vorrang vor allen anderen Entscheidungen, weil man wissen muss, wohin man kommen möchte, wenn Bildungswege verantwortungsvoll geplant werden. **Evaluationen** von Unterricht sowie Reflexion geeigneter **Forschungsmethoden** bilden den Abschluss des Kurses und führen zugleich, auf neuer Stufe, zu seinem Anfang zurück.

Einheit des Faches

Die leitende Orientierung dieses Grundkurses an den Aufgaben der Lehrenden scheint auch deshalb geboten, weil der Deutschunterricht vom ersten bis zum dreizehnten Schuljahr als komplexe Einheit von Sprache, Literatur und Kultur gelehrt wird. Keine Lehrerin, kein Lehrer kann sich herausreden, sie oder er sei Spezialist für Sprachdidaktik oder Filmwissenschaft; ein Didaktiker, der Deutsch zu unterrichten weiß, muss ebenso Ganzheit und Vielfalt des Faches bedenken. Spezialwissen kann nur mit Blick auf den Gesamtauftrag von Bildung und Erziehung begründet in das Curriculum eines Jahrgangs eingefügt werden. Fachdidaktik sollte in ihren Reflexionen Sorge dafür tragen, dass sie sich nicht in den Verästelungen innovativer germanistischer Forschung verliert, sondern immer wieder zum Kernauftrag des primärsprachlichen Unterrichts zurückfindet.

Problemorientierter Grundkurs

Im Vorgriff auf die in späteren Kapiteln erläuterte Unterscheidung von Systematik und Problematik des Lehrens und Lernens wird man diesen Grundkurs, trotz aller Bemühungen um systematische Ordnungen, problemorientiert nennen können, während die eingeführten Handbücher mit ihrer Anlehnung an Sprach- und Literaturwissenschaften eher systemorientiert sind. Den Anspruch, alle Aspekte von Unterricht und Erziehung zu behandeln und dann auch noch vollständig, können wir nicht einlösen. Es geht darum, einen ersten Zugriff auf das Spektrum von Praxis und Theorie germanistischer Didaktik zu eröffnen, vertiefte Beschäftigung mit ausgewählten Problemen anzuregen und eine Orientierung im Praxisfeld Schule zu sichern. Der Grundkurs hat sein Ziel erreicht, wenn nach seinem Studium die Neugier auf die Forschungen in Germanistik und Didaktik sowie auf die lebendige Praxis des Faches Deutsch größer geworden ist und das weitere Studium leitet.

1 Vom Nutzen der Didaktik

In dem ersten Zugriff auf die Problemfelder der Fachdidaktik soll der Ort im Feld der Wissenschaften bestimmt werden: sowohl ihre unverwechselbare eigene Fragerichtung als auch ihre Verbindungen zu den Nachbardisziplinen in den Kultur- und Erziehungswissenschaften. In den Fakultäten kooperiert die Didaktik in Forschung und Lehre mit den Fächern, macht aber darüber hinaus die Lehre zum Gegenstand der Forschung. Schule wird zum zentralen Anwendungsfall der Philologien. Einerseits wachsen aus der Praxis des Unterrichts Fragen an die Forschung, andererseits werden Theorien kontinuierlich auf ihren Nutzen für eine bessere Praxis geprüft.

2 Die Didaktik und die Wissenschaften

Geschichte der Didaktik

Was Didaktik ist und sein kann im Gefüge der Wissenschaften, erkennt man am einfachsten, wenn man auf ihre Geschichte blickt. Die Didaktik ist zunächst einmal wesentlich älter als es Fächer wie die Germanistik sind: Schon in den Klosterschulen des Mittelalters waren Übersetzungen aus den alten Sprachen mit didaktischen Überlegungen zu Grammatik und Rhetorik des Deutschen verbunden. In der Frühen Neuzeit hat der Theologe und Pädagoge Johann Amos Comenius (1592–1670) in seiner illustrierten Enzyklopädie *Orbis sensualium pictus (Die sichtbare Welt in Bildern*, 1658) das Weltwissen seiner Zeit für die Lehre geordnet und in sinnfälligen Bildern aufbereitet. Spätestens im 18. Jahrhundert wird eine Poetik der Dichtkunst mit dem doppelten Ziel, Literatur besser zu verstehen und nachzuahmen, entwickelt. Johann Gottfried Herder (1744–1803) hat in seinen Briefen zur *Beförderung der Humanität* (1793–97) und in den jährlich gehaltenen Schulreden in einer anspruchsvollen Theorie die besonderen Leistungen von Sprache und Kultur für die Bildung der Menschen begründet und mit Beispielen erläutert. Die erste Geschichte der deutschen Literatur – *Grundriß der Geschichte der deutschen Nationalliteratur* – ist von Karl August Koberstein (1797–1870) für die Gymnasien verfasst worden (1827). Schon diese wenigen Stationen illustrieren, wie selbstverständlich fachliche mit didaktischen Fragen zusammen bedacht werden.

Der Aufstieg der Lehrerausbildung im 19. Jahrhundert

Wenn um die Zeit nach 1800 die ersten Lehrstühle und Seminare der Germanistik eingerichtet wurden, hatte auch diese Neuordnung mit dem Stellenwert der Didaktik zu tun. Bis zur Wende ins 19. Jahrhundert bildeten die Fächer der philosophischen Wissenschaften noch die „niedere“ Fakultät. Sie hatte den Auftrag, die jungen Männer durch Allgemeinbildung auf das Studium in den „höheren“ Fakultäten (Theologie, Medizin, Jura) mit ihrem klaren Auftrag zur akademischen Berufsausbildung vorzubereiten. In der kurzen Amtszeit von Wilhelm von Humboldt (1767–1835) als Kultusminister in Preußen wurde am 12. Juli 1810 das Königliche Edikt zur Lehramtsprüfung eingeführt. Damit stieg die Philosophische Fakultät zur „höheren" Wissenschaft auf; der Auftrag zur Allgemeinbildung wurde in das Gymnasium verlagert und ebenfalls durch ein Edikt vom 12. Oktober 1812 zur Neuordnung des Abiturs institutionell gesichert. Einmal mehr waren damit die Didaktik und die Fachwissenschaften miteinander verklammert worden.

Professionalisierung der Geisteswissenschaften

Die Fächer der Geistes- und Naturwissenschaften haben ihren Aufstieg im 19. Jahrhundert der Professionalisierung der Lehrerausbildung zu verdanken. Auch wenn das Wissen um diese Anfänge heute vielfach verloren gegangen sein mag, so ist doch unbestreitbar, dass jede akademische Ausbildung aus den drei Elementen besteht:
- Allgemeinbildung
- wissenschaftliche Vertiefung
- Qualifizierung für den Beruf

Verantwortung der Wissenschaft

In Medizin, Jura, Wirtschafts- und Ingenieurwissenschaften würde das niemand bestreiten; nur in einzelnen Geistes- und Naturwissenschaften hält man die Berufsfeldorientierung des Studiums für einen Verlust an Wissenschaftlichkeit. Wäre das wahr, dürften wir bei Beschränkung der Wissenschaften auf die Forschung um ihrer selbst willen auch von einem Verzicht auf Verantwortung sprechen. In Wahrheit aber konstituieren Bildung, Wissenschaft und Profession eine untrennbare Einheit, deren Elemente sich wechselseitig beeinflussen und jene Komplexität erzeugen, die akademische Problemlösungen ausmachen. Es ist nicht zu widerlegen: Fachwissenschaften und ihre Didaktik gehören sowohl historisch wie sachlich zusammen.

Institutionelle Aufteilung der akademischen Bildung

Wenn das Gymnasium demnächst vollständig auf 12 Jahre verkürzt sein wird und die Oberstufe das „Studium generale" sowie die exemplarische Wissenschaftspropädeutik nicht mehr sichern kann, wird man auch in Deutschland Colleges (oder Akademien u.ä.), die zum B.A.-/B.S.-Abschluss führen, errichten. Die stärkere Verknüpfung von der Master-Phase im Education-Studiengang mit den Studienseminaren wird, ganz im Sinne eines „klinischen" Studiums in der Medizin, an manchen Hochschulstandorten bereits gesichert. Die beste Theorie bewährt sich erst in ihrem Gebrauch. Man sieht, wie sich bis in die Gegenwart hinein der Ort der Didaktik verändert hat, und sie dennoch zentraler Bestandteil der Fachwissenschaft geblieben ist.

Gegenwärtige Entwicklungen der Didaktik

Diese Verschiebung der Didaktik im Gefüge der Wissenschaften dauert an. Wie in ihren historischen Anfängen bestimmen didaktische Fragestellungen auch heute fachwissenschaftliche Diskurse nachhaltig, etwa Fragen nach dem Verhältnis von Sprache und Norm, nach der Lerner-

Grammatik, nach Genres von Rede und Schrift, nach dem literarischen Kanon oder dem Verhältnis von Literatur und Leben. Weit einflussreicher aber auf die Entwicklung und Positionierung der Didaktik ist im vergangenen halben Jahrhundert die fachwissenschaftliche Forschung selbst geworden. Hochschul-Germanisten sehen in der Didaktik gerne die Verantwortlichkeit für die „Umsetzung" ihrer Forschungsergebnisse. Das ist zwar eine naive Vorstellung, weil die Inhalte und Methoden sich ändern, wenn sie aus der Perspektive von Bildung behandelt werden, aber dennoch wird Fachdidaktik durch Fachwissenschaften grundlegend beeinflusst. Das gilt vor allem für neue Editionen mit Kommentaren von Texten, die für den Lektüreplan in Schulen in Frage kommen, aber auch für neue Paradigmen der Analyse von Sprache, Literatur und Medien, für ein erweitertes Repertoire an Methoden und Theorie sowie für einen weiten Literatur- und offenen Kulturbegriff, um die derzeit laufenden Debatten zu nennen.

Beispiel: *Topographie der Literatur*

Die unterschiedliche Perspektive, die Fachwissenschaften und die Didaktik auf dieselben Gegenstände einnehmen, kann man sich an einem Beispiel vor Augen führen, dem Beispiel Topographie der Literatur. Als 2005 das Buch *Topographie der Literatur* des Kulturwissenschaftlers Hartmut Böhme herauskam, erschien fast zeitgleich ein Heft der Zeitschrift *Deutschunterricht* (6/2006) mit dem Titel *Stadt, Land, Fluss. Orte in der Literatur.* Beides sind hoch differenzierte Analysen von Orten in der Literatur. Sie unterscheiden sich weniger darin, auf welche Texte oder Theorien sie sich beziehen, sondern vor allem, wie weit sie anschauliche, generalisierende und lebensweltlich verankerte Darstellungen dieses Problemfeldes herausstellen.

Differenzierender vs. generalisierender Zugriff

Das Beispiel *Topographie der Literatur* zeigt bei genauerer Analyse eine Unterscheidung an, wie sich in erster Näherung Fachwissenschaft und Didaktik differenzieren lassen, nämlich entlang der Unterscheidung von differenzierendem versus generalisierendem Zugriff auf dieselben Gegenstände wie etwa die Topographie von Literatur.

DEFINITION

Fachwissenschaftliche Studien sind an differenzierender Analyse von Texten und Theorien interessiert, didaktische Diskurse hingegen suchen unter Reduktion von Komplexität nach generalisierenden Einsichten.

Funktionen der Didaktik

Man sieht schon anhand dieser noch sehr vorläufigen Unterscheidung, dass Didaktik und Fachwissenschaften nicht so weit auseinander liegen und doch von einander unterschieden werden können. Zu dieser Differenzierung kommen unterschiedliche Funktionszuschreibungen hinzu. Einen Fachwissenschaftler kann man mit der alten hermeneutischen Formel: Auf welche Frage denn die spezielle Untersuchung eine Antwort sei, immer noch herausfordern. Die Spezialisierung steht im Dienst übergeordneter Forschungsfragen. Anders in der Didaktik. Hier müssen sich zwar zukünftige Lehrerinnen und Lehrer auf die spezialisierten Fragestellungen gegenwärtiger germanistischer Forschung einlassen und sie mit methodischer Konsequenz zu beantworten versuchen. Aber der Rahmen, in dem das geschieht, ist ein anderer. Mit ihren fachwissenschaftlichen Kenntnissen sind sie vorbereitet, Sprache und Kultur in ihrer Komplexität zu erfassen, um dann auch die Fragen nach der Bedeutung der Erkenntnis sowie ihrer Leistung für die Bildung angemessen beantworten zu können. Diese sehr viel generellere Frage nach der gesellschaftlichen Relevanz ist eine andere, weiterreichende Funktionszuschreibung, der sich die Didaktik stellt. Sie muss Inhalte und Verfahren unter dem Gesichtspunkt ihrer Leistung für die Bildung legitimieren. Ohne methodische Kompetenz in den universitären Disziplinen bleibt die didaktische Befähigung inhaltsleer, ohne die weiterreichende gesellschaftliche Verantwortung bliebe sie unverbindlich. Sie muss beides ausgewogen zu leisten im Stande sein. Darin besteht ihre Kunst.

Entscheidung für das Lehramt

Wer daher bereit ist, Forschung nach Ertrag und Reichweite zu bewerten, wem der Umgang mit Menschen bedeutender ist als der mit Büchern oder Medien, wer eine Sensibilität für Bedürfnisse und Bildsamkeit junger Menschen entwickelt und willens ist, Verantwortung für die Mitwelt zu übernehmen, kann über die fachwissenschaftliche Qualifikation hinaus die Entscheidung für das Lehramt wagen und sich zentralen didaktischen Fragestellungen widmen.

TIPP

Der Entscheidung für das Lehramt dient die Frage: Will ich die alten und neuen Medien studieren oder junge Menschen durch interessante Sachen bilden?

3 Die Didaktik des Deutschen

Eine erste Definition

Ohne auf die verschiedenen Definitionsversuche in den Erziehungswissenschaften einzugehen, soll in unserem Zusammenhang der Frage nach dem Lehramt Deutsch die Didaktik wie folgt verstanden werden:

DEFINITION

Fachdidaktik Deutsch ist die Theorie des Lehrens und Lernens im Gegenstandsfeld Sprache, Literatur und Kultur.

Damit sind zwar im Kern die Bildungsprozesse in der Schule gemeint. Aber die Definition ist auch offen für das Lernen in anderen Institutionen (Vorschule, Weiterbildung, Hochschule etc.) und an Orten jenseits der Schule (Lebenswelt, Berufsfelder, Medien etc.), schließlich werden deutsche Sprache, Literatur und Kultur in vielen Institutionen unterrichtet. Bei allen Unterschieden im Detail sind didaktische Reflexionen vor allem auf drei zentrale Aspekte des Lehrens und Lernens gerichtet:

Analyse

- **Analyse** der Bedingungen von Unterricht und Erziehung: Voraussetzungen durch politische Rahmen (Lehrpläne), durch Schwerpunkte der einzelnen Schulen sowie dem Stand von Leistungen und individueller Entwicklung der Schüler.

Konstruktion

- **Konstruktion** von curricularen Einheiten mit Blick auf neueste fachliche bzw. interdisziplinäre Einsichten, Standards von Wissen und Können in der Altersstufe und Notwendigkeit individueller Förderung. Die Arrangements für den Unterricht erfassen inhaltliche und methodische Komponenten.

Evaluation

- **Evaluation** des Unterrichts, die sich auf die selbstkritische Beurteilung der abgeschlossenen Unterrichtseinheit, die verwendeten Lehrmaterialien und auf die erbrachten Leistungen der Schüler bezieht. Das Ergebnis der (Selbst-)Prüfung schafft zugleich die Voraussetzungen für die weiteren didaktischen Entscheidungen.

Germanistik und Lehramt Deutsch

Es bedarf keiner weiteren Begründung, warum das Lehramt Deutsch mit seiner Betonung auf die Gegenstandsfelder deutsche Sprache, Literatur und Kultur eng an die Wissenschaftsdisziplin Germanistik rückgebunden ist. Die Didaktik des Deutschen prüft die Gegenstände der Forschung und die Ergebnisse der wissenschaftlichen Untersuchungen, bewertet sie in Hinblick auf ihre Eignung und Leistung für die Bildung der nachwachsenden Generation kritisch und arrangiert sie für Lernprozesse. Curriculumsentwürfe reduzieren zwar zumeist die Komplexität, nutzen aber die unterschiedlichen Schwierigkeitsgrade für die Erweiterung des Wissens und Könnens der Lernenden: ohne Widerstand der Sachen kein Gewinn an Kompetenz.

Angewandte Germanistik

Wegen des leitenden Bezugs zu den Gegenständen können wir im Fall der Deutsch-Didaktik von Angewandter Germanistik sprechen. Dieses Verständnis macht zwar die Theorie des Unterrichts abhängig von Sprach- und Kulturwissenschaften, stärkt aber zugleich die Verantwortung der universitären Fächer für das wichtigste ihrer Anwendungsfelder: die Schule. Lehrerbildung wird zu einem Prüfstein für die Reichweite der aktuellen Forschung.

Interdisziplinäre Einbindung der Didaktik

Als Theorie der Bildung in ihrem Gegenstandfeld von Sprache, Literatur und Kultur steht die Didaktik zugleich in interdisziplinären Verbindungen zu Wissenschaften, die sich mit Erziehung, Schule, Jugend, Gesellschaft und Politik befassen: Erziehungs- und Gesellschaftswissenschaften, Psychologie und Kulturwissenschaften. Um die zentralen Fragen der Didaktik bildet sich ein Netz von Bezugswissenschaften, deren Gegenstände und Methoden für die Erforschung der Bedingungsfelder von

Schule und Erziehung sowie der Entscheidungsfelder von Unterricht und Bildung unverzichtbar sind.

Abb. 2.1: Didaktik im Gefüge der Wissenschaften

Das Wissen um Lehr- und Lernprozesse

Entscheidungen über Inhalte und Methoden können sinnvoll nur getroffen werden auf der Grundlage der genauen Kenntnis der Voraussetzungen für Lehr- und Lernprozesse in den Altersstufen und Schulformen, die mit empirischen Methoden ermittelt werden. Darin liegt auch die besondere Bedeutung der Lernstandserhebungen in der Nachfolge der PISA-Studie: Sie schärfen das Wissen der Lehrerinnen und Lehrer über die realen Lernvoraussetzungen einer Alterskohorte sowie über Methoden für eigene begrenzte Untersuchungen im Handlungsfeld.

Didaktik als Handlungswissenschaft

Das Herzstück der Didaktik aber ist und bleibt die Entwicklung, Begründung und Überprüfung von curricularen Sequenzen zur Förderung der Bildung. Um diese Aufgabe zu unterstreichen, wurde die Didaktik als *Handlungswissenschaft* begründet (Müller-Michaels 1980, 203ff.), die nicht nur beschreibt, was ist, sondern zugleich auch das formuliert, was sein soll. Für anwendungsorientierte Wissenschaften ist es anders als für die epistemischen Wissenschaften nicht hinreichend, sich auf die Erklärung von Geschichte, Systematik und Leistung von Kultur zu beschränken. Vielmehr müssen diese anwendungsorientierten Disziplinen immer auch zugleich begründen, was Bildung ausmacht und wie sie zu erreichen ist. Tatsachenerhebungen werden mit normativen Aussagen verknüpft. Handeln im Unterricht stellt sich unter das Leitbild von Bildung wie die Behandlung in der Medizin unter die Idee von Gesundheit. Die Bilder von idealer Bildung sind dabei keine starren Normen, die durchgesetzt werden, sondern regulative Ideen, die sich in den Prozessen des Handelns verändern und nur eine asymptotische Annäherung an das Ideal versprechen. Andernfalls würde aus der Idee eine Doktrin, die das Individuum in Ideologie gefangen setzt, statt es zu sich selbst zu befreien.

Lasswell-Formel

Die Vielfalt der Fragestellungen, die sich zum einen aus der Komplexität von Gegenständen der Kultur und ihrer Erforschung, zum anderen aus der Differenz der Perspektiven im interdisziplinären Forschungsfeld für die Didaktik ergibt, lässt sich auf wenige Grundprobleme verkürzen, die vor allem die notwendigen Entscheidungen im Handlungsfeld einer angewandten Wissenschaft betreffen. Hin und wieder wurde für die konzentrierte Formulierung der Aufgabe der Didaktik die sogenannte Lasswell-Formel aus der Medienwirkungsforschung (1948) vorgeschlagen, die da lautet: „Who says What in Which Channel to Whom with What Effect?" Für didaktische Zwecke übersetzt, hieße das Entscheidungsmodell:

> „Wer (Lehrperson) sagt Was (Inhalt) auf welchem Wege (Methode) zu Wem (Lerngruppe) mit welcher Wirkung (Lernerfolg)?"

In der Formel steckt der Glaube an die fast grenzenlose Wirkung der Medien. Für didaktische Theorie ist sie nur bedingt brauchbar, weil wir bei Bildungsprozessen von längerfristigen Wirkungen ausgehen, den gegenseitigen Einfluss der Schüler aufeinander für wichtig halten und die Entscheidungen in jedem einzelnen Schritt immer neu an die Chancen und Risiken in der Lerngruppe rückbinden. Lehren und Lernen gelingt am besten im Wechselspiel der Faktoren, wenn etwa eine mäßige Leistung Neugier auf die Sachen weckt oder in der gegenseitigen Hilfe der Schüler Methodensicherheit gewonnen wird. Manchmal wirkt auch Dialektik in Lernprozessen, wenn z.B. ein Schüler aus Widerspruch einen eigenen Deutungsansatz findet. Dennoch dürfen die Faktoren des W-Fragen-Modells in systematischer Absicht getrennt behandelt werden, wie es in den folgenden Kapiteln geschehen wird.

Die einzelnen aufgeführten Fragestellungen lassen sich den zentralen Aspekten des Lehrens und Lernens zuordnen:

- Das **Bedingungsfeld** bedarf der politischen, sozialwissenschaftlichen, anthropologischen, psychologischen und historischen Analyse;
- viele Gegenstände und die Gestaltung von Sequenzen betreffen die **Entscheidungen** über Inhalte als Didaktik i. e. S., Verfahren und Medien der Methodik i. e. S.;
- Prüfungen sind ein wichtiges Element der **Evaluation** von Unterrichtsarrangements, die bei Erfolg zur Publikation und Diskussion anregen.

Problemfelder der Deutsch-Didaktik

Problemfelder der Deutsch-Didaktik			
Unter welchen Voraussetzungen?	**Bedingungen**	▶ **Richtlinien** ▶ **Architekten** ▶ **soziale Konstellation**	
Wozu?	Ziele:	▶ Kenntnisse ▶ Fähigkeiten ▶ Einstellungen, etc.	
Was?	Inhalte:	▶ Aktualität ▶ Exemplarität ▶ Wirkungsmächtigkeit, etc.	Didaktik i.e.S.
In welcher Folge?	Sequenzen:	▶ Themen, Motive, Stoffe ▶ Gattungen, Genre ▶ Epochen, etc.	
Wie?	Methoden:	▶ analytisch, synthetisch ▶ Lehrgang, Projekt ▶ Sozialformen, etc.	Methodik i.e.S.
Mit welchen Mitteln?	Medien:	▶ Sprache ▶ Modelle ▶ AV	
Mit welchem Ergebnis?	**Prüfungen**	▶ **standardisiert (Test)** ▶ **frei (Aufsatz, Essay)** ▶ **Rede (Diskussion, Referat)**	

Didaktik i. e. S. bezeichnet die Theorie der Inhalte, Methodik i. e. S. die der Verfahren des Unterrichts. Beide Begriffe werden auch für den Gesamtbereich der angewandten Germanistik verwendet. In diesem weiten Sinne ist Didaktik in diesem Grundkurs zu verstehen.

Verbindung von Theorie und Praxis

Grundsätzlich sollte deutlich sein, dass eine gelingende Theorie des Lehrens und Lernens immer als kontinuierliche Reflexion der Praxis angelegt sein sollte, andernfalls würde die Didaktik blind für die Anforderungen, denen sie sich als angewandte Wissenschaft stellt. Didaktik muss also mehrere theoretische und praktische Prozesse verbinden,

- um einen Vorlauf zu gewinnen, Implikationen von Entscheidungen am Modell zu durchdenken,
- um die konkrete Lernsituation vor Ort mit den beteiligten Menschen zu analysieren,

- um Entscheidungen angemessen zu begründen und Arrangements nachvollziehbar und überprüfbar zu machen,
- um in den unterschiedlichen Perspektiven auf Gegenstände, Abläufe und Ergebnisse denken und die Interdependenz des Faktorengefüges erkennen zu lernen,
- um Kriterien für die Bewertung der Lernprozesse, der angemessenen Selbstreflexion sowie der Revision von Entscheidungen zu gewinnen,
- um alte und neue Erkenntnisse der Wissenschaften auf ihren Wert für die Bildung der nächsten Generation und prüfen.

4 Zusammenfassung

Komplexität gefordert

Denken Sie an Ihre eigene Schulzeit, dann wird Ihnen Erziehung und Unterricht viel schlichter erscheinen als in diesem Kapitel. Sie fragen: Muss eine solche Selbstverständlichkeit wie das Lehren und Lernen in den Schulen begrifflich derart aufwändig aufgeschlüsselt werden? Geht nicht dabei jede Natürlichkeit des Gesprächs und der Kunst, Begeisterung für die Sachen zu schaffen, verloren?
Es ist wie in jeder Kunst und Wissenschaft: Je genauer man die Bedingungen des Schaffens kennt, die Tatsachen begrifflich fasst, eine Vorstellung von der Lösung der Aufgabe entwickelt und Methoden der Ausführung des Vorhabens kennt, um so professioneller wird das Werk. Das gilt auch für jede Situation an jedem Schultag. Bei Hospitationen sollten Sie versuchen, Unterrichtsphasen und wechselnde Perspektiven mit den gelernten Begriffen zu analysieren. Sie werden erkennen, wie komplex auch anscheinend schlichte Prozesse und wie folgenreich Eingriffe in den Ablauf sind.

Studium Lehramt interdisziplinär

Didaktik hat eine eigene Fragerichtung auf die Analyse von Unterricht sowie die Konstruktion von Curricula. Sie steht in enger Verbindung mit den Fachwissenschaften, deren neue Einsichten und Methoden sie für den Unterricht in Schulen prüft. Sie diskutiert mit den Erziehungswissenschaften Ziele und Inhalte allgemeiner Bildung, darüber hinaus nutzt sie Erkenntnisse und Verfahren von empirischen Wissenschaften für die Untersuchung der Bedingungen und Leistungen von Unterricht. Aus der Vielfalt theoretischer Interessen und praktischer Notwendigkeiten haben sich Problemfelder herauskristallisiert, die wir in den folgenden sieben Kapiteln erläutern. Dabei wird immer wieder deutlich: Didaktik tut Not – sowohl für die Wissenschaften als auch für die Praxis von Unterricht und Erziehung.

5 Fragen und Aufgaben

1. Aus welchem Bedürfnis ist die Didaktik entstanden und was war die leitende Absicht?
2. Welche Elemente kennzeichnen eine akademische Lehrerausbildung? Begründen Sie auch, welche Kompetenz Sie persönlich für besonders wichtig erachten.
3. Bestimmen Sie den zentralen Unterschied und das gemeinsame Interesse von Germanistik und Didaktik.
4. Nennen Sie je zwei Gründe einerseits für eine stärkere Anbindung der Didaktik an die Fachwissenschaften, andererseits an die Bildungswissenschaften sowie andere Fachdidaktiken. Favorisieren Sie eine der disziplinären Zuordnungen und warum?
5. Beim Studium des Lehramts sollte man sich immer wieder fragen: Ist meine Neugier auf die Lösung von Problemen größer als die Freude am Umgang mit Menschen? Oder ist für die spätere Praxis beides gleich wichtig?
6. Definieren Sie, was Sie unter Didaktik des Deutschen verstehen. Gehen Sie dabei auch auf ein Beispiel ein.
7. Welche Gründe gibt es, die Didaktik als Handlungswissenschaft zu verstehen?
8. Nennen Sie mindestens drei W-Fragen, die auf Gegenstände der Didaktik verweisen. Warum sind gerade diese drei für Ihr Verständnis von Didaktik wichtig?
9. Erinnern Sie sich an ein Beispiel aus Ihrer Schulzeit oder einer Hospitation, wo Lerngewinn aus Widerspruch zur Lehrmeinung gewachsen ist?

1 Vorgaben für Unterricht und Bildung

Manchen Lehrpersonen erscheinen die Bedingungen für Schule und Unterricht derart massiv, dass sie sich in ihren didaktischen Entscheidungen erheblich eingeschränkt sehen. Lehrpläne, administrative Vorgaben, die Lage und Ausstattung der Schule, abgewandte Kollegen, schwierige Schüler-Population, Selbstzweifel bilden unhintergehbare Voraussetzungen für den Unterricht.
Gleichwohl bilden Richtlinien, Schulbau oder Sozialstruktur der Schülerschaft im Einzugsgebiet nur einen Rahmen, in dem freie Entscheidungen, persönliche Begegnungen und individuelle Förderung möglich bleiben. Auch im Umgang mit den Vorgaben gilt, das rechte Maß zwischen Notwendigkeit und Freiheit des Lehrens und Lernens zu finden. An drei Beispielen soll das Spiel didaktischer Entscheidungen in gegebenen Grenzen erläutert werden – einschließlich von Überlegungen, wie die Rahmen sich anders gestalten lassen. Wir wählen die beiden Extreme

- der Schule vor Ort mit ihrer Architektur und Ausstattung: dem Lernen aus Erfahrung und
- der Nutzung der Neuen Medien im weltweiten Netz: dem Lernen aus virtuellen Konstrukten.

Zwischen lokaler Bindung und universalen Angeboten bewegen sich die Schüler mit dem aus sozialer Herkunft Mitgebrachten und ihren mehr oder weniger unartikulierten Interessen.

2 Schule vor Ort

1 Drei Lehrer

Mehr als ein Lehrer

„Ein Kind hat drei Lehrer: Der erste sind die anderen Kinder. Der zweite Lehrer ist der Lehrer. Der dritte Lehrer ist der Raum.“ Diese pädagogische Sentenz aus Schweden findet sich in fast allen Studien zur Schularchitektur. Sie gewinnt auch in unserem Kontext Plausibilität. Zwar sind die Reflexionen der Didaktik auf den zweiten Lehrer konzentriert, insofern er oder sie das notwendige Wissen, Können und Urteilen für die heranwachsende Generation begründet und arrangiert. Aber diese Einsicht gilt auch für die ersten Lehrer, die Schüler, die sich gegenseitig aufklären – weniger über das schulische als über Alltags-, Überlebens- oder verbotenes Wissen. Zwar lassen sich in liberal geführten Schulen Organisationsformen eines informellen Austauschs von Kenntnissen, kulturellen Aktivitäten oder Oppositionsstrategien (auch solche, die sich gegen die Institution richten, die sie ermöglicht) bereitstellen, aber im Kern entzieht sich der informelle Wissensaufbau der Kinder und Jugendlichen notwendigerweise der didaktischen Planung, wenn man die wachsende Autonomie der jungen Menschen ernst nimmt. Es ist gut, das nicht zu vergessen.

Räume des Lernens

Noch offensichtlicher als die Gespräche und Aktionen der verschiedenen Altersgruppen liegen die Gegebenheiten des Stadtteils und des Schulbaus jenseits aller Einflussmöglichkeiten. Dennoch sollten sie als zementierte Bedingungen pädagogischen Handelns in didaktische Reflexionen einbezogen werden. Gerade Lehrpersonen des primärsprachlichen Unterrichts müssen darüber nachdenken, wie die Räume, Flure, Höfe, Hallen, Bibliothek, Aula für die Förderung kommunikativer und kultureller Kompetenzen nutzbar gemacht werden können. Räume, die Jugendliche achten, werden auch die Jugendlichen achten. Vor allem ästhetische Erziehung bedarf einer Ästhetik des Raumes, in dem sie sich ereignen soll.

2 Architektur der Bildung

Schulbauten

Die Bedeutung des Schulbaues für die Lernbiografien einzuschätzen, gelingt am einfachsten, wenn man sich an die eigene Schulzeit erinnert. Bilder der Fassade mit Haupteingang, die langen Flure, der Blick aus dem Fenster des Klassenraumes, der Gang vor dem Lehrerzimmer, der Schulhof, die Turnhalle mit den mäßig belüfteten Umkleidekabinen haben sich im Gedächtnis unauslöschlich festgesetzt und dienen als jederzeit verfügbares Material zur Bebilderung von Episoden aus dem Schulleben, von denen wir in Zeitungen oder Romanen lesen. Die Varianten des Schulhausbaus in Deutschland sind nicht so vielfältig, dass wir nicht mit wenigen Grundtypen auskämen.

Typen des Schulbaus

Da ist der kompakte Bau aus Vorkriegszeiten, im besten Fall durch Flügel für neue Funktionsräume erweitert. Daneben der in den fünfziger und sechziger Jahren schnell hochgezogene Bau aus Glas und Beton in den Proportionen von gereihten oder gegeneinander versetzten Schuhkästen oder die Schulzentren der siebziger Jahre, die, um multifunktional zu bleiben, jedes identifizierbare Gesicht verloren haben und von benachbarten Einkaufszentren kaum mehr zu unterscheiden sind.

Schule planen

Unstrittig ist, dass die Topografie der Schulen das Lernen mitbestimmt. Fragt man Jugendliche, so wünschen sie sich Licht, Wärme, Großzügigkeit, Wohnlichkeit und Überschaubarkeit. Die Chancen stehen nicht schlecht, dass sie, wie auch die jungen Lehrpersonen, in Zukunft an der Planung der Schulen teilnehmen können. Wichtig wird dabei die Einigung auf eine pädagogische Idee sein, die zu unverwechselbarer Corporate Identity führt.

Pädagogische Ideen

Das Programm wird sich auch in der Bauanlage Ausdruck verschaffen: Fachgruppen-Flügel, z.B. Naturwissenschaften, Fremdsprachen, Kunst und Kultur, Werkstätten, Flächen ohne zugewiesene Funktionen, die für wechselnde Vorhaben besetzt werden können, dezentrale Gebäude für Gruppen von maximal 120 bis 150 Schülern, Ausbau von freigelassenen

Flächen (alte Industrie, Kaufhaus, öffentliche Gebäude etc.) in den Innenstädten als urbanes Schuldorf, die „Kloster-Anlage“ in Nachbarschaft von Justiz, Krankenhaus, Kirche, Universität oder Rathaus. Schulen mit einer leitenden pädagogischen Idee sind aller Erfahrung nach die besseren, werden besonders nachgefragt und haben weniger unter Vandalismus und Gewalt zu leiden.

OTTO SEYDELS Konzept

Wie eine gute Schule der Zukunft aussehen sollte, hat OTTO SEYDEL (2004, 122ff.) in drei Punkten erläutert, auf denen sich aufbauen lässt.

1. Ort des Lernens

Diese zentrale Aufgabe hat die Schule seit Jahrhunderten eingelöst und wird sie auch weiterhin und immer besser zu erfüllen trachten. Was sich flächendeckend ändern wird, ist, die baulichen Voraussetzungen für die verschiedenen Organisationsformen von Unterricht zu schaffen:

Klassenräume

1. Der Klassenraum als Ort für die Lerngruppe eines Jahrgangs oder Faches, in dem der Unterricht in seinen klassischen Varianten: lehrerzentrierte Präsentation, Stillarbeit, arbeitsgleiche bzw. arbeitsteilige Gruppenaufgaben, Diskussionen etc. stattfindet. Die Schüler brauchen ihren festen Platz, von dem aus sie die Entdeckungen neuen Wissens wagen können. Gerade in Zeiten, in denen die Mobilität zunimmt, der eigene Arbeitsplatz zuhause nicht gesichert ist und soziale Bindungen weniger fest werden, ist der zugesprochene Raum in der Schule eine Grundbedingung der Bildung.

Gruppenräume

2. Gruppenräume öffnen den Schülern die Chance, in kleinen Teams von vier bis acht Teilnehmern Aufgaben selbständig zu erarbeiten, Kenntnisse und Fähigkeiten auszutauschen, gemeinsame Präsentationen vorzubereiten und Solidarität zu zeigen. Wie die Gruppen gebildet werden, gehört zu den spannenden pädagogischen Aufgaben:
   - Die Selbstwahl durch die Schüler lässt Sympathie- und Interessengefüge in der Klasse erkennen,
   - die Zusammensetzung nach Leistungsstärke öffnet neue Chance für aktive Mitwirkungen und andere Meinungsführerschaft,
   - die Mischung von Starken und Schwachen führt die einen zum Lernen durch Lehren und die anderen dazu, richtige Fragen zu stellen und Antworten ohne allgemeine Aufmerksamkeit zu erproben.

   Die Unterstützung durch ausgebildete pädagogische Assistenten würde die Differenzierungen leichter und das Lernen noch effektiver machen. Immer noch sind die Lehrer in Deutschland die einzigen Akademiker, die ohne jede Assistenz arbeiten.

Einzelunterricht

3. Auch der Einzelunterricht braucht Räume und professionelle Unterstützung. Die Beschäftigung mit einzelnen Schülerinnen und Schülern wird immer dringlicher in Zeiten, in denen individuelle Förderung und Bildung zur Selbständigkeit zu unhintergehbaren pädagogischen

Zielen gehören. Außerdem knüpft diese Lernform an die alte Tradition des Hauslehrers an, die Anfang des 19. Jahrhunderts zum Modell für die Lehrerausbildung in Preußen wurde. Wer von uns erinnert sich nicht gerne an die wenigen Minuten, in denen der Lehrer sich zu uns gesetzt hat, mit einer Frage die selbständige Lösung vorbereiten half, an früher Gelerntes erinnerte oder zu weiterführenden Recherchen ermutigt hat? Wer meint, die neuen Medien könnten heute die Utopie vom Hauslehrer für jeden einzelnen einlösen, hat noch nicht verstanden, wie wichtig für Bildung und Erziehung die persönliche Ermutigung, weiterführende Kritik, Stärkung der Selbstsicherheit und Mitmenschlichkeit durch Lehrpersonen sind.

Selbstunterricht

4. Der Selbstunterricht braucht Nischen verschiedener Art: den Internetzugang, den Leseplatz in der Bibliothek, den Ruheraum zum ungestörten Nachdenken oder Verarbeiten von enttäuschenden wie glücklichen Erfahrungen. Vor allem aber die selbständige Verarbeitung oder Anwendung des Gelernten, der Kern aller Bildungsarbeit also, bedarf des Raumes der Stille und der Kontemplation. Jeder Schulneubau muss Ecken dieser Art bereitstellen, in denen die jungen Menschen das selbständige Nachdenken so vorbereiten, dass es zur Gewohnheit wird.

2. Ort des Lebens

Ort der Erziehung

Schon die Vormittags-Schule ist der Ort, der einen wesentlichen Teil des Lebens der jungen Menschen ausmacht. Etwa 15.000 Stunden wird ein Schüler bis zum Ende des Gymnasiums in der Schule verbracht haben. Er und sie lernen ihre Freunde kennen, aber auch mit Aversionen und Feindschaften zu leben, müssen Vieles mit aller Kraft tun, was sie zunächst überhaupt nicht interessiert, können ihren Neigungen und wahren Interessen engagiert nachgehen, experimentieren mit Arbeitsformen, sozialen Kontakten, persönlichen Bindungen und Rollenmustern, engagieren und verweigern sich, lernen schließlich auch den Umgang mit Autoritäten und Selbstbehauptung ohne Verletzungen. Wenn Schule ein Ort der Erziehung, der Übung in Zivilität und des humanen Umgangs ist, dann sind die Schüler selbst maßgeblich daran beteiligt, das rechte Maß zu finden. Jugendliche können strenge Richter sein, auch wenn die Normen, die sie erstreiten, nicht immer die der älteren Generation sind.

Flächenbedarf

Will man Räume über den Platz auf dem Stuhl im Klassenzimmer hinaus für die jungen Menschen schaffen, der zum Lebensraum wird, braucht man die doppelte Fläche als bisher. Aber lässt sich ein Argument finden gegen den Anspruch einer Generation, die mehr in der Schule für das Leben lernen muss, als das Wissen und die Fähigkeiten in ausgewählten Disziplinen zu erweitern?

Den eigenen Raum bewahren

3. Prägender Ort

Manches ist mit dem Stichwort „Schule als Lebensraum“ schon angeklungen: Schüler lernen Zivilität, den Umgang mit Menschen anderer Ethnien und anderen Glaubens, die Begegnung mit Schwächeren und Stärkeren, das rechte Verhältnis von Pflichten und Neigungen, die Bedeutung von Regeln, Normen und Takt. Sie erfahren immer neue irritierende und verletzende Auseinandersetzungen mit Lehrern und Schülern, die produktive Kraft von Streit, in dem Selbstbewusstsein wachsen kann, sowie Regelungen für ein Leben mit unauflösbaren Konflikten. Schule vermittelt aber auch einen Umgang mit der Zeit, dem Schuljahr, den Projektwochen, dem Stundentakt sowie den Rhythmus von Anstrengung und Erholung, von Beschäftigung mit Sachen und mit Menschen, von Arbeit und Ruhe, von Ernst und Spiel. Vor allem aber werden sie geprägt von dem Raum, wie es die anfangs zitierte Sentenz vermitteln möchte: Der dritte Lehrer ist der Raum. Das gilt für die Wohnlichkeit, das Zu-Hause-Fühlen ebenso wie für die Wirtschaftlichkeit. Die Schüler lernen, die Räume zu pflegen, den Energieverbrauch zu kontrollieren, als Ort ihrer Aktivitäten zu besetzen und vor Vandalismus zu schützen. Man zerstört oder beschmiert nicht, was als Eigenes erfahren wird. Schließlich dient die Architektur der Schule der ästhetischen Bildung: Was die Schüler an großzügiger Fläche, Licht, Vielfalt des Materials, Formen der Einrichtung, Symmetrien oder Variationen in den Zuschnitten erfahren, entwickelt Kenntnisse und Geschmack. Das ist wichtig in einem Fach, das über die Künste Verständnis für Kulturen insgesamt vermitteln möchte. Architektur ist der sinnfälligste Ausdruck von Kultur.

MERKSATZ

Schule ist ein Ort verschiedener Konstellationen von Begegnungen, des zivilen Umgangs miteinander, der Selbsterprobung sowie der politischen und ästhetischen Bildung.

Beispiele gelungenen Schulbaus

Trotz des erheblichen Nachholbedarfs an Schulneubauten gibt es in allen Ländern Europas und des Bundes manche Beispiele für den Schulbau der Zukunft, die zumindest den Ansprüchen genügen, von denen die Rede war. Auch wenn man die anthroposophische Bewegung als eine wenig zeitgemäße Idee einschätzt, gehört die Rudolf-Steiner-Schule in Göteborg zu den beispielhaften Entwürfen für die Zukunft. Die gegliederte, variantenreiche Grundrissform, die starke Farbigkeit, die Flure mit Tageslicht, die großzügigen Flächen und die Ausblicke in Nachbarschaft und Natur kennzeichnen den Neubau. Der Grundriss des Erdgeschosses vermittelt einen ersten Eindruck von dem gegliederten Bau; im Obergeschoss sind dann Klassen- und Gruppenräume untergebracht:

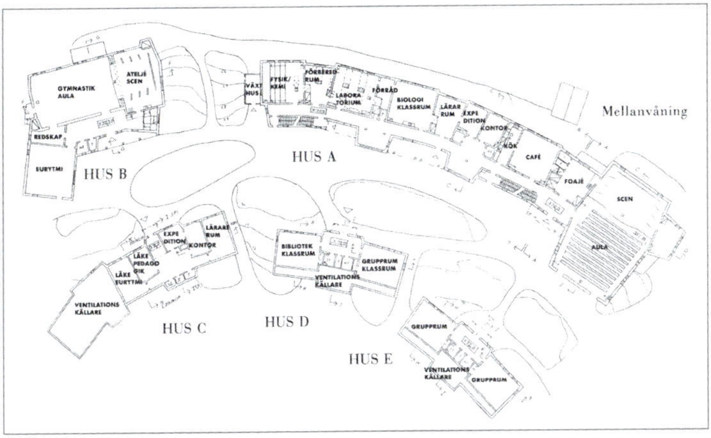

Abb. 3.1: Grundriss Erdgeschoss, Rudolf-Steiner-Schule Göteborg

Weitere Beispiele für pädagogisch konzipierte Schulgebäude finden sich in dem angegebenen Band, z.B. das Barnim Gymnasium in Berlin-Hohenschönhausen (2004, 360) oder die Evangelische Gesamtschule in Gelsenkirchen-Bismarck (2004, 334).

Anlage und Gesicht einer Schule sind, so haben die Überlegungen zur Architektur gezeigt, prägend für die Erfahrungen, die in ihnen gemacht werden. Noch wichtiger aber sind die Menschen, die sich in den pädagogischen Räumen begegnen. Der Einfluss der Lehrer und Mitschüler auf die Entwicklung der jungen Menschen dürfte zeitweise größer sein als der Stoff, den sie vermitteln oder sich aneignen.

3 Jugend im Haus des Lernens

Eine Klasse werden

Tritt man als Lehrer zu Schuljahresbeginn oder im Vertretungsunterricht zum ersten Mal vor eine Klasse, so gleicht die Erregung dem Moment, in dem im Theater der Vorhang aufgeht. Man wird mit einer Konstellation konfrontiert, die Neues birgt, Entdeckungen verspricht, Spannung erzeugt, Ärger provoziert und eigene Gedanken auslöst. Die Klasse, die zu Beginn als unstrukturierte Kohorte mit eigenen Aktivitätsritualen erscheint, wird mit der Zeit zu einer Gruppe von Individuen mit ganz unterschiedlichen Temperamenten und eigenen Gesichtern, die hinter den Masken aufscheinen. Alle werden einen Eindruck hinterlassen und von vielen werden wir Lehrer lernen.

Schüler als Personen

Die Bildungssoziologie bietet, über Erfahrungsmodelle hinaus, Klassifizierungen an, die sich an sozialer Herkunft, Teilhabe an materiellen Gütern und Leben in Parallelgesellschaften bemessen. Für den Deutschunterricht sind Differenzierungen zu beachten, die den Sprachgebrauch betreffen, z. B.:

- restringierter vs. elaborierter Code, d. h. eingeschränkte vs. ausgefeilte Sprachfähigkeit
- Dialekt vs. Hochsprache
- Fremd-/Zweit- vs. Muttersprache
- Gruppen- vs. Standardsprache

In den Einführungen in die Sprachdidaktik (z. B. BREDEL, ULRICH) werden die Probleme mehr oder minder ausführlich behandelt; jeder Lehranfänger sollte sich mit einem dieser sozial begründeten Probleme exemplarisch beschäftigen. Das Ziel aller Spezialförderung kann aber nur sein, allen Schülern Kompetenzen zu vermitteln, die ihnen ertragreiche Teilhabe an Bildungsprozessen und am Leben in der Mehrheitsgesellschaft erlaubt. Erst vom Niveau des Standards aus kann die Persönlichkeit sich entwickeln – auch mit dem je eigenen Profil, das sie prägt.

Die Ausgeschlossenen

Von besonderer Bedeutung für den Deutschunterricht ist die gegenwärtige Debatte in der Soziologie über die „Überflüssigen“. Unter dem Stichwort „Exklusion“ („Ausschluss“) wird analysiert, wer in der Gesellschaft drinnen und wer draußen ist: „Es geht nicht allein um soziale Ungleichheit, auch nicht nur um materielle Armut, sondern um soziale Exklusion“ (BUDE 2008, 13). In seiner erhellenden Studie *Die Ausgeschlossenen* beschreibt der Soziologe HEINZ BUDE gebrochene Biografien von Menschen verschiedener sozialer Gruppen, die ihren Platz im Gesamtgefüge der Gesellschaft verloren haben und deren Stimmen nicht mehr gehört werden. Die traditionelle Vorstellung im Wohlfahrtsstaat, dass soziale Benachteiligung durch Geld, materielle und therapeutische Hilfen ausgeglichen werden kann, hat nur zu einer „Kultur der Abhängigkeit“ geführt, die Menschen eher hindert, das eigene Leben in die Hand zu nehmen. Der schnelle und globale Wandel erzeugt Gruppen von „Entbehrlichen“, die weitgehend zufällig zur falschen Zeit am falschen Ort sind: Landregionen im Osten, Städten, in denen die alten Industrien verrotten, Bezirken mit hohem Anteil an Zuwanderern, Vorstädten mit unwirtlichen Wohnblocks u. a. Jede Chance auf Integration scheint vertan.

Diskriminierung

Diese Diskriminierungsprozesse finden sich auch in der Schule: die Kinder ohne ausreichende materielle Ausstattung, ohne Zugang zu kulturellen Gütern jenseits des Fernsehens, Kinder aus Zuwandererfamilien, Jugendliche, die sich eher durch Körpersprache und Gewalt ausdrücken können als durch Rede, schließlich auch die, die dem gesamten meritokratischen Programm von Leistungserbringung für eine ungewisse Karriere misstrauen und ihren Ausstieg inszenieren. Gruppenbildungen mit Tendenz zur Exklusion kann auch positiv verfolgt werden: Gute Schüler mit informationstechnischen Interessen tun sich zusammen, oder die mit der anspruchsvollen (teuren) Freizeitbeschäftigung oder einer zusätzlichen Qualifizierung. Freiwillig gewählte Exklusion wird als Exklusivität zelebriert.

Anforderungen an die Schule

Den Befund der Soziologie, dass Exklusion durch kein Programm der Integration verhindert werden kann, weil der Wandel in Industrie und Dienstleistung immer neue Entkoppellungen erzeugt, darf die Schule nicht als letztes Wort nehmen. Eine Antwort darauf, wie dem Ausschluss begegnet werden kann, gibt Bude selbst, wenn er schreibt:

> „Das Spiel läuft immer auf zwei Bühnen: Auf der Vorderbühne im Verhalten zum offiziellen Personal der Institution (...) dominiert Abwehr und Obstruktion; auf der Hinterbühne blühen Beweglichkeit, Schnelligkeit und Wendigkeit." (Bude 2008, 93)

Integration in der Schule

Im Spaß am Widerstand zeigt sich eine Form von Intelligenz, die für die Vorderbühne nicht genutzt wird, weil die Jugendlichen dem ganzen Spiel von sozialem Aufstieg durch individuelle Leistung misstrauen. Lieber entwickeln sie ihre Cleverness (Bude, 123) weiter, die sich vor allem in der Fähigkeit zeigt, Pointen zu setzen, Verweigerung ohne Gründe, aber mit einem Lächeln zu artikulieren, Finten zu nutzen, gegen das Unterrichtsziel zu steuern oder Ungehorsam zu kultivieren. Es gehört sicher zu den schwierigsten didaktischen Herausforderungen, der Strategie der beharrlichen Abwehr angemessen zu begegnen und die latente Intelligenz für die Bildung zu nutzen. Die Abwehr der Abwehr wird nur gelingen, wenn die Cleverness selbst zum Thema des Unterrichts gemacht wird, indem die von Exklusion bedrohten Schüler ihre Strategie zum Thema eines eigenen Dramas oder Films machen und ihr Handeln damit zunächst wenigstens kulturell aufgewertet und ins Gespräch gebracht wird.

Vorsicht vor PISA

So wichtig die Lernstandserhebungen nach PISA für die allzu lange vernachlässigten Standards des Wissens, Könnens und Wollens sind, sie dürfen nicht zum alleinigen Maßstab der Bewertung werden. Sind schon die fünf Stufen der Kompetenz zur Textanalyse im Blick auf komplexe Verstehensprozesse, wie sie der PISA-Test zugrundelegt, befragungswürdig (wenn auch heuristisch notwendig), so kann nicht eine Gruppe von 15-jährigen Schülern, deren Fähigkeit zur Analyse und Bewertung symbolischer Akte in einer Gesellschaft unbestreitbar ist, auf der Stufe I des Anforderungsprofils „Interpretieren" fixiert werden. Zu Recht spricht die Soziologie von „sekundärer Stigmatisierung" (Bude 102) durch solche Tests wie PISA, die Exklusion ein zweites Mal besiegelt. Die quantitativen Studien zu Kompetenzen erzeugen die Gefahr, Bildung auf funktionales Lernen für das Erreichen von definierten Kompetenzstufen zu verkürzen. Allgemeinbildung aber bewährt sich erst, wenn es gelingt, Kontroversen zu verstehen, für den Lebensentwurf zu nutzen und die eigene Position mit Blick auf Alternativen zu verändern. Nur durch Stärkung der Persönlichkeiten kann Intervention gelingen, die den Prozess der Exklusion umkehrt und nicht zum unausweichlichen Schicksal macht. Von den notwendigen „präventiven Interventionen" (CASTEL 2008, 74) ist Bildung die wichtigste, weil sie den Prozess in Gang hält, der sonst den Ausschluss endgültig werden ließe. Kein Schüler darf aufgegeben, keine Fähigkeit übersehen, jeder und jede muss als Person gewürdigt werden.

MERKSATZ

Jenseits des Mittelfeldes von Leistungen (nach oben wie unten) darf kein Schüler alleine gelassen werden, um soziale Bindung zu stärken und individuelles Lernen zu bekräftigen.

4 Weltweites Netz des Wissens

Die neuen Medien

Wenn es zu den zentralen Aufgaben der Schule gehört, die jungen Menschen sowohl zur Selbständigkeit in Gesellschaft und Kultur ihrer Lebenswelt als auch zu dem Wissen der Welt zu führen, dann ist der Zugang zur Welt mit den neuen Medien, vor allem dem World Wide Web, noch nie zuvor so leicht gewesen wie heute. Führen die Straßen des Schulgeländes in die Stadt und den Erfahrungsraum der Schüler, so führen die Fenster (Windows) des Internets zum gespeicherten Wissen früherer und anderer Kulturen der Welt. Die Prägung des Individuums am Ort des Lebens wird erweitert zu universellem Lernen durch Wissenserwerb. Unmittelbare und mittelbare Bildung ergänzen sich auf produktive Weise, indem sie sich gegenseitig stimulieren: Antworten zu Fragen der Lebenswelt werden in den alten wie neuen Medien gesucht und das Weltwissen wird auf Bezüge sowie auf Differenzen zur Alltagserfahrung befragt. Lernen erfolgt „onground" und „online" (FUHS 2007, 110).

Die neue Enzyklopädie

Mit dem Internet kommt die Schule der Utopie der Aufklärung, den Menschen umfassend zu bilden, wieder ein Stück näher als mit dem Buch seit Ausgang des 18. Jahrhunderts. Was der Philosoph DENIS DIDEROT (1713–1784) 1755 als Vision seiner Enzyklopädie formuliert hat, gilt auch noch für das Internet:

> „In der Tat ist das Ziel einer Enzyklopädie, das über die Erde verstreute Wissen zu sammeln, deren allgemeines System den mit uns Lebenden darzustellen und den nach uns Kommenden zu überliefern (...), damit unsere Enkel besser unterrichtet sind und zugleich besser handeln und glücklicher werden, und damit wir nicht sterben, ohne uns um das Menschengeschlecht verdient gemacht zu haben."

Umgang mit den Medien im Unterricht

Nun kann es nicht darum gehen, dass Didaktiker und Lehrer ihre eigene Begeisterung für das neue Medium zur generellen pädagogischen Maxime erheben und in ihm das Allheilmittel für technische Kompetenz, Selbständigkeit des Wissenserwerbs, Kreativität im Umgang mit vorfabrizierten Bausteinen und Kommunikationsfähigkeit über Tastaturen sehen. Ebenso falsch aber ist die undifferenzierte Ablehnung des Computers als Maschine, die nur dumm machen kann. Ein maßvoller Einsatz und ein kritischer Gebrauch für Bildungszwecke sind notwendig. Zwar ist der Zeitgeist heute eher auf der Seite der Fürsprecher, aber auch sie werden auf die Dauer nicht bestreiten können, dass die entscheidenden Impulse für das Lernen, vor allem für die Bewertung des Wissens, die Methodensicherheit und die pädagogischen Ermutigungen aus den persönlichen Gesprächen mit den Lehrpersonen erwachsen. Auch die perfekteste Maschine kann Personen unterschiedlicher Temperamente nicht ersetzen.

Techniken im Umgang mit neuen Medien

Dennoch bleiben die Felder der Nutzung des Mediums vielfältig, entlasten die Lehrpersonen und öffnen den Schülern selbständige Wege zur Welt des Wissens.

Recherchen

1. Umfassender als jede einzelne Enzyklopädie erleichtert der Computer die Recherchen in allen Wissensfeldern. Dabei sind die Informationen offline meist zuverlässiger als die Online-Einträge. CD-Rom-Fassungen der Lexika (Brockhaus, Encyclopaedia Britannica oder Literaturgeschichten) bereichern den Unterricht. Elektronische Versionen bieten Bausteine unterschiedlicher Medien zu Hypertexten (Bilder, Filmsequenzen, Musik, Grafiken) und schnelle Verknüpfungen zu weiterreichenden Informationen. Online-Angebote können zwar aktueller sein, sind aber oft oberflächlich, ungenau und verführen zum Kopieren von Textbausteinen, eignen sich dafür aber zu Datenaustausch und Diskussion der Funde. Die Rechercheergebnisse vermitteln nicht nur das notwendige Wissen, sondern zugleich Standards der Einträge: durch Belege abgesichert, klare Begrifflichkeit, Anschaulichkeit, weiterführende Verweise, ästhetischer Anspruch, Anwendungsbezüge etc. Auf die Einhaltung dieser Standards wird jeder Unterricht zu achten haben.

Kommunikation

2. Die computergestützten Medien bringen immer neue Formen des Informationsaustausches hervor. E-Mails, Chats und Arbeitsplattformen sind derzeit die verbreiteten Formate der Kommunikation, die für den Unterricht genutzt werden können. Das hat Folgen, besonders für die Art und Weise, wie kommuniziert wird: „Vom Standpunkt herkömmlichen Schriftgebrauchs wird schlampig, unter dem Gesichtspunkt der Kommunikationszwecke jedoch effizient geschreibsprochen“ (U. Schmitz in Bredel 1, 2003, 253). Wenn mit den Varianten elektronischer Kommunikation im Unterricht gearbeitet wird, müssen die Gefahren der Flüchtigkeit, Oberflächlichkeit, des Verzettelns und der Taktlosigkeiten überwunden werden, damit die Dialoge zivilisiert werden. Wenn neue Formen der Kommunikation den Unterricht bereichern sollen, müssen sie den Zielen von Bildung und Erziehung entsprechen.

Neue Textformen

Die besondere Herausforderung für den kommunikativen Umgang mit den neuen Medien liegt in der Gestaltung von Hypertexten. „Darunter versteht man die Verknüpfung mehrerer Medienangebote, wobei neben der linearen Verknüpfung (Buchstruktur) auch hierarchische (Baumstruktur) und netzwerkartige Formen (Rhizomstruktur) möglich sind." (KEPSER 2003, 859). Die Textabfolge wird unterbrochen durch Bilder, ergänzt durch Filme und Tondokumente, erweitert durch Grafiken und Tabellen, sodass auch verschiedene Lesewege sich anbieten. An die Stelle des Blätterns im Buch tritt das sprunghafte Lesen sowie das Scrollen der Seiten, das wieder an die Lektüre der Papierrollen erinnert, die im 16. Jahrhundert vom Buch abgelöst wurden. All das ist in Bewegung und wird sich in den nächsten Jahren rapide verändern. Gelingender Unterricht muss daher medientechnisch auf der Höhe der Zeit sein.

Mit den Medien präsentieren

3. Gegen die Polemik derer, die auf unzulässige Weise ihr Ideal der Gruppenarbeit gegen die Notwendigkeit des Frontalunterrichts ausspielen, ist der gut gegliederte Vortrag vor der Klasse oder einem größeren Plenum immer noch eine der effizienteren Lehr- und Lernformen. Anschaulichkeit, Nachvollziehbarkeit des Gedankengangs, sentenzhafte Zuspitzungen, Absicherung der Thesen lassen sich durch Präsentationssoftware (z. B. PowerPoint) steigern. Das gilt für den Lehrervortrag genauso wie für das Schülerreferat oder die Präsentation von Ergebnissen der Gruppenarbeit vor der ganzen Klasse. Auch bei den mündlichen Darstellungen sind den technischen Fertigkeiten und der kreativen Phantasie bei der Verknüpfung von Gedanken über Dokumente aus unterschiedlichen Medien (Bilder, Tabellen, Filmsequenzen, Hörbeispiele, Lexikonbeiträge etc.) kaum Grenzen gesetzt. Die Bausteine aus verschiedenen Medien und Datenbanken pluralisieren den Zugang zu dem gewählten Thema und erhöhen damit das Verständnis für die Hörer mit ihren unterschiedlichen Auffassungsgaben, Interessen und Merkfähigkeiten. Im Übrigen wissen wir seit FRIEDRICH NIETZSCHE (1844–1900): „Unser Schreibwerkzeug arbeitet mit an unseren Gedanken" (Brief an KÖSELITZ 1882). Auch die Medien treiben Gedanken hervor und verhelfen zu anderer Logik. Die Beweisführung mit neuen Medien ist zumeist weniger stringent, eher sprunghaft, weniger ableitend, mehr abschweifend. Das kann ein Vorteil sein, den es bei der Arbeit in der Schule zu bedenken gilt.

Medien im Projektunterricht

4. Gruppendynamisch ist interessant, dass sich in Klassen, Kursen und ganzen Schulen Fachleute für einen professionellen Umgang mit neuen Medien entwickeln, die auch größere Vorhaben steuern können. Solche Projekte wie die Herausgabe von Schülerzeitungen (z. B. www.schulweb.de) sind wie die Entwicklung und Pflege von Homepages schon heute weit verbreitet. Deutschlehrer sind in besonderem Maße verantwortlich für das Lektorieren, Redigieren und Edieren, weil der Umgang mit Publikationen in ihr Aufgabengebiet fällt. So finden sich denn auch viele

Veröffentlichungen zu dem Einsatz von neuen Medien im Deutschunterricht in Reihen verschiedener Verlage, Zeitschriften (zuletzt: *DE* 6/2008) und Einführungen (FREDERKING u.a. 2008).

Computerspiele

Inwieweit Computerspiele bis hin zu Gewaltvideos zum Gegenstand des Unterrichts gemacht werden sollen, hängt davon ab, wie stark die Machwerke die Kommunikation in der Schule erreichen. Die meisten schlichten Konstellationen und Handlungsverläufe aufzudecken, wird Schüler nicht daran hindern, sich in die programmierte Banalität zu versenken. Zu einer didaktischen Herausforderung werden die Aktivitäten erst, wenn sie zur Droge werden und andere, ernsthafte Beschäftigungen verdrängen. Vielleicht ist didaktisch dann eher angezeigt, eigene kleine Spiele zu entwickeln als die trivialen Bedürfnisse allzu massiv zu kritisieren. Ein Spiel zum Märchen *Rumpelstilzchen* oder, noch anspruchsvoller, zu E. T. A. HOFFMANNS (1776–1822) *Sandmann* zu konzipieren, geht auf die Faszination des Bösen ein, führt zu den Mustern der Spiele und nebenbei auch zu geheimnisvollen Orten der Literatur.
Der mit jeder empirischen Untersuchung zum Medienkonsum neu aufbrechende Streit, ob Gewalt in den Filmen und Spielen die Gewaltbereitschaft der Jugendlichen fördert, hängt ja primär von dem Grad der Bildung der jungen Menschen ab, nicht von den konsumierten Medien selbst. Was für die meisten **Katharsis** ist, Befreiung von überbordender Phantasie und Leidenschaften, wird für andere zum **Katalysator** latenter Bedürfnisse. Da keine Lehrperson psychische Belastungen, Traumata oder falsche Vorbilder von Schülern im Einzelfall bearbeiten kann, bleibt für den Unterricht nur, die meist schlichte Bauform medialer Produkte aufzudecken, die Funktionen zu diskutieren und Ansatzpunkte zur Selbstaufklärung der Schüler zu bieten.

MERKSATZ

Bei der Nutzung der Neuen Medien gilt es, das rechte Maß bei Recherchen, Kommunikation, Schul-Arbeiten, Präsentationen und Projekten zu finden, ohne die persönlichen Begegnungen einzuschränken.

Notwendige Kritik

Damit sind wir wieder bei der besonderen Bedeutung der Persönlichkeit des Lehrers oder der Lehrerin, die durch kein Medium ersetzt werden kann. Ich selbst gehöre zu einer Generation, die trotz allen Gewinns, den wir aus dem Gebrauch des Computers beziehen, skeptisch bleibt gegenüber dem pädagogischen Nutzen der neuen Medien. Ihre Nachteile überwiegen leicht. Zum einen kann nur die Oberfläche des Wissens auf dem zweidimensionalen Schirm abgebildet werden; Tiefenschärfe des Denkens und Gewinn an Abstraktion gehen verloren. Zum anderen präsentiert das Fenster zur digitalen Welt ausschließlich sekundäres Wissen, das keine primäre Erfahrung ersetzen kann. Schließlich macht die Dominanz der Arbeit am PC nervöser. Die ständige Ablenkung ist programmiert. Man klickt von einer zur nächsten Information und versäumt, sie zu einer eigenen Problemlösung zu verarbeiten.

Procrastination

Für diese Aufschubtechniken, das Verlieren im Belanglosen und das damit verbundene, wachsende schlechte Gewissen, hat die Psychologie schon eine Diagnose gestellt: „Procrastination" (chronisches Verschieben). Der Medienwissenschaftler Nicolas G. Carr hat gerade (*The Atlantic Monthly* 7/8, 2008) ein anschauliches Bild für die Ablenkungsmanöver gefunden, die die neuen Medien erzeugen: Statt in die Tiefe der Lektüre und Probleme einzutauchen, surfen wir auf der Oberfläche der Wellen, die tief unten erzeugt wurden. Lernen durch Ansammlung von verstreutem Wissen mag phasenweise wirksam sein. Es ersetzt aber nicht die Bildung durch Erfahrung, die man mit Mitschülern, Lehrern, Bürgern, der Mitwelt und in den Räumen von Schule und Stadt „onground" sammeln kann. „Placet experiri" nennt die Figur des Hans Castorp in Thomas Manns (1875–1955) Roman *Der Zauberberg* den Reiz unmittelbarer Erfahrung.
Mit diesen skeptischen Einreden mag ich selbst einseitig argumentieren. Sie zu bedenken, wenn die neuen Medien den Ort der Schule immer weiter ausdehnen und virtualisieren – darauf kommt es hier an.

5 Zusammenfassung

Bedingungsfelder

Die Vorgaben für die Schulen sind vielfältig und wirken bei jeder didaktischen Entscheidung mit. Die wichtigsten Bedingungsfelder des Unterrichts sind:

- politische Entscheidungen für Bildungsziele, Organisationsformen und Inhalte des Lernens,
- administrative Regelungen für Lernmittel, Lernstandserhebungen, zentrale Prüfungen, Organisationsformen,
- Lage der Schule in Stadt oder Land, Architektur, Ausstattung und Selbstverständnis der Bildungseinrichtung,
- Sozialstruktur der Schülerschaft, ihre mitgebrachten Kompetenzen und Erwartungen; Engagement von Eltern, Lehrpersonen und einzelnen Schülern.

Von besonderer Bedeutung für den Unterricht in deutscher Sprache und Kultur sind Reflexionen über die Schularchitektur als Ort unmittelbarer Erfahrungen, über die Rolle der Medien als Mittler von Wissen und Können sowie über die soziale Herkunft der Schüler, deren Integration in der Schule gelingen muss, um sie für die Arbeit in und mit der Gesellschaft zu gewinnen.

6 Fragen und Aufgaben

1. Nennen Sie zwei unhintergehbare Bedingungen für den Deutschunterricht und erläutern Sie den Spielraum, den sie dennoch öffnen.
2. Können Sie sich selbst an eine Geschichte oder die Erzählung einer Lehrperson erinnern, bei der die Wirkung einer Vorgabe ganz massiv gewesen ist?
3. Skizzieren Sie Ihre Vorstellung eines idealen Schulbaus. Für welche Zwecke sollten unbedingt Räume vorgesehen werden?
4. Machen Sie selbst Fotos von zwei Schulanlagen (oder holen Sie sie aus dem Netz) und suchen Sie nach der pädagogischen Idee, die hinter den Gebäuden steckt.
5. Haben Sie Erfahrungen mit Exklusion gemacht? Erzählen und analysieren Sie die Ursache(n).
6. Wie lassen sich Störungen des Unterrichts aus Mangel an Anerkennung bearbeiten? Kommentieren Sie einen Lösungsvorschlag.
7. Erläutern Sie einen Fall informellen Wissensaufbaus, der zwar in der Schule (durch Mitschüler) initiiert wurde, aber jenseits der Institution weiterlief.
8. Onground oder online? Nennen Sie je zwei Gründe für und gegen eine virtuelle Schule. Fassen Sie die Kontroverse mit Ihrer persönlichen Einschätzung für neue Medien als Mittel der Bildung zusammen.
9. Erläutern Sie die Nähe von Schularchitektur, neuen Medien und Sozialstruktur in Klasse oder Kurs zu den Zielen des primärsprachlichen Unterrichts. Wählen Sie insgesamt zwei Beispiele aus den drei Bedingungsfeldern.

1 Leitvorstellungen

Wer einen Weg geht, sollte wissen, wohin er will. So ist es auch mit dem Unterricht. Alle Lehrpläne, Stundenentwürfe oder Sammlungen von Materialien beginnen mit dem Nachdenken über die Ziele von Unterricht und Erziehung.
In dieser Absicht werden die pädagogischen Leitvorstellungen unter den zentralen Begriffen Bildung und Kompetenz erläutert. Zunächst führt ein Blick in die Geschichte zu vier pädagogischen Ideen der Aufklärung, deren Fortgeltung kritisch zu prüfen ist. Nach einer Definition werden die Dimensionen sprachlicher und literarischer Bildung konkretisiert. Abschließend ist zu diskutieren, inwieweit die empirischen Studien zu Kompetenzen Lernzuwachs messbar und Bildung prüfbar machen.

2 Bildung: ein Blick in die Geschichte

Bildung für alle – eine notwendige Utopie

Alle Arbeit in der Schule beginnt mit dem Nachdenken über das Ziel, dem sie dienen soll. Die Vorstellungen bündeln sich im Bild einer vielseitig gebildeten Persönlichkeit. Zu den Assoziationen von Bildung gehören: breites Wissen, Repertoire an Fähigkeiten, sichere Urteilskraft, Wertebewusstsein, Gesprächsbereitschaft, Toleranz, Neugier auf den Fremden und das Ferne, Verantwortung für den Nächsten und die Gesellschaft. Die Aufzählung macht schon deutlich, dass das Bild vom Ziel aller Bildung nur als Utopie gedacht werden kann, das aber notwendig ist, um der alltäglichen Arbeit in der Schule eine Richtung und ein Korrektiv zu geben.
Die ersten Bemühungen um Klärung lassen schon erkennen, welchen Einschränkungen und Widersprüchen das Nachdenken über Bildung unterliegt:

Kontingenz

- Die Grenzen unserer Vorstellungen von einer gebildeten Persönlichkeit sind unscharf, kontingent bis widersprüchlich.

Prozess

- Bildung muss als unabschließbarer Prozess gedacht werden, der niemals in einem fixierten Bild still gestellt werden kann. Der Pädagoge Hartmut v. Hentig stellt zu Recht klar: Das Menschenbild, das wir Pädagogen suchen, kann nur im Plural gedacht werden (1996, 27).

Widersprüche

- Allgemeine Bildung für alle ist weitgehend nur in Widersprüchen fassbar: dass gebildet ist, wer mehr wissen will, dass Bildung kein Persönlichkeitsideal ist, sondern dessen kontinuierlicher Widerruf, dass gebildet ist, wer alles, was er gelernt hat, wieder vergessen hat oder dass eine Bildung für alle die Differenzen, je nach Vorbildung und Leistungsbereitschaft, zwischen den Individuen vergrößert statt aufhebt. Darauf wird noch zurückzukommen sein.

Für die nähere Erläuterung von Bildung können sich gerade Germanisten und Deutschlehrer auf eine zweihundertjährige Geschichte von fortgeltenden Begriffs-Bestimmungen berufen, von denen hier nur einige repräsentative Beispiele ausgewählt seien.

Skizzenheft „Bildung“

Studierende sollten sich vornehmen, ab sofort eine Sammlung von Bildungs-Vorstellungen aus den literarischen Werken, die sie lesen werden, anzulegen – vor allem die Bildungsromane und Autobiografien sind Fundgruben für ein solches Skizzenheft. Das hilft, die eigenen Bildungsvorstellungen zu klären. Sehen wir uns die zentralen Bestimmungen von Bildung näher an.

1 Mündigkeit

Kants Definition

Die grundlegende Bestimmung eines leitenden Ziels für Bildung und Erziehung stammt von Immanuel Kant (1724–1804) in seiner Beantwortung der Frage: *Was ist Aufklärung?* von 1783: „Aufklärung ist der Ausgang des Menschen aus einer selbstverschuldeten Unmündigkeit. Unmündigkeit ist das Unvermögen, sich seines Verstandes ohne Leitung eines anderen zu bedienen.“ Positiv gewendet bedeutet diese Definition, dass Mündigkeit der jungen Menschen dann erreicht ist, wenn sie frei geworden sind von allen Zwängen und zu selbstbestimmtem Denken und Handeln befähigt sind. In unserer Zeit sehen wir deutlich, dass die Verhältnisse selten so sind, dass es nur des unbeirrbaren Willens bedarf, um zur Selbstbestimmung zu gelangen. Aber für Kant ist die Entschlusskraft ein wesentliches Element von Mündigkeit. Wenn wir auch heute weiterhin an dieser Annahme festhalten, so deshalb, weil Autonomie und Selbständigkeit des Menschen primär keine Frage von Alter, Wissen oder Schichten-Zugehörigkeit ist, sondern vor allem eine Frage des Wollens. Dafür sollten Erzieher und Lehrer jederzeit Voraussetzungen schaffen und ermutigen.

Adorno

Der Philosoph Theodor W. Adorno (1903–1969) erinnert daran, dass Kants Verständnis von Mündigkeit auch nach Auschwitz noch Gültigkeit für die Erziehung hat: „Die einzig wahrhafte Kraft gegen das Prinzip von Auschwitz wäre Autonomie, wenn ich den Kantschen Ausdruck verwenden darf; die Kraft zur Reflexion, zur Selbstbestimmung zum Nicht-Mitmachen“ (679).

Vernunft und Mündigkeit

Kants Verständnis von Mündigkeit wird hier bei Adorno und vielen anderen Denkern eher noch einmal verstärkt als eingeschränkt, indem das Nachdenken über sich selbst, die Konstruktion des Ich durch Vernunft sowie die Mitwirkung in der Gesellschaft aus kritischer Einsicht und Mitmenschlichkeit als grundlegende Bestimmungen erläutert werden. Diese Bestimmung wird noch durch eine zweite, nicht weniger voraussetzungsreiche und hochzielende Bestimmung ergänzt:

2 Humanität

JOHANN GOTTFRIED HERDER

Allgemeine Menschlichkeit als Ziel ist während der Jahre vor und nach der Französischen Revolution in seinen Schriften und Schulreden von JOHANN GOTTFRIED HERDER (1744–1803) in einer grundsätzlichen Weise bestimmt worden, dass es bis heute gültig bleiben kann. Seine Vorstellungen über Humanität sind kompliziert und schlicht in einem; er sagt in den *Ideen zur Philosophie der Geschichte der Menschheit*, dass er mit dem Begriff alles erfassen möchte, was Menschlichkeit des Menschen ausmachen kann: „feine“ Sinnlichkeit, Kraft der Vernunft, innere und äußere Gesundheit, Freundlichkeit gegen jedermann, ästhetisches Vermögen, produktive Tätigkeit, Selbstbewusstsein, Weltoffenheit, Mitgefühl, öffentliche Wirksamkeit – und das alles im ständigen Bemühen, Kenntnisse, Fähigkeiten und Urteilsfähigkeit weiterzubilden. Humanität wird zum Zielbegriff der Vorstellung von einem autonomen Subjekt in seinem Gemeinwesen (MÜLLER-MICHAELS 2008).

HERDERS Bestimmung

„Verstand und Güte“, Erkennen und Empfinden sind die leitenden Kräfte, die Humanität bilden. Bezeichnenderweise sind es die Schulreden, die HERDER als Direktor des Weimarer Gymnasiums vor allem aus Anlass der Abschiedsfeiern für die Absolventen gehalten hat, in denen er Humanität als Erziehungsziel begründet. Persönliche Bildung des Menschen ist zugleich immer auch politische Bildung; und das gilt bis heute.

Ethischer Humanismus

Diese Fortgeltung von HERDERS Gedanken zur Bildung lässt sich gegenwärtig in Reden und Schriften des Philosophen JULIAN NIDA-RÜMELIN aus seiner Zeit als Staatsminister für Kultur belegen. Zwar hat er wohl eher KANT als HERDER gelesen, bestimmt aber plausibel einen „ethischen Humanismus“ als Leitkultur, dessen Bestimmung deutlich an HERDERS Ideen erinnert: Hierzu gehören Autonomie, Respekt, Menschenwürde im Sinne der Anerkennung der Eigenverantwortlichkeit für das jeweils eigene Leben und für das eigene Handeln. Das stellt den Kern der Menschenrechtsidee dar (2006, 30).
Man muss nur die Quellen der europäischen Ideen vom Menschen wieder lesen, um das eigene Bild einer komplexen Zielvorstellung von Bildung zu schärfen. Eben das würde das Skizzenheft schnell füllen. Und noch eine dritte Bestimmung ist einschlägig:

3 Allgemeine Bildung

W. v. HUMBOLDT

Noch stärker als bei HERDER rückt diese methodische Bildung ins Zentrum von WILHELM v. HUMBOLDTS (1767–1835) Bildungstheorie, die er in aller Kürze in dem Bericht an den König von Preußen vom Dezember 1809 zusammenfasst. Auch für ihn gilt zunächst: „Es gibt schlechterdings gewisse Kenntnisse, die allgemein sein müssen"; dann aber fährt er fort, Kräfte zu beschreiben, die ein Substrat des Wissenserwerbs darstellen: „und noch mehr eine gewisse Bildung der Gesinnungen und des Charakters, die keinem fehlen darf." Zwei Absätze vorher unterstreicht er die Fähigkeiten, die im Prozess des Lernens entwickelt werden sollen, noch deutlicher. Um sittliche Menschen und gute Bürger zu bilden, kommt es darauf an,

> „dass man bei der Methode des Unterrichts nicht sowohl darauf sehen, dass dieses oder jenes gelernt, sondern in dem Lernen das Gedächtnis geübt, der Verstand geschärft, das Urteil berichtigt, das sittliche Gefühl verfeinert werden." (217)

Heute würde man die Qualifikationen ein wenig anders benennen, z. B.:

- Wissen erwerben
- Rationalität gewinnen
- Urteilsfähigkeit erwickeln
- Empathie und Moral verfeinern

Kenntnisse und Fähigkeiten

In beiden Fällen ist mehr als die Erweiterung von Kenntnissen die Stärkung von Fähigkeiten gemeint, mit denen Wissen und Verfahren selbständig erworben und ausgebaut werden können. Diese allgemeine Bildung ist notwendige Grundlage für die Ausbildung in allen Berufen. Menschenbildung erringt den Vorrang vor Berufsbildung u. a. auf eine Weise, dass es nur eine Schule für alle geben soll, die in Stufen von der Elementarschule bis zur Universität verläuft. Verschiedene Schulformen sind für HUMBOLDT nicht vorgesehen.

Die Wirkung HUMBOLDTS

Es bedarf keines Beleges, um zu zeigen, dass HUMBOLDTS Ideen bis heute fortwirken; in den Debatten um die Universitätsreformen fällt sein Name immer wieder. Von den Bildungstheoretikern hat HEINZ-ELMAR TENORTH eine schlüssige Definition für Allgemeinbildung im Sinne HUMBOLDTS begründet:

DEFINITION

„Allgemeine Bildung zu vermitteln, lässt sich ‚als die konkrete (pädagogische) Aufgabe beschreiben, ein Bildungsminimum für alle zu sichern und zugleich die Kultivierung von Lernfähigkeit zu eröffnen'." (TENORTH 1994, 166)

Das ist materiale und formale Bildung zugleich mit der Tendenz, durch erworbene „Lernfähigkeit" Wissen und Können kontinuierlich zu erweitern und zu vertiefen. Noch eine Bestimmung von Bildung fehlt uns:

4 Persönlichkeit

GOETHES Konzept der Persönlichkeit

Wer es schafft, sich allseitig so auszubilden, dass alle seine Anlagen und Kräfte entfaltet werden, reift zur Persönlichkeit. Dieser Gedanke wird am klarsten formuliert in JOHANN WOLFGANG GOETHES (1749–1832) Roman *Wilhelm Meisters Lehrjahre* (1796). Dort schreibt die Hauptfigur Wilhelm Meister in einem Brief an seinen Freund Werner:

> „Daß ich Dir's mit einem Worte sage: mich selbst, ganz wie ich da bin, auszubilden, das war dunkel von Jugend auf mein Wunsch und meine Absicht." (290)

Eine „harmonische" Ausbildung aller Kräfte auf dem Fundament der Anlagen macht aus dem Bürger eine Persönlichkeit. Was bis dahin nur dem Adel vorbehalten war, wird in den neunziger Jahren des 18. Jahrhunderts zum Ziel der Bürgererziehung. Wie Wilhelm im weiteren Verlauf des Briefes schreibt, sind es vor allem die Künste, die eine Bildung der Person befördern. Das Programm erinnert an FRIEDRICH SCHILLERS (1759–1805) Briefe *Über die ästhetische Erziehung des Menschen* (1795), in denen die Kunst zum zentralen Medium für die Bildung des moralischen Menschen und freien Bürgers wird. Man sieht auch hier, wie hochgesinnt man in der Tradition Bildung gedacht und bestimmt hat.

Fehler und Irrtümer zulassen

Wenn die Jugendlichen zunehmend selbständiger in der Planung ihres Lebens und ihrer Bildung werden, bleibt es nicht aus, dass sie Irrtümer und Versäumnisse begehen. Wie die Geschichte Wilhelm Meisters ist auch der Weg einer anderen Figur GOETHES, der des Faust, voller Irrtümer, ja sogar Verbrechen: „Es irrt der Mensch solang' er strebt" (V 317), heißt es im Drama Faust, und dennoch kann Faust am Ende erlöst werden (V 11936). Erst das Wagnis von Irrtümern eröffnet neue Erkenntnisse und bildet die Persönlichkeit. In der philosophisch-literarischen Tradition der Bildung wird daher auch Persönlichkeit nicht als etwas Statisches und Abgeschlossenes gesehen. Die Offenheit ist es, wie Persönlichkeit hier gedacht ist. Persönlichkeit bildet sich in der Auseinandersetzung mit der Welt, der Kultur, den Wissenschaften, den Mitmenschen sowie ihrer Werte auf eine Weise, die in Stufen verläuft, Identität zunehmend prägt und Lernen als unabschließbaren Prozess begreift.

Die vier Bestimmungen von Bildung

Alle vier Bestimmungen – Mündigkeit, Humanität, Allgemeine Bildung, Persönlichkeit – sind also sehr hochgesinnte Vorstellungen und eng mit der deutschen Kulturgeschichte verknüpft, die uns noch heute anleitet. Freilich gehört Kritik an dieser Bildungsvorstellung auch zu ihrer Geschichte hinzu.

3 Sozialkritik gegen Bildungstheorie

Kritik der Bildung

Die Versuche, Ziele von Bildung und Erziehung aus prominenten Theorien der Geschichte abzuleiten und neu zu begründen, werden vielfach kritisch bewertet. Vor allem sozialwissenschaftliche Untersuchungen belegen durch Quellen und empirische Befunde, dass die Bildungstheorien

- die aus der Zeit um 1800 stammen, für eine bildungsbürgerliche Elite formuliert wurden, die es nicht mehr gibt;
- all die Verbrechen vor allem des 20. Jahrhunderts nicht verhindert, offenbar aber Anteil an der Ausbildung von gnadenlosen Mittätern haben;
- der Misere der Bildung junger Menschen vor mittlerem Abschluss, wie sie sich im internationalen Vergleich seit PISA 2000 immer wieder erweist, nicht entgegenwirken konnten.

Bollenbecks Kritk

Besonders aufschlussreich ist die Studie *Bildung und Kultur. Glanz und Elend eines deutschen Deutungsmusters* des Kulturhistorikers Georg Bollenbeck (1994). Die Theorie der Bildung wird als eine Verfallsgeschichte gelesen, der die bildungsbürgerliche Trägerschicht abhanden gekommen ist und die als Deutungsmuster nicht mehr taugt: „mit ‚Bildung' und ‚Kultur' werden nicht mehr, geschichtlich folgenreich, Wahrnehmungen geleitet, Erfahrungen verarbeitet, Verhaltensweisen motiviert" (308/9), vielmehr sind sie zu „akademischen Pflegefällen" (307) verkommen. Solcherlei Polemik kann nicht die Tatsache entkräften, dass Bollenbeck mit seiner Deutung historischer Dokumente und Konstellationen eine in sich plausible Argumentationslinie gelingt. Es ist aber weniger die Geschichte der Leitbegriffe von Bildung und Erziehung als der konsequente Nachweis ihres Gebrauchs für politische Zwecke.

Mögliche Aktualisierung der Bildungsidee

Die Befunde sind gerade dann wichtig, wenn man sich, wie es auch hier geschehen soll, um immer neue Aktualisierungen der Ideen bemüht. Es kann keinen unmittelbaren Rückgriff auf die Theorien der europäischen Aufklärung und Klassik mehr geben, wohl aber einen, der nach ihren unabgegoltenen Versprechen fragt, die Bildung und Unterricht auch heute noch leiten können. Mit den sozialkritischen Befunden ist kein Deut für Rechtfertigung von Bildung, die Konstruktion von Lehrplänen und die Begründung der täglichen Arbeit in der Schule gewonnen. Keine noch so kluge Sozialgeschichte der Schule kann die Bildungstheorie ersetzen, zumal sie alternativlos in historischer Betrachtung verharrt. Wenigstens im letzten Satz gesteht Bollenbeck sein Dilemma: dass das bildungsbürgerliche Konzept zwar nicht gerettet werden kann, „ob aber die Idee der ‚Selbstbildung aller' und einer geglückten Identität obsolet ist, das darf bezweifelt werden. Denn die Menschen machen nicht nur Erfahrungen, sondern sie haben auch Erwartungen" (1994, 312). Das gilt vor allem für die jungen Menschen jeder neuen Generation und ihre

Lehrer. Sie arbeiten gemeinsam für ihre Zukunft und lassen sich dabei von Ideen leiten, die Maßstäbe für die Ziele, Inhalte, Methoden und Prüfverfahren setzen. Deren Missbrauch in der Geschichte begründet keine Zwangsläufigkeit einer Wiederholung. Vielmehr haben sich Ideen und Kanon der Bildung immer wieder als aktualisierungsfähig erwiesen – bis heute.

Selbstreflexion

Das liegt vor allem daran, dass HUMBOLDTS Ideen ihre kritische Selbstreflexion schon in sich tragen:

- Bildung für alle
- allseitige Entwicklung
- Selbst-Bildung jedes Einzelnen ersetzt zunehmend Erziehung
- Prozess statt Status
- Verantwortung für sich und andere

Werden diese Bestimmungen von Bildung als Prüfkriterien eingesetzt, werden sie zum Mittel dafür, Weite und Grad von Wissen, Können und Urteilen jedes Einzelnen zu beurteilen, z. B.: Werden wirklich alle Jugendlichen eines Jahrgangs erreicht? Werden alle Kräfte herausgefordert? Wie ist der Stand der Selbstorganisation des Lernens?
Bildungstheorien, die klassisches Gedankengut als regulative Ideen in die Gegenwart übersetzen, verfallen keiner Ideologie, sondern antworten auf eine krisenhafte Gegenwart nicht mit radikaler Kritik oder gar Resignation, sondern entwerfen unscharfe Bilder einer Zukunft, die von jedem Einzelnen in nicht abschließbaren Prozessen zu entwickeln sind. Noch einmal ist TENORTH zuzustimmen, wenn er schreibt: „Allgemeine Bildung scheint mir in diesem Sinne Utopie und nicht Ideologie, schon gar nicht nur pädagogisch-professionelles Wunschbild, sondern wirklich seinstranszendente Vorstellung mit realitätsveränderndem Gehalt" (1994, 163).

Es ist deutlich geworden, dass Bildung in der Schule nicht widerspruchsfrei gedacht werden darf.

Bild vs. Wirklichkeit

1. Der erste Widerspruch liegt in dem Unterschied zwischen der Projektion und dem gegenwärtigen Status in der Entwicklung bei jedem einzelnen Schüler: Bild und Wirklichkeit korrigieren sich kontinuierlich gegenseitig in unabschließbarem Prozess.

Theorie vs. Praxis

2. Hinzu kommt zweitens der notwendige Konflikt zwischen der Theorie und Praxis in der je verschiedenen konkreten historischen Gegenwart. Die Differenz zwischen Utopie und Wirklichkeit muss betont bleiben, um der konkreten Situation mit ihren Defiziten und aktuellen Krisen ein Leitbild für Veränderungen entgegenzustellen, das mit der Zeit mit immer neuen Erfahrungen aufgeladen wird.

Allgemeine vs. individuelle Bildung

3. Schließlich gibt es drittens den unabweisbaren Widerspruch zwischen dem politischen Anspruch auf allgemeine Bildung für alle und dem pädagogischen Auftrag für die individuelle Förderung jeder einzelnen heranwachsenden Persönlichkeit. Der Konflikt für die Lehrpersonen

besteht darin, dass mit der Intensivierung der Bildung für alle die Differenzen zwischen den Kindern und Jugendlichen wachsen. Die Kluft zwischen universellem Anspruch und seiner individuellen Einlösung wird im Verlauf der Schulzeit immer größer.

Gerechtigkeit oder Gleichheit

Zugespitzt formuliert: Gerechtigkeit gegenüber jedermann zu üben, ist wichtiger als stete Gleichheit zu sichern. Chancengleichheit allerdings ist bei jedem Anfang von neuen Lernprozessen wieder herzustellen.

Politische Forderungen

Die politische Forderung nach gemeinsamem Unterricht für alle Schüler eines Jahrgangs unter einem Dach kann pädagogisch nur eingelöst werden durch einen höheren Grad von Differenzierung. Eine Allgemeinbildung konsequent durchgesetzt, fördert unverwechselbare Individualität, die sich wiederum für das Gemeinsame engagiert einsetzt. Auch das ist eine pädagogische Utopie, an der die Lehrpersonen schon heute und in jeder Schulform mehr oder minder erfolgreich arbeiten. Das Mehr ist das Ziel.

4 Formale versus materiale Bildung

Primat der formalen Bildung

Was das Allgemeine der Bildung ausmacht, ist seit Humboldt Gegenstand von Kontroversen. In seiner Definition favorisiert er die formale Bildung: Zwar soll auch „dieses oder jenes gelernt" werden, aber bei dem Lernen sollen Fähigkeiten des Gedächtnisses, der Vernunft und der moralischen Sensibilität entfaltet werden. Auch heute dürften alle jene Pädagogen, die für das Exemplarische des Unterrichts, die Stärkung der Verfahren (z.B. Projekt- oder Handlungsorientierung) und Methoden sowie Systeme des Denkens und Lernens eintreten, sich zum Primat der formalen Bildung bekennen. Methodisches Können sichert die Fähigkeit, das Gelernte auf neue unbekannte Gegenstände anzuwenden, also Transfer zu leisten.

Materiale Bildung

Demgegenüber betonen Anhänger einer materialen Bildung die Notwendigkeit, einen Fundus an Grundwissen bereitzustellen, Tradition zu bewahren, Anschluss für neues Wissen zu schaffen, sich in der Welt zu orientieren. Der inzwischen inflationär gebrauchte Begriff des „Weltwissens" bringt die Materialität der Bildung auf den Punkt. Unter einem gebildeten Menschen stellt man sich gemeinhin jemanden vor, der vieles weiß. Die meisten Schulen in Europa setzen auf eine extensive und abprüfbare Vermittlung von als notwendig begründetem Wissen. Das Prinzip ist eher das enzyklopädische als das exemplarische Wissen. Fachdidaktiken betonen die Notwendigkeit einer Vermittlung von disziplinärem Wissen – im Fach Deutsch in den Gegenstandfeldern Sprache, Literatur und Kultur. Der literarische Kanon ist ein anschauliches Beispiel für die Bedeutung materialer Bildung im Deutschunterricht. In neueren Kompetenzhandbüchern findet man häufig die Unterscheidung von deklarativem und prozeduralem Wissen, um die Differenz von inhaltlichen Kenntnissen und methodischen Fähigkeiten zu markieren. Die Begriffe treffen aber die Dimensionen materialer und formaler Bildung nur unzureichend, weil sie ausschließlich auf messbare Leistungen zielen.

Kategoriale Bildung

Das Beispiel literarischer Werke als Inhalt des Unterrichts macht deutlich, dass es keinen Gegensatz zwischen formal und material im Deutschunterricht geben kann, denn jedes Werk verlangt eine Methode für seine Erschließung. Daher hat der Erziehungswissenschaftler Wolfgang Klafki schon vor einem halben Jahrhundert als drittes Prinzip die kategoriale Bildung eingeführt: „Bildung ist *kategoriale Bildung* in dem Doppelsinn, daß sich dem Menschen eine Wirklichkeit „kategorial“ erschlossen hat und daß eben damit er selbst (...) für diese Wirklichkeit erschlossen worden ist.“ (1959, 44)

Perspektivische Bildung

Indem Schüler einen Text interpretieren, erschließen sie ihn für sich und haben damit neues Wissen und erweiterte Fähigkeiten gewonnen, mit deren Hilfe sie sich komplexeres Wissen aneignen können. Lernen wird zu einer Spirale, auf der sich die jungen Menschen, angeregt durch Lernimpulse, immer weiter und zunehmend selbständig heraufarbeiten. Um zu unterstreichen, dass die behandelten Inhalte mit den angemessenen Methoden so gewählt sind, dass sie selbständiges Erarbeiten herausfordern, würde ich von *perspektivischer Bildung* sprechen: Sie trägt, material wie formal, die Perspektive ihrer Fortentwicklung in sich. Mit der Erweiterung des Horizonts geht auch eine wachsende Qualität des Wissens und Könnens einher, die Differenz in jeder Kohorte begründet und, um zu motivieren, in Beurteilungen ausgesprochen werden muss. Das Perspektivische der Bildung fasst am prägnantesten Goethes Diktum aus dem Gedicht *Urworte, orphisch*: „und keine Zeit und keine Macht zerstückelt/geprägte Form, die lebend sich entwickelt“.
Mit den vorangegangenen Erläuterungen können wir also zusammenfassend definieren:

DEFINITION

Bildung ist das Vermögen, Wissen, Können und Verantwortung so zu entwickeln, dass daraus das Bedürfnis wird, alle eigenen Möglichkeiten ganz auszuschöpfen, um über sich hinauszuwachsen.

5 Dimensionen sprachlicher und literarischer Bildung

Der konkrete Unterricht

Sich der Ziele für Unterricht und Bildung zu vergewissern ist notwendig, um den Lernwegen eine Richtung und dem pädagogischen Handeln eine Legitimation zu geben. Es ist aber nicht möglich, aus den abstrakten

Idealen konkrete Unterrichtsinhalte abzuleiten. Vielmehr wird Lernstoff ausgewählt, zu Lernmodellen geformt und durch Zielangaben begründet. Diese Teilziele werden dann auf ihre Kompatibilität mit den allgemeinen Vorstellungen von gebildeten Menschen geprüft. In dem aufgespannten Rahmen können die Gegenstände ihre Wirkung für Kompetenzentwicklung entfalten. Die Idee der allgemeinen Bildung wird zum beständigen Regulativ bei der Planung und Gestaltung des konkreten Unterrichts.
Nimmt man die Komplexität der Gegenstände als Maßstab, so lassen sich, grob gesprochen, drei Zieldimensionen für den Deutschunterricht ausmachen: grundlegende Bildung, Allgemeinbildung und Wissenschaftspropädeutik.

1 Grundlegende Bildung

Sprechen und Verstehen

Das Fundament sprachlich-literarischen Wissens und Könnens sind die Grundkategorien des Sprechens und Verstehens, wie sie vielfach beschrieben worden sind, z. B. schon bei dem Didaktiker Hermann Helmers:

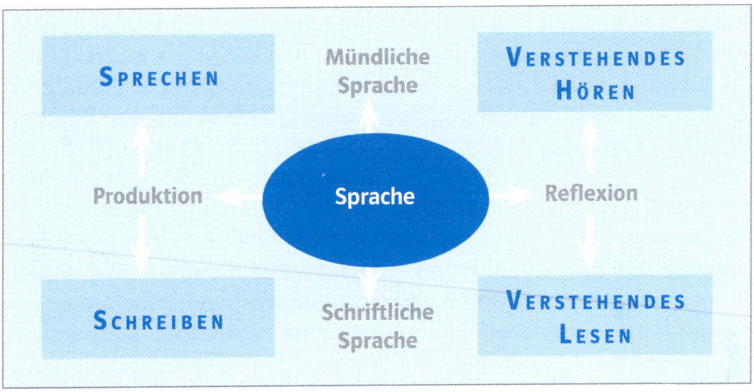

Abb. 4.1: Die sprachlichen Grundfertigkeiten

Kommunikative Teilnahme

Das Ziel jeden Unterrichts muss es sein, alle Schüler in den Grundfähigkeiten so auszubilden, dass sie alle Äußerungen in der Gesellschaft verstehen und aktiv am kulturellen und politischen Leben teilnehmen können. Das soll auf verantwortliche Weise geschehen, sodass Konfliktfälle ausschließlich diskursiv und nicht gewalttätig gelöst werden. Mit der grundlegenden Bildung werden universelle Prämissen für die Kommunikation geschaffen. Indem die Jugendlichen sich Welt aneignen, bilden sie sich zu Individuen aus, die in einem gemeinsamen Rahmen reden, streiten und handeln können. Das Ziel dieser Dimension ließe sich als **kulturelle Mündigkeit** zusammenfassen.

2 Allgemeinbildung

Konzepte für den muttersprachlichen Unterricht

Es wurde immer wieder versucht, auf dem Fundament der vier Kategorien die weiterführenden Lernbereiche des muttersprachlichen Unterrichts aufzubauen: mündliche/schriftliche Kommunikation, Reflexion über Sprache, Medien und Literatur. Aber die Teilsysteme haben sich einerseits nach anderen Prinzipien, etwa ihrer funktionalen Differenz, entwickelt und andererseits sind die Grundfähigkeiten in allen Lernbereichen gleichermaßen gefragt.

Vier Lernbereiche

So haben sich vier Lernbereiche für den weiterführenden Deutschunterricht herausgebildet, die ihren Zuschnitt unterschiedlichen Anforderungen verdanken: der Tradition des Faches, den aktuellen politischen Ansprüchen, dem Fächerspektrum der Schulform und den Ergebnissen der Forschung in den Fachwissenschaften. Über die Begründung der Lernbereiche wird im nächsten Kapitel zu sprechen sein. Hier soll der Hinweis genügen, dass die Lernfelder des Deutschunterrichts die Allgemeinbildung für junge Menschen mit dem ersten Schulabschluss der Sekundarstufe I begründen.

An anderer Stelle wurde das Spektrum der Allgemeinbildung für die Sekundarstufe II erläutert (*Deutschkurse*, 27–31); in einer ersten Konfiguration gilt es aber auch als Ziel für die mittleren Bildungsabschlüsse. In welchem Maße sich die allgemeine Bildung im Blick auf den Deutschunterricht differenziert bestimmen lässt, findet sich schon bei Humboldt angedeutet. Für meinen eigenen Unterricht habe ich eine Ausfaltung in vier Richtungen begründet:

Orientierungswissen

1. Orientierungswissen meint die Kenntnisse von Systemen in den Bereichen Sprache und Kultur, denen das vorhandene Wissen zugeordnet wird. Das erweiterte System wiederum ermöglicht, neues Wissen anzubauen. Der Prozess des Zugewinns an systematischer Kompetenz ist prinzipiell unabschließbar.

Handlungsfähigkeiten

2. Handlungsfähigkeiten sind zu verstehen als methodisches Vermögen im Gebrauch alltäglicher und einfacher wissenschaftlicher Verfahren. Dazu gehört die Fähigkeit zu klarer und differenzierter Darstellung in Rede und Schrift, zu nachvollziehbaren Operationen des Ordnens, Begründens, Analysierens, Deutens, Vergleichens und Wertens. Zu Urteilen darf durchaus früh ermuntert werden, um auf das Risiko von Irrtümern sowie deren Korrektur durch Argumente aufmerksam zu machen.

Kompetenzen

3. Interessen und Kompetenzen sollen die Vielseitigkeit der Bildung sowie die Neugier auf die Gegenstände unterstreichen. Zu den Kompetenzen, die besonders entwickelt werden können, gehören vernunftorientiertes Denken, ästhetische Sensibilität, kulturelle Aufgeschlossenheit und ethische Urteilskraft. Wenn Schüler lernen, sich im Denken zu orientieren (Mittelstrass 1981, 162 ff.), haben sie ein entscheidendes Kriterium für die Selbstbildung gewonnen.

4. Verantwortlichkeit soll die soziale Dimension des Lernens explizit betonen. Bei aller Selbstbehauptung des Subjekts muss sich ein Verständnis für andere Sehweisen und Wertvorstellungen entwickeln, an denen der Jugendliche sich reiben, aber auch lernen kann. Verstehen heißt, aus anderer Perspektive sehen zu lernen. Wo Konflikte entstehen, werden sie in „dialogischer Rationalität“ ausgetragen. Verantwortung wahrnehmen bedeutet, Gemeinsamkeiten zu kultivieren und Dissens zu akzeptieren.

Verantwortlichkeit

3 Wissenschaftspropädeutik

In den Spezifika der Allgemeinbildung sind Prinzipien von Kultur und Wissenschaft schon enthalten. Gleichwohl sollten schulische Lehrgänge, die auf die Prüfung der Hochschulreife vorbereiten, zentrale Merkmale wissenschaftlicher Arbeit herausstellen und den Zielen als dritte Dimension hinzufügen. Dabei kann es nicht darum gehen, Forschungen in den Wissenschaften unvermittelt in die Schulen zu importieren, vielmehr müssen sie in Modelle transferiert werden, damit an ihnen exemplarisch gelernt werden kann. Sehr pointiert hat der französische Philosoph Gaston Bachelard auf die „Déformation professionelle“ aufmerksam gemacht: „Balzac hat gesagt, die Junggesellen ersetzen die Gefühle durch Gewohnheiten. Genauso ersetzen die Lehrer Entdeckungen durch Lektionen.“ (1978, 355). Es kommt also auch bei der Wissenschaftspropädeutik darauf an, Schüler selbständig Entdeckungen machen zu lassen und diese mit der Forschung zu vergleichen. Um die Prinzipien von Wissenschaften sichtbar zu machen, sollen wiederum vier Kategorien erläutert werden:

Bruch mit lebensweltlicher Erfahrung

1. Bruch mit lebensweltlicher Erfahrung: Anders als die Allgemeinbildung, die von Gewissheiten ausgeht, beginnt alle Forschung mit dem Zweifel an geltenden Erkenntnissen. Nur Untersuchungen, die den bisherigen Einsichten widersprechen, verdienen Aufmerksamkeit (vgl. die Folgen der *PISA*-Ergebnisse). Schüler müssen also lernen, das eigene Vorurteil und die geltenden Erkenntnisse in Zweifel zu ziehen, neue Fragen zu stellen, Hypothesen zu formulieren und die neue Einsicht zu verteidigen. Diese Form riskanten Denkens ist in einem Schulsystem, das auf gesichertes und abprüfbares Wissen baut, schwer zu vermitteln. Es ist aber dringend nötig, um Wissen nicht dogmatisch zu fixieren.

Denken in Modellen

2. Denken in Modellen: Forschendes Lernen beginnt mit der Skizze eines Plans zu Fragerichtung, zum Ablauf und mit Vermutungen über Ergebnisse. Das Modell wird zum Instrument für die Untersuchung; es gleicht einem Netz, mit dem die Wirklichkeit in dem untersuchten Feld eingefangen wird. Im Fach Deutsch gibt es vielerlei derartige Modelle: von Satzbauplänen über Kommunikationsverläufe bis hin zur hermeneutischen Spirale. Das Denken in Modellen fördert sowohl

die Abstraktionsfähigkeit als auch Formen anschaulichen Denkens: Wissenschaft und Kunst geben gleichermaßen Anstöße für den Entwurf von Modellen für Experimente. Auch die Literatur ist eine Form der Erkenntnis, insofern sie ein Modell von Welt vermittelt, mit dem wir unsere eigene Wirklichkeit neu sehen lernen. Erst die Hypothese, erweitert zu einem Modell, erschließt die Welt und neue Einsichten.

Entdeckungsprozeduren

3. Entdeckungsprozeduren: Zur Sicherung der Antworten auf die gestellte Frage bedarf es wissenschaftlicher Methoden in mehr oder minder komplexer Form. Kommentar zu schwierigen Texten, Edition einer Sammlung, Analyse von Sätzen und literarischen Werken, Entwurf einer Argumentation, Recherchen zu einem neuen Thema, Begründung von Werturteilen – das alles sind Entdeckungs- bzw. Konstruktionsprozeduren, die vielfach im Deutschunterricht geübt werden können. Immer wieder muss es darum gehen, die Schritte nachvollziehbar, argumentationsgestützt und revidierbar zu halten. Das Geltende wird gemeinsam bestimmt, Zweifel werden ausgeräumt oder leiten weiterführende Fragen ein. Forschung ist ein kontinuierlicher Prozess, in dessen Verlauf gesichertes Wissen bekräftigt wird, neue Fragen aufgeworfen und neue Einsichten gewonnen werden. Mit dem Stillstellen solcher Prozesse beginnt Ideologie.

Engagement für Problemlösungen

4. Engagement für Problemlösungen: Es kann immer nur ansatzweise und vielleicht nur bei einzelnen Schülern gelingen, Interesse für die aufgeworfenen Fragen zu finden. Aber es muss gelingen, einen Teil der Klasse davon zu überzeugen, dass mit den Aufgaben ihre Sachen verhandelt werden: tua res agitur. Oft reicht schon das Engagement der Lehrperson für das Problem, um Neugier zu wecken. Erst dieses Engagement für Problemlösungen fordert die notwendigen Kräfte ganz heraus und fördert Ausdauer, Konzentration, genaue Beobachtungen, Austausch von Einsichten, Geduld gegenüber verschiedenen Schlussfolgerungen, Denken in Zusammenhängen, Freude an plausiblen Ergebnissen, ohne den Zweifel ganz zu vergessen. Die Begeisterung für die Sache darf die Vernünftigkeit der Verfahren nicht verdrängen, gibt ihnen aber jene emotionale Beteiligung, die notwendig ist, um reine Zweckrationalität zu überwinden und die Bedeutung der Frage für das Leben zu unterstreichen.

Ziele und Stufen des Unterrichts

Die drei Dimensionen von Zielen für den Unterricht sind insgesamt als Stufen von zunehmender Komplexität verstanden worden. Bis heute werden diese durchaus unterschiedlichen Komplexe politisch auch dafür verwendet, um die drei Schulformen zu begründen: grundlegende Bildung in der Volksschule, aufbauende allgemeine Bildung, vornehmlich als Einführung in die Lebenswelt, in der Realschule und wissenschaftliche Bildung im Gymnasium. Zu einer derartigen Legitimation taugen die Zieldimensionen aber schon deshalb nicht, weil Allgemeinbildung seit Humboldt wirklich für alle gedacht sein muss. Außerdem sind die Optionen der Bildung in allen Schulstufen gefordert: kommunikative

Fähigkeiten sind bis in die gymnasiale Oberstufe weiterzuentwickeln, z. B. das Hörverstehen mit den Versuchen, die Intentionen der Rede des anderen zu erfassen, sie mit den eigenen Prämissen zu vergleichen und die Gegenargumente in die folgenden Aussagen einzubeziehen. In umgekehrter Richtung ist wissenschaftliches Denken schon in der Grundschule zu fördern, indem die Kinder zu Fragen ermuntert werden, die Erwachsene häufig genug in Verlegenheit bringen. Kinderuniversitäten sind eine der institutionellen Antworten auf das Fragebedürfnis der ganz jungen Menschen. Viel mehr als für politische Funktionalisierungen sind die Dimensionen geeignet, Spiralcurricula zu entwerfen, die Grundfragen des Lebens, der Sprachen und Kulturen auf Ebenen zunehmender Komplexität zu behandeln und die Bildung jedes Einzelnen auf die Stufe der Graduierung zu bringen, die den Anlagen und Interessen entspricht.

6 Kompetenzen

Begriff der Kompetenz

Die entwickelten Fähigkeiten der Schüler werden in neuerer didaktischer Forschung als „Kompetenzen" bezeichnet. Bis heute hält man sich an die Definition des Psychologen Franz Weinert.

DEFINITION

Unter „Kompetenzen" versteht Weinert „die bei Individuen verfügbaren oder von ihnen erlernbaren kognitiven Fähigkeiten und Fertigkeiten, bestimmte Probleme zu lösen sowie die damit verbundenen motivationalen, volitionalen und sozialen Bereitschaften und Fähigkeiten, die Problemlösungen in variablen Situationen erfolgreich und verantwortungsvoll nutzen zu können" (Klieme 2003, 59).

Kompetenzen in diesem Verständnis der Psychologie setzen implizit auf formale Bildung, indem sie vor allem Methodensicherheit fordern. Zudem greifen sie ein wichtiges Element der Definition Kants von Mündigkeit auf, insofern sie mit „volitional" zu Recht „Entschließung" und „Mut", sich seines Verstandes zu bedienen, betonen. In der Tat ist der Wille des Subjekts sich zu bilden entscheidend für die Entfaltung von Wissen und Können.

Exemplarisches Lernen

Einer derart akzentuierten Bedeutung von Bildung fügt der Didaktiker Heiner Willenberg noch einen weiteren Aspekt hinzu: Für ihn heißt Kompetenz „im Kern, ein vorhandenes Muster auf neue Stoffe oder auch Probleme übertragen zu können" (2007, 7). Zum zentralen Indikator für die entwickelten Fähigkeiten wird also das Vermögen zum Transfer des Gelernten in andere Lernsituationen. Diese Annahme ist aus der Theorie des Exemplarischen Lernens entnommen und bis heute unbestritten.

Lernergebnisse messen

Gleichwohl wäre es wichtig, die Implikationen des Begriffs zu erläutern, damit Kontext und Rahmen der Annahmen sichtbar werden. Andernfalls verselbständigt sich die partiale Theorie und wird zum alles erklärenden Modell; manche Lehrpläne sind der Verführung schon erlegen. Keine Zweifel allerdings gibt es an der Bedeutung der Studien zur Kompetenzentwicklung für die Analysen zur ritualisierten und unhinterfragten Praxis von Unterricht. Man darf durchaus emphatisch betonen, dass die Untersuchungen zu sprachlichen Kompetenzen die Einsichten über die Fähigkeiten der Schüler vom Kopf der virtuellen Leistungserwartungen auf die Füße der tatsächlichen Leistungsvermögen gestellt haben. Nicht mehr das Wünschbare, sondern das Wirkliche rückt in den Mittelpunkt des Interesses. Mit Blick auf die *Deutsch Englisch Schülerleistungen International (DESI)-Studie* stellen Beck und Klieme fest, dass „Bildungsforschung und Praxis präziser auf die Lernergebnisse der Schülerinnen und Schüler" schauen müssen. Es sollen daher „Modelle des Wissens und Könnens entwickelt, in konkrete Aufgaben umgesetzt (operationalisiert) und empirisch überprüft werden". Dieses Vorhaben wird in der Studie *Sprachliche Kompetenzen* (Beck/Klieme 2007) überzeugend eingelöst.

Kompetenz und Performanz

Eine Erläuterung der Bildungstheorie, in der das Verständnis von Kompetenz seinen Ort hätte, sucht man allerdings vergeblich. Vor dem Hintergrund der Theorie sind Kompetenzen dann Teilfähigkeiten (des Sprechens, Schreibens, Verstehens, künstlerischen Gestaltens etc.), die methodisches Können sowie Transferleistungen besonders herausstellen und in Vergleichstests überprüfen.

Zweistelligkeit

Unbedacht lösen die Psychologen damit aber den Begriff der Kompetenz aus der theoretischen Spannung von Kompetenz und Performanz. Denn was in Tests gemessen wird, ist die tatsächliche sprachliche Äußerung und nicht die Kompetenz als Fähigkeit, eine unbegrenzte Anzahl von Sätzen zu verstehen und zu bilden. Ohne weitere Erklärung wird also von Performanz auf Kompetenz geschlossen. Das ist zulässig, zumal es auch in jeder Korrektur einer Klassenarbeit geschieht. Aber es wäre aufrichtig zu sagen, dass Kompetenzen immer nur das Spektrum der möglichen Leistungen erfassen und nicht das tatsächlich erbrachte Werk. Insofern beschreiben kompetenzorientierte Modelle wie die traditionellen Zielformulierungen Erwartungen, allerdings mit dem Unterschied, dass Inhalte konsequent mit Methoden kombiniert sind, z. B. Redestrategien einsetzen, Stoffsammlungen erstellen, ordnen und eine Gliederung anfertigen u. a. Mit Blick auf die Rezeptionstheorie habe ich schon früh von der Zweistelligkeit der Aufgaben gesprochen, in der Gegenstände mit dem, was mit ihnen getan werden kann, verbunden werden, z. B. Gliederung versuchen, Erinnerungen notieren, Gedankenexperiment ausführen. Was die Schüler dabei an Leistung erbringen, spiegelt nur ihre augenblickliche Verfasstheit (Performanz), aber selten ihre wirklichen Kompetenzen.

Kommunikative Kompetenz

Für die Konstruktion von Testfragen für die Lernstandserhebungen im Bereich sprachliche Fähigkeiten wäre es förderlich, sich an den Erläuterungen von Kompetenzen aus den frühen siebziger Jahren zu erinnern, z. B. an die acht Teilfähigkeiten kommunikativer Kompetenz des Linguisten Dieter Wunderlich:

1. einen Begriff von Realität und aus ihr ableitbarer Welten haben;
2. Kontakt herstellen und kontrollieren können;
3. Wahrnehmungs-, Erinnerungs- und Antizipationsvermögen besitzen;
4. Bewusstsein seines Ich-Jetzt-Hier-Ursprungs haben;
5. soziale Rollen eingehen und soziale Beziehungen neu herstellen können;
6. Metakommunikation (= Kommunikation über Kommunikationsvorgänge) durchführen können;
7. linguistische Kompetenz besitzen;
8. sprachliche und außersprachliche Kommunikationsmittel einsetzen und verstehen können.

PISA 2000

In der doch erheblich eingeschränkten Bedeutung von Kompetenzen als spezielle Fähigkeiten einer allgemeinen Bildung haben Untersuchungen zur sprachlichen Kompetenz von Schülerinnen und Schülern immerhin eine Reihe von Ergebnissen gebracht, die über tatsächliche Lernprozesse, den Zusammenhang von Lehren und Lernen („Outcome"), Stufen des Könnens und Konzeptentwicklung aufklären. Grundlage aller weiteren Studien ist gegenwärtig *PISA 2000* mit den Ergebnissen des Leistungsvermögens deutscher Schüler im internationalen Vergleich. Ohne auf Details einzugehen sei auf die Grafik hingewiesen, die für die Klasse 9 Teilleistungen des Lesens in ein Verhältnis zu fünf verschiedenen Anforderungsniveaus setzt. Die Ergebnisse brauchen an dieser Stelle nicht erläutert zu werden, weil sie hinreichend diskutiert worden sind. Im Kontext der Zieldimensionen ist immerhin bemerkenswert, dass das Leistungsniveau von 15-jährigen Schülern von Lehrplanexperten deutlich überschätzt wurde.

DESI

Inzwischen sind weitere Untersuchungen zu sprachlichen Kompetenzen erschienen, die die allgemeinen Befunde domänenspezifisch ausfalten. Aspektreich und anregend sind die Studien zur grundlegenden sprachlichen und literarischen Bildung im Projekt DESI (Beck/Klieme 2007). In den Mittelpunkt rücken hier die Tests zur Lesekompetenz. Auf der Grundlage der Bildungsstandards werden Aufgaben formuliert, deren Lösung durch die Schüler das Maß ihrer Kompetenzen bestimmt. Den Zusammenhang zwischen den Standards und den zu messenden Fähigkeiten macht der Projektleiter Willenberg in einer Tabelle deutlich (S. 31). Er unterscheidet nur noch vier (statt fünf) Niveaus.

„A: *Identifizieren einfacher Lexik*, d. h. die Fähigkeit, sinntragende Wörter im Text zuverlässig zu finden.

B: *Lokale Lektüre*, d. h. Inferenzen zwischen Sätzen bilden oder den Fokus auf schwierigere Stellen richten.
C: *Verknüpfende Lektüre*, d. h. die Verbindung auseinander liegender Textstellen und die Öffnung von allgemeinem Wissen bzw. von Textwissen.
D: *Mentale Modelle bilden*, über ein Mentales Modell zu verfügen heißt hierbei, eine innere Repräsentation wesentlicher Textaspekte zu haben.“ (Beck/Klieme 2007, 109/110)

Kompetenzniveaus bestimmen

Die Formulierungen derartiger Kompetenzniveaus sind auch nützlich für den täglichen Unterricht ohne Testsituation, weil sie helfen, die Ziele in den Lernbereichen mit den konkreten Erwartungen an die Antworten konsequent vom Schüler her zu denken. Zudem eröffnet die grobmaschige Skalierung den Lehrpersonen eine schnelle Diagnose des Leistungsstands eines jeden einzelnen Schülers sowie den Blick auf die Stufen, die er noch vor sich hat.

Kompetenzraster

Die Entwicklung von Kompetenzrastern geht derweil immer weiter. Das ausgefeilteste Modell hat Jakob Ossner vorgelegt (*Didaktik Deutsch* 21/2006), in dem er Kompetenz in drei Dimensionen misst. Zunächst werden die von ihm gesetzten sechs Arbeitsbereiche mit den entwickelten Standards in ein Verhältnis zu vier Arten des Wissens und Könnens gebracht, um dann mit einer dritten Achse fünf Anforderungsniveaus als Maß für den Fortschritt des Lernens aufzubauen. Auf eine Auseinandersetzung mit diesem Modell kann in unserem Kontext verzichtet werden, weil eine ausführliche Debatte darüber schon stattgefunden hat (vgl. *Didaktik Deutsch* 22/2007 mit den Beiträgen von Ina Karg, Ulf Abraham, Heiner Willenberg, Juliane Köster und 23/2007 Marcus Steinbrenner). Ohne Frage macht das Modell die denkbaren Dimensionen von Kompetenzen sichtbar, lässt aber auch erkennen, dass die Auswertung von 360 Kreuzungspunkten in den drei Dimensionen keiner individuellen Leistung einer jungen Persönlichkeit gerecht werden kann. Außerdem hat die absolut gesetzte Kompetenzorientierung jede Verbindung zu einer Idee übergreifender Bildung aufgekündigt, sodass die Frage bleibt: Wozu soll der Schüler das alles wissen und können?

Leistung

Es besteht kein Zweifel, dass die Studien über die Leistungsfähigkeit von Schülern die didaktische Diskussion entscheidend vorangebracht haben. Den vielen Entwürfen von Unterricht, den Empfehlungen in Lehrplänen, Lehrbüchern und Zeitschriften werden konsequent die Chancen einer Realisierung im Unterricht gegenübergestellt. All das Mögliche wird durch das Wirkliche eingeholt und korrigiert. Außerdem darf endlich wieder über Leistung und Beurteilungen gesprochen werden, Themen, die lange Zeit tabuisiert waren, weil sie angeblich den Gedanken der Gleichheit aller Schüler verletzen. Schließlich geben Kompetenztafeln den Lehrern Instrumente an die Hand, um den Unterricht zu differenzieren und Förderung individueller Kompetenz gegen ein gleiches Niveau für alle durchzusetzen.

MERKSATZ

Aus differenzierten Einzelkompetenzen kann perspektivische Bildung wachsen, die zunehmend von Selbständigkeit des Denkens und Handelns bestimmt wird.

Kritik an der Kompetenzorientierung

Gleichwohl bleibt gegen die radikale Kompetenzorientierung eine Reihe von Vorbehalten. Zum einen haben sich die Modelle aus den Rahmen von Bildungstheorien gelöst, die Antworten auf die zentralen Fragen (warum und was gelernt werden soll) geben können. Die mangelnde Rechtfertigung erhöht die Beliebigkeit eines jeden neuen Entwurfs. Zum anderen wird nirgends erklärt, wie aus der Ansammlung von Einzel-Kompetenzen der qualitative Sprung zu vertiefter Bildung folgen soll. Jeder Verstehensprozess läuft doch immer vom Allgemeinen zum Besonderen und zurück zum genauer erfassten Allgemeinen. So kann eine Einzelbeobachtung beim „Textbezogenen Interpretieren" durch einen erhellenden Einfall unmittelbar von der Anforderungsstufe I zur Stufe V führen, um dann die Belege für die gewonnene These nachzuliefern. Selten arbeiten sich die Schüler auf der hypothetischen Skala langsam von unten nach oben. Viel häufiger suchen sie vielmehr bei dem Aufspüren weniger Indizien nach einer Gesamtdeutung, für die dann nach Belegen geforscht wird. Ein Zugewinn an Kompetenz läuft selten über Stufen, sondern fast immer im Wechselspiel von Gesamteindruck und Einzelbefunden. Eine Schülerin schlussfolgert aus wenigen Indizien immer schneller und belegt genauer, ein anderer Schüler bleibt bei den Mutmaßungen über die Hauptgedanken stecken. In dieser Differenz äußert sich eine Qualität der Leistung, die mit Stufentheorien nicht zu erfassen ist.

Divergierendes Denken

Schließlich schränkt die Kompetenztheorie der psychologischen Diagnostik die Idee des sich Im-Denken-Orientierens als Ziel der Bildung ein. Grob gesprochen lässt sich (seit Guilford, 1967) zwischen konvergierendem und divergierendem Denken unterscheiden. Die Studien zur Kompetenz der Schüler zielen auf die Einlösung vorformulierter Erwartungen, die graduell unterschiedlich ausfallen. Die Hauptaufgabe des Deutschunterrichts hingegen besteht in der Stärkung divergierenden Denkens. Jeder Lehrer erfährt mit Freude täglich, wie ein unerwarteter Einfall dem Unterrichtsgespräch eine fruchtbare Wendung geben kann; gute Interpretationen von Texten beginnen meist mit einem originellen Einfall; Mitteilungen von Erfahrungen aus einer anderen Kultur öffnen plötzlich das Verständnis für die eigene. Riskantes Denken führt zu überraschenden Einsichten. Noch im unartikulierten Protest demonstrieren junge Menschen aus benachteiligten Gruppen ihren Wunsch nach alternativen Lebensentwürfen (Heinz Bude 2008). Nur im schöpferischen Einfall überschreitet das Individuum das unbefragt Geltende und wächst zur Persönlichkeit, die ihre Bildung in die eigene Hand nimmt. Diese Persönlichkeitsbildung muss Vorrang vor der Kompetenzvermittlung haben. Dass für das Erreichen dieses Ziels ein Repertoire von Wissen, Können und Urteilskraft notwendige Voraussetzung ist, haben gerade die Studien zu den Kompetenzen gezeigt. Sie können aber nur einen beschränkten Teil notwendiger Bildung der nächsten Generation erfassen. Die Partialität der Methode bleibt gerade mit ihren überzeugendsten Befunden unabweisbar.

7 Zusammenfassung

Leitvorstellungen

Es ließ sich nicht vermeiden, im Zusammenhang mit der Diskussion der Zielvorstellungen von Unterricht und Erziehung eine Reihe von Begriffen zu erläutern, in denen sich die Debatten bündeln. Wichtig ist vor allem, sich die Definitionen von Bildung und Kompetenz zu merken, weil sie den Schlüssel zu dem Problemraum bilden und Teilnahme an der laufenden Diskussion erlauben.
Aus der Beschäftigung mit einer der Leitvorstellungen von Bildung lässt sich der Nutzen der Historie für die Gegenwart erweisen; über Humboldt wird 2009/10 ohnehin häufig gesprochen werden.

Die Dimensionen sprachlicher und literarischer Bildung sollten wenigstens im Ansatz vertraut werden, denn sie handeln nicht nur von übergeordneten Lernzielen, sondern bilden auch den Zugang zu den speziellen Kompetenzregistern. Umgekehrt gilt auch: Kompetenzbeschreibungen verraten ein Stück der hinter ihnen stehenden Lerntheorie zwischen funktionaler Intelligenz und allgemeiner Bildung.

8 Fragen und Aufgaben

1. Erläutern Sie zwei der vier zentralen Bestimmungen von Bildung und diskutieren Sie deren Wert für die gegenwärtigen Debatten.
2. Humboldt formulierte 1809 die These, dass es im Unterricht weniger darauf ankomme, Stoff zu vermitteln, als vielmehr analytische und moralische Fähigkeiten zu üben. Erläutern Sie diese pädagogische Maxime und diskutieren Sie sie auch mit Blick auf Ihr Wissen und Ihre Erfahrungen.
3. Formulieren Sie kritische Einwände gegen die hochgesinnten Vorstellungen von Bildung. Sollte man die Ideen trotzdem lebendig erhalten?
4. Wie lässt sich die Aporie guten Unterrichts lösen, dass mit jeder Bildungsanstrengung die Differenz zwischen den Schülern größer wird?

5. Kommentieren Sie Ihre Definition von Bildung, indem Sie einzelne Elemente durch Beispiele veranschaulichen.
6. Erläutern Sie den Unterschied von Allgemeinbildung und Wissenschaftspropädeutik, indem Sie jeweils auf zwei für Sie wesentliche Bestimmungen eingehen.
7. Kommentieren Sie die Definition von Kompetenz (nach WEINERT) und zeigen Sie Chancen und Grenzen des Ansatzes auf.
8. Kann aus Quantität von Kompetenzen eine Qualität von Bildung wachsen? Begründen Sie Ihre Auffassung.
9. Rekapitulation des Gelernten oder Herausforderung zu riskantem Denken? Was ist für Sie als Ziel des Deutschunterrichts wichtiger?
10. Suchen Sie in einem geltenden Lehrplan Ihres Bundeslandes nach dem Abschnitt „Aufgaben und Ziele des Deutschunterrichts" und kommentieren Sie die darin zum Ausdruck gebrachte Leitvorstellung von Bildung und Erziehung.

1 Inhalte

Inhalte des Faches

Zweifellos zielt die Frage nach den Inhalten auf das Zentrum fachdidaktischer Theorie. Von den Antworten hängt ab, wie das Fach sich selber versteht, welche Kernelemente begründet werden und wie seine Vertreter, die Didaktiker und Lehrer, sich gegen die ständigen Zumutungen einer Ausweitung der Themenfelder durch Wissenschaften und Gesellschaft zu wehren wissen. Das gilt auch für das Fach Deutsch. Drei große Problemkomplexe sind bei der Behandlung der Gegenstände des Unterrichts zu unterscheiden:

- Konstituierung des Faches
- Auswahl der Inhalte
- Anordnung zu Sequenzen

Auswahl und Anordnung

Unterschwellig werden durch die Definition der Disziplin inhaltliche Auswahlentscheidungen markiert und aus der Wahl eines Textes oder Problems folgen weitere Themen. Lehrpläne der Kultusministerien enthalten maßgebliche Vorschriften für die drei Fragerichtungen in einem Curriculum. Als normative Textsorte sind sie auf Begründungen nicht unbedingt angewiesen. Den zentralen Unterschied zwischen Auswahl und Anordnung der Gegenstände eines Faches habe ich an anderer Stelle mit den Begriffen Paradigma und Syntagma erläutert: Die Selektion erfolgt im Paradigma, die Kombination im Syntagma (MÜLLER-MICHAELS[2] 1994). Ohne Frage ist die Konstruktion von Sequenzen als didaktische Syntagmen die reizvollste, schönste und komplexeste Aufgabe für Lehrpersonen – manchmal durchaus vergleichbar mit der Herstellung von Kunst.
Da die drei Problemkomplexe logisch aufeinander aufbauen, steht die Konstituierung des Faches am Anfang, bevor dann die Lernbereiche und die curricularen Ordnungen behandelt werden.

2 Konstituierung des Faches

Gegenstandsfelder

Man stelle jeweils drei Lehrenden und Studierenden die Frage nach den drei wichtigsten Aufgaben des Deutschunterrichts und man wird sechs verschiedene Antworten bekommen. Noch diffuser als bei Fachleuten dürfte das Bild der Definition des Faches Deutsch in der Öffentlichkeit sein. Wahrscheinlich macht aber gerade die Offenheit des Gegenstandsfeldes den Reiz des Faches und den ständigen Streit um seine Aufgaben aus. Selbst wenn es eine relative Einigkeit über den Stoff des Deutschunterrichts gäbe, wäre das Fach doch notwendigerweise entsprechend den Altersstufen und Leistungsansprüchen der Jugendlichen in Schulformen und Kursen unterschiedlich zu definieren. Stehen am Anfang die Stoffe im Zentrum, mit denen sich die vier Kulturtechniken am besten erlernen lassen (Problem des Kinder-Alltags, einfache Formen der Literatur, zugängliches Weltwissen), so sind es in der gymnasialen Oberstufe zu großen Teilen Gegenstände und Verfahren der Sprach- und Kulturwissenschaften (Geschichte, Systeme, Pragmata). Zwar gibt es Verbindungen zwischen der grundlegenden und spezialisierenden Bildung (von der Sage zum Mythos „Faust“, von der Äußerung zur Argumentation), aber der Zuschnitt der Stoffe und Lernbereiche ist je ein anderer.

Traditionen des Faches

Das breite Spektrum der Aufgaben hängt an den Ansprüchen, die an das Fach gestellt werden. Da ist zunächst die Herkunft der Bürgerschule aus den Klosterschulen mit dem Kanon der *Septem Artes Liberales*. Vor allem das Trivium aus Grammatik, Rhetorik und Dialektik (als Philosophie) wurde zum Modell für die Lernbereiche des Unterrichts in der Fremd- und später auch der Muttersprache. Die Spuren des Umgangs mit der antiken Bildungstheorie sind noch heute deutlich erkennbar, wenn Dialektik schon Anfang des 19. Jahrhunderts als Theorie und Geschichte von Sprache und Literatur konkretisiert wurde.

Wissenschaften

Zur zweiten Quelle wurden seit HUMBOLDTS Reform und den ersten Lehrplänen nach 1809 (Königsberger Schulplan) die Wissenschaften für das Fach Deutsch: die neu eingerichtete Germanistik. Waren lange Zeit Inhalte des Studiums auch Gegenstände des Fachunterrichts (Literaturgeschichte, Einführung in das Alt- und Mittelhochdeutsche, Entstehung der neuhochdeutschen Schriftsprache etc.), wurde mit der Ausdifferenzierung der Wissenschaft in Teilfächer der Anspruch an die Disziplin immer höher. Die Teilung der Germanistik in Sprach- und Literaturwissenschaften seit Beginn der siebziger Jahre des 20. Jahrhunderts erhöht die Diversifikation der Fragestellungen und den Druck auf die Auswahl der Themen für den Unterricht. Wo es Germanisten und Fachdidaktikern nicht gelingt, Forschungsergebnisse zu Unterrichtsmodellen zu formen, werden sie für die Schule untauglich. Auswahlinstanz ist die Didaktik.

Gesellschaftliche Erwartungen

Eine dritte Quelle für die Zumessung von Inhalten ist die Gesellschaft, vertreten durch die Parlamente und Kultusministerien. Sie formulieren Ansprüche, die aus Bedürfnissen der politischen Gemeinwesen wachsen: die Neuorientierung des Faches nach 1945 an Traditionen, die von den Nationalsozialisten ausgelöscht wurden, der Appell, mehr Demokratie zu wagen (1969), mit allen Mitteln die Mitsprache in der Gesellschaft zu erhöhen und Emanzipation aus unhinterfragten Abhängigkeiten zu befördern, die Aufgabe von Schule auf ihren Kernauftrag zurückzuführen und nach *PISA 2000* die Allgemeinbildung wieder zu erhöhen, damit die Schüler den Vergleich mit anderen jungen Europäern bestehen können.

Fächerverbindender Unterricht

Zu den aus Geschichte und Gegenwart gewachsenen Quellen kommen weitere Themen mit ihren Theorien. Sprachliche und kulturelle Bildung ist eben mehr, als das Wissen der Bezugswissenschaften der Germanistik bieten kann. Deutschunterricht ist ein interdisziplinäres Fach, das sich daher für fächerverbindenden Unterricht besonders eignet. Zunächst ist es verbunden mit der Philosophie und den Grundfragen der Erkenntnistheorie (Sprache als Zugriff auf Wirklichkeit, Literatur als Erkenntnisform etc.), der Ästhetik (Was ist schön?) oder Ethik (Gespräche über Probleme und Literatur schließen moralische Urteile ein, die diskursiv verhandelbar bleiben müssen). Die Geschichte ist immer wieder gefragt bei der näheren Bestimmung der Epochen von Sprach- und Literaturgeschichte sowie bei der Diskussion von Fakten und Fiktionen (Ist das literarische Werk eine historische Quelle, Ist die Geschichte aus der Geschichte nicht immer schon eine „schöne" Erzählung?). Aus den Medienwissenschaften, vor allem der Publizistik, kommen Genres, die das Kerncurriculum des Schreibens bestimmen: Bericht, Reportage, Kommentar, Kurzfassung einer Diskussion, Biografie, Precis etc. Um sich über Angelegenheiten von Politik und Kultur angemessen informieren und an den Diskussionen in späteren Schuljahren auch aktiv teilnehmen zu können, bedarf es der Kenntnis und Übung der journalistischen Formen. Indem die Primärsprache mit anderen gelernten Sprachen verglichen wird und der Literaturkanon immer Werke der gesamteuropäischen Tradition enthält, ist Deutschunterricht von der Klasse 5 an komparatistisch. In der Vergleichung werden Schüler sich der eigenen Sprache und Kultur bewusst und öffnen sich zugleich für das Andere. Der Standort wird bestimmt und gleichzeitig der Horizont erweitert. Die Psychologie macht Entwicklungsstufen der Kinder verständlich, hilft beim Verstehen von menschlichen Konflikten und beim Deuten der Träume in Literatur und Leben. Mit den vielfältigen Aspekten seiner Themen ist der Deutschunterricht das zentrale Fach für die Allgemeinbildung junger Menschen.

Gefahr der Profillosigkeit

Mit der Breite der Ansprüche droht zugleich eine Profillosigkeit. Für jeden, der die politischen Debatten verfolgt, wird leicht erkennbar, wie neue Probleme reflexartig dazu führen, die Aufgaben des Deutschunterrichts zu erweitern: Verhalten im Straßenverkehr, Drogenmissbrauch, Aggressivität und Gewalt, Schulmüdigkeit oder Wirtschaftskunde sollen plötzlich zu Themen werden. Der Deutschunterricht scheint den Politikern als besonders geeignet, weil er mit der kulturellen Grundbildung nahe an den Problemen des Alltags steht, die in der geläufigen Sprache der Gesellschaft diskutiert werden können. Auf solcherart drohende Zerfransung der Aufgaben ist mit der Verteidigung des Kerns zu antworten. Dieses Zentrum des Faches wird im Folgenden mit drei großen Aufgabenfeldern klar bestimmt:

DEFINITION

Die drei Lernbereiche des Faches Deutsch:
1. Rhetorik des Sprechens und Schreibens
2. Grammatik mit Sprachtheorie
3. Kultur mit Literatur und Medien

3 Die Lernbereiche

1 Rhetorik des Sprechens und Schreibens

Vernünftig reden und schreiben

Fragt man in der Öffentlichkeit nach der wichtigsten Aufgabe des Deutschunterrichts, dann darf man in der Regel die Antwort erwarten, „dass die Kinder vernünftig reden und schreiben lernen". Dabei ist „vernünftig" dann eine Kurzformel für sachgerechte, normbewusste, klare und wirkungsvolle, vielleicht sogar schöne Äußerungen in gesprochener und geschriebener Form.

Mündlichkeit und Schriftlichkeit

In einem ersten Zugriff können die beiden Teilgebiete der Mündlichkeit und Schriftlichkeit mit folgenden Gründen durchaus als Einheit verstanden werden:

- Rhetorik bezieht sich von Anfang an auf Reden und Schreiben.
- Darstellungsformen des Erzählens, Berichtens oder Argumentierens sind in beiden Varianten ebenso identisch wie rhetorische Mittel oder Schritte der Vorbereitung von Rede und „Aufsatz".
- Nach Jahrhunderten der Dominanz der Schrift nähern sich die Formen durch die audiovisuellen Medien wieder einander an: Schriftsprache verwendet Elemente der Mündlichkeit (z.B. E-Mails, Referate, Sachbücher mit CD-Rom); Reden nutzen die formale Elaboration von Schriftsprache (z.B. Power-Point-Präsentationen, Merkzettel für Diskussionen, Sprechen auf Anrufbeantworter).

Medium und Konzeption

Die Gemeinsamkeiten von Rede und Schrift sollen aber nicht die Unterschiede überspielen, die erst die Einflüsse fruchtbar machen. Die Linguisten Koch und Oesterreicher unterscheiden Mündlichkeit und Schriftlichkeit durch die Kategorien **Medium** und **Konzeption**. Medial sind die Äußerungen klar durch gesprochene (phonische) und geschriebene (grafische) Zeichen über das Hören und Sehen identifizierbar. Konzeptionell sind die Darstellungen nach mündlich (Nähe) und schriftlich (Distanz) zu erfassen (Becker-Mrotzek 2003, 74). Aus den verschiedenen Konzepten ergeben sich wichtige Unterschiede. Merkmale schriftlicher Äußerungen sind vor allem (ausführlicher: H. Günter 1993, 87f.):

MERKMALE

- *Trennung von Produktion und Rezeption. Es gibt für den Schreibenden kein unmittelbares Feed-back.*
- *Monolog ersetzt den Dialog.*
- *Situation wird transzendiert; damit überschreitet die Äußerung Raum, Zeit und Personen; nonverbale und parasprachliche Zeichen gehen verloren.*
- *Explizite ersetzen implizite Darstellungen; sie werden normbewusst, verbindlich und formell, orientieren sich an Genremerkmalen.*
- *Ihre Bedeutung wird universell, indem sie die situativen Rahmen verlässt.*

Vorrang der Schriftlichkeit?

Der höhere Grad an Abstraktion hat der Schriftsprache einen höheren Rang in den Lehrplänen eingebracht. Außerdem lassen sich „Aufsätze" besser für Leistungsvergleiche nutzen. Das Argument ist nicht überzeugend, weil Sicherheit und Wirksamkeit in der Rede und im Gespräch in der Gesellschaft als besondere Leistung gelten. Ein frei gehaltener Vortrag mit überzeugenden Argumenten, hinter denen die ganze Person steckt, wird mit Recht allgemein hoch eingeschätzt. Daher ist bei den Curriculum-Planungen auf die Gleichrangigkeit der Rhetorik des Redens und Schreibens zu achten.

a) Reden und Gespräche

Mündigkeit und Mündlichkeit

Die Befähigung zu Mündlichkeit hat nicht nur vom Wortstamm her mit Mündigkeit zu tun: In Rede und Gespräch macht der junge Mensch seine Absichten deutlich, drückt auf unmissverständliche Weise seine Erfahrungen aus, versucht den Gesprächspartner zu verstehen, um sich besser auf dessen Äußerungen beziehen zu können, sucht die Verständigung in Form wie Inhalt und entwickelt eine Gesprächskultur, die bei allem Dissens auf gewaltfreie Lösung von Konflikten setzt. Gesprächserziehung in diesem Sinne ist beste Einübung in Demokratie.

MERKSATZ

Was als Ziel von Bildung und Erziehung angestrebt wird, sollte auch im Unterrichtsgespräch geübt werden: eine auf gegenseitiges Verständnis gegründete Kommunikation.

Gerade im Deutschunterricht kann es nicht nur um die Vermittlung von Wissen gehen, sondern immer auch um die Kunst der Verständigung. „Diskursiv reflektierenden Unterricht" hat Kügelgen (in: Bredel 1, 2003, 140) dieses Prinzip genannt und fordert neben der Arbeit an den Sachen eine „In-actu-Analyse des gerade ablaufenden Lernprozesses zu entwickeln". Die Verständigung selbst, ihre Störungen, scheinbaren Selbstverständlichkeiten, die Irrtümer, die Unruhe oder auch die dumpfe Ergebenheit in die Informationsflut, das unklare Ziel aller Mühen werden zum Thema des Gesprächs.

Fachbezogenes und verständnisbezogenes Sprechen

Schon in seiner grundlegenden Studie zur Unterrichtssprache unterscheidet Gerhard Priesemann (1971) u.a. zwischen fachbezogenem und verständigungsbezogenem Sprechen:

> „Das fachbezogene Sprechen dient der Einweisung in alle Kenntnisse, Fähigkeiten und Fertigkeiten, die vorliegen oder gefunden werden, unsere Existenz zu humanisieren (menschlicher werden zu lassen), das verständigungsbezogene Sprechen dient der Kontrolle darüber, ob die Humanisierung human verläuft."

Damit ist unbestreitbar, dass die Bedeutung, die das verständigungsbezogene Sprechen im Unterricht gewinnt, ein wesentlicher Indikator für ein humanes Lernklima ist.

Sprachentwicklung

In der Gesprächserziehung werden im Kern zwei Theorien diskutiert, die sich sinnvoll miteinander verbinden lassen. Auf der einen Seite geht der nativistische Ansatz davon aus, dass Kinder mit einer Veranlagung ausgestattet sind, die es ihnen ermöglicht, in kurzer Zeit ein Register zu entwickeln, das den Spracherwerb quantitativ wie qualitativ steuert. Auf der anderen Seite bekräftigt die These von der sozialen Interaktion, dass Sprache und Sprechen in kommunikativen Situationen erworben werden. Alle Erfahrungen und die meisten wissenschaftlichen Untersuchungen zeigen (QUASTHOFF in BREDEL 1, 2003, 108 ff.), dass wir Folgendes annehmen dürfen:

MERKSATZ

Auf der Grundlage genetischer Potenzen entwickeln sich strukturelles wie materielles Wissen im Sinne perspektivischer Bildung so, dass erweiterte Kenntnisse und Fähigkeiten den Spracherwerb beschleunigen und vertiefen.

Da der Einfluss auf die Entwicklung schichtenabhängig ist, muss der Unterricht zugleich kompensatorisch und fördernd sein.

Interaktive Heuristik

Anders als die alltäglichen Sprechsituationen ist der Unterricht formalisiert. Das nimmt den Kindern zwar die spontane Fabulierlust, fördert aber das systematische Lernen. Ein produktiver Status der Förderung ist dann erreicht, wenn nicht mehr nur die Lehrperson kommentierend oder fragend in Gespräche und Erzählungen eingreift, sondern die Mitschüler sich aktiv in die Formalisierung der Äußerungen der Gleichaltrigen einbringen und sich damit gegenseitig fördern. Eine solche interaktive Heuristik wäre das Ziel der Gesprächserziehung.

Erzählung

Von den Formen mündlicher Kommunikation ist die Erzählung sicher die üblichste, weil sie die natürliche Verarbeitung von Erlebnissen, Träumen, Lektüren oder Sendungen ist. Der Impuls zum Sprechen kommt aus dem Drängenden der Probleme, deren Bedeutung und unverarbeiteten Resten. Lehrer verstärken die Zuhörer-Rolle, indem sie nachfragen, Vermutungen anstellen, Sprünge markieren und damit die Schüler dazu bringen, Leerstellen zu füllen, klarer zu strukturieren und interessanter zu sprechen. Auf diese Weise wird die Erzählung allmählich konzeptionell schriftlich und situationstranszendierend (STEINIG 2007, 78 f.).

Diskussion

Erst wenn die Schüler gelernt haben, aufeinander zu hören, die Äußerungen des Anderen in die eigenen Überlegungen einzubeziehen, das Gesprächsverhalten selbst zum Thema zu machen, kann der Unterricht vom Gespräch zur Diskussion führen. Die einfachste Form ist das Rundgespräch zu einem gemeinsam berührenden Problem (z.B. Schulausflug, Vom Nutzen des Laptops in der Schule, Was tun gegen Gewalt?). Die Schüler werden ermuntert, sich frei zu dem Problem zu äußern, sich auf andere Ausführungen zu beziehen, Abstraktionen zu versuchen. In jedem Fall ist es hilfreich, durch ein Impulsreferat in das Problem einzuführen, zwei Diskussionsleiter zu bestimmen, die die Zwischenergebnisse zusammenfassen, liegengebliebene Fragen wieder aufwerfen und Befunde zu generalisieren versuchen. Wichtiger als die Klärung der Sache ist die Übung im Gebrauch der Gesprächsform: die Ordnung der Gedanken, die verständliche und wirksame Äußerung, das aufeinander Hören, das Abstrahieren aus Beispielen, die Zuspitzung und Suche nach dem gemeinsamen Nenner – bei aller notwendigen Differenzierung.

Streitgespräch

Spannender, wenn auch aufwändiger in der Vorbereitung, ist das Streitgespräch. Diese Form folgt dem Muster der Gerichtsrede mit der Konfrontation von Ankläger und Verteidiger. Zu einem bewegenden Thema werden Pro- und Contra-Argumente gesammelt und vorgetragen (z.B. vom Nutzen und Nachteil der Hausaufgaben, Mobiltelefone in der Schule, Gewalttätige in Camps erziehen?). Nach Abschluss der Diskussion kann die Lösung offen bleiben, es kann abgestimmt oder eine Jury schon vorab beauftragt werden, ein Urteil zu fällen und zu begründen. Der besondere Reiz für eine formale Bildung liegt darin, die Gegenargumente zu tolerieren, Kompromisse mitzutragen und eigene Meinungen zu artikulieren und zu differenzieren.
Die Form des Gesprächs kann sich noch enger an die Gerichtsverhandlung anlehnen, wenn es um Schülergerichte („Teen Courts") geht. Ausgewählte Schüler sitzen ihren Mitschülern gegenüber, die eine leichte Straftat begangen haben. Nach einer Verhandlung von bis zu 90 Minuten wird ein Urteil gefällt (z.B. soziale Arbeitsstunden), das, wenn die Täter akzeptieren, zur Einstellung des Verfahrens durch die Staatsanwaltschaft führt. Nicht nur die Täter, auch die „Richter" profitieren: „Beratung und Entscheidung im Team, die Überwindung von Vorurteilen und die Fähigkeit, sich in andere Menschen hineinzuversetzen sowie den Umgang mit der Presse" (LARA SCHERNER in DE 5/2007, 31).

Debatte

Noch weiter gegenüber dem Streitgespräch formalisiert ist die amerikanische Debatte. Die Erörterung des Pro-aut-contra-Problems findet vor ausgewählten Schiedsrichtern und dem Publikum statt. Die Reihenfolge der Äußerungen wird vorab festgelegt, sodass beide Parteien bemüht sein müssen, ihre eigenen Argumente zu gewichten. Nicht nur die Gegner in der Debatte müssen widerlegt, sondern die Mitglieder der Jury überzeugt werden. Der Leiter der Debatte muss auf die Einhaltung der Spielregeln (Zeit, Entgleisungen, Abstimmung etc.) achten. Die Themen liegen auf der Straße oder werden durch die Medien kolportiert. Die Mitwirkung an Gesprächen und Debatten fördert nicht nur das Wissen und die formalen Kompetenzen einer sachgerechten und wirkungsvollen Beteiligung, sondern ist wichtiges Mittel der Entwicklung von jungen Persönlichkeiten.

Die Rede

Bei Vorbereitungen auf kleine Erzählungen und Beiträge für Diskussionen werden Formen der Rede erprobt. Vor allem in der amerikanischen Debatte müssen die Äußerungen klar strukturiert und wirkungsvoll angelegt sein. Bei der mündlich vorgetragenen Rede lassen sich drei Grundformen unterscheiden, die teilweise auch in Schriftform üblich sind.

Die Erzählung

1. Da sind zunächst die Erzählungen, mit denen ein Problem artikuliert, eine Erfahrung ausgesprochen oder eine Wahrheit belegt wird: Anekdoten, autobiografische Skizzen oder Exempelgeschichten (z.B. „Zum Thema Jugendgewalt kann ich folgende Geschichte erzählen"). Mehr als um Beiträge zur Lösung des aufgeworfenen Themas geht es um den Vortrag einer ‚schönen Geschichte', die mit Mitteln der Ästhetik (z.B. Erzählerposition, Dialog, Pointe, Bildhaftigkeit) arbeitet und durch Anschaulichkeit wirkt.

Der Bericht

2. Die Sachen selbst rücken bei allen Formen des Berichts in den Mittelpunkt. Während es bei den Sachberichten um genaue Wiedergaben von Tatsachen und Beobachtungen (z.B. aus Sport, Kultur, Wissenschaft oder Politik) geht,

Das Referat

3. sind Referate persönliche Zugänge zu einem Problem, die kritische Stellungnahmen und weiterführende Überlegungen herausfordern. Auch wenn Referate von der Grundschule bis in die mündliche Abiturprüfung verbreitete Formen des Lehrens und Lernens sind, fehlen bisher weitgehend didaktisch begründete curriculare Einheiten zu dieser wichtigen Redeform. Das ist deshalb erstaunlich, weil durch die Power-Point-Präsentation die technischen und methodischen Bedingungen noch nie so günstig waren, um sich in dieser Redeform zu erproben. Auch Referate gewinnen durch den Einsatz rhetorischer Mittel, eines Wechsels von Narration und Argumentation, Anschaulichkeit und Abstraktion, Tatsachentreue und subjektiver Einschätzung, Ausführlichkeit und Zuspitzung. In meinem Grundkurs haben die Schüler ein Referat zu einem Thema neuerer Forschung aus ihrem Leistungskurs gehalten bzw. geschrieben. Aber schon in der Grundschule kann man mit Berichten aus dem Bereich der Hobbys (Sport oder Kunst), der Freizeit (Umgang mit Tieren oder Technik) oder der Ferienorte (Geografie und Geschichte) anfangen und eingreifend an der Version der Kinder mitarbeiten.

Gleichgewicht von Reden und Schreiben

Auch für den Kernbereich der Rhetorik fehlen neue didaktische Anregungen. Die einseitige Betonung von Schriftlichkeit, die sich offensichtlich besser testen lässt, hat zu der Verdrängung von Kompetenzen der Rede bei den Schülern geführt. Es wird Zeit, die Gleichgewichtigkeit einer Förderung von Reden und Schreiben in der Schule wiederherzustellen. Dabei gilt es auch, die drei Grundformen der Rede aus der Rhetorik wiederzuentdecken (LAUSBERG 1963, 18 ff.):

- **Genus iudiciale** (Gerichtsrede)
- **Genus deliberativum** (Beratungsrede)
- **Genus demonstrativum** (epideiktische Gattung, Festrede)

Die Gerichtsrede

Auch wenn den Rednern diese Begriffe heute nicht mehr vertraut sein dürften, nutzen sie alle drei Formen in der Öffentlichkeit. Die Gerichtsrede kennt die beiden Varianten der Anklage und der Verteidigung. Zur Rechtfertigung (zum Zweck der Verteidigung) findet sich ein Beispiel in meinem Unterrichtsversuch zum Thema „Reform der Oberstufe" (*Deutschkurse* 1994, 165).

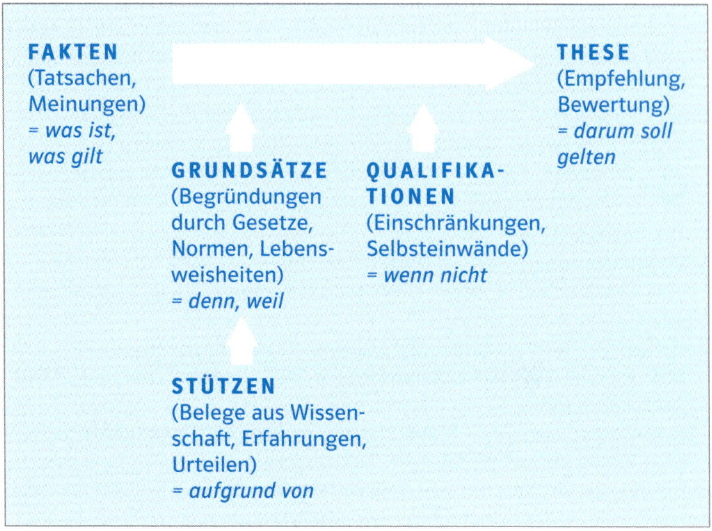

Abb. 5.1: Struktur der Argumentation

Die Beratungsrede

Gegenüber der formal strengeren Rechtsrede sind die Beratungsreden im Ablauf und in der Struktur freier. In der Regel werden sie eher einer Gliederung vom Selbstverständlichen zum Komplexen, vom weniger Wichtigen zum „schlagenden Argument" folgen. Bekannt sind die Reden aus dem Bundestag zur Beratung von Gesetzen, auf den Marktplätzen der Republik zur Werbung für eine Partei und in der Produktwerbung (z.B. die Rede des Apple-Chefs Jobs zur Einführung des I-Phones).

Die Festrede

Gert Ueding hat Elemente und Gliederungen von Festreden auf Personen, Orte und Taten anschaulich erläutert ([4]1996, 109 ff.). Im Stil werden sie sich ästhetischer Mittel bedienen, Gefühle zeigen und sich um Witz bemühen.

Vorbereitung einer Rede

Während bei schriftlichen Äußerungen die Phase der Überarbeitung einer ersten Fassung von besonderer Bedeutung ist, rückt bei der Rede alles ins Vorfeld der Planung:

- Gedanken und Argumente müssen gesammelt,
- Beispielgeschichten geprüft,
- Suchkategorien (Personen, Tatsachen, Werturteile) eingesetzt
- und die Gliederung festgelegt werden.

Die Disposition kann von einem zweigliedrigen (antithetischen) bis zu einem fünf- und mehrgliedrigen Aufbau reichen (UEDING 1996, 58 ff.). Dreigliedrigkeit (These – Gegenthese – Synthese) und Fünfgliedrigkeit (entweder Dialektik oder Steigerung der Argumente im Hauptteil) werden am häufigsten verwendet. Die Übung der Fünfgliedrigkeit wird nach wie vor mit Erfolg bei der Anwendung des Fünfsatzes nach GEISSNER (zuerst 1968) praktiziert. Von den vorgestellten sieben Modellen wird wohl am häufigsten der dialektische Aufbau verwendet werden:

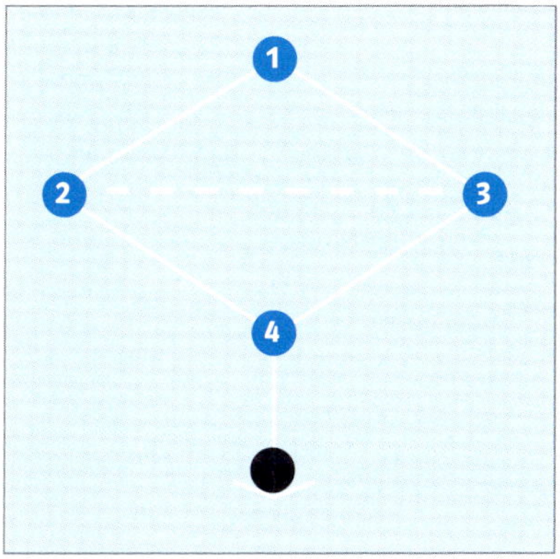

Abb. 5.2: Der Fünfsatz

Maximen der Konversation

Wichtiger als die Summe von Einzelkompetenzen des Redens und Besprechens ist es, die Prinzipien zu beachten, die für menschliche Verständigung allgemein gelten: Aufrichtigkeit, Verständnis, Genauigkeit und Selbstkontrolle. Rhetorik in diesem Sinne ist von kommunikativer Ethik nicht zu trennen. Pragmatischer benennt WILLIAM O'GRADY die Maximen der Konversation:

Konversationsmaximen

The Maxim of Relation:
Be relevant.
The Maxim of Quality:
Try to make your contribution one that is true. (Do not say things that are false or for which you lack adequate evidence.)
The Maxim of Quantity:
Do not make your contribution more or less informative than required.
The Maxim of Manner:
Avoid ambiguity and obscurity; be brief and orderly.

Abb. 5.3: Nach WILLIAM O'GRADY: *Semantics.*

b) Schriftstücke (Aufsätze)

Schriftliche Kommunikation

Schreiben ist unbestritten das Herzstück jeden primärsprachlichen Unterrichts. Die zentrale Bedeutung dieses Lernbereichs lässt sich vor allem dadurch begründen, dass er an der Schnittstelle mit den anderen Fächern steht, in denen auch viel geschrieben wird, an dem Übergang von Rezeption und Produktion, von Anleitung und Selbständigkeit, von Spielfreude und Ernstfall, von Selbstvergessenheit und Wendung an Mitmenschen. Der Grad der Bildung bemisst sich vor allem an der Selbständigkeit von mündlicher und schriftlicher Äußerung, nur in der schriftlichen Darstellung ist dieser Grad nachvollziehbar und überprüfbar.

MERKSATZ

Das Ziel des Unterrichts in der schriftlichen Kommunikation muss darin liegen, die jungen Persönlichkeiten zur Genauigkeit in der Sache, Angemessenheit in der Form, Zuwendung an die Leser und Selbstaufklärung anzuleiten.

Bühlers Organon-Modell

Hinter diesen Dimensionen der Ziele ist unschwer das Organon-Modell des Linguisten Karl Bühler (1879–1963) zu erkennen, das in der Rede- und Schreibdidaktik immer neu verwendet wird: Ein Sprecher bringt etwas zum **Ausdruck**, formt Sachverhalte in eine **Darstellung** und möchte mit dem **Appell** den Empfänger erreichen. Die Grafik findet sich in jeder Einführung in die Linguistik.

Textformen

Wer schreibt, hat etwas zu sagen, nutzt zur Darstellung eine geeignete Form und möchte bei den Adressaten etwas auslösen. Diese Elemente eines Sprechaktes können aber auch als dominante Funktionen unterschiedlicher Sprachhandlungen verstanden werden und begründen dann verschiedene Textformen:

- Ich-Erzählung
- Sachbericht
- Werbetext

Textfunktionen

Ulf Abraham u.a. (1998) haben die Inhalts- von der Formseite der Darstellung gelöst und damit vier Funktionen sprachlicher Äußerungen gewonnen:

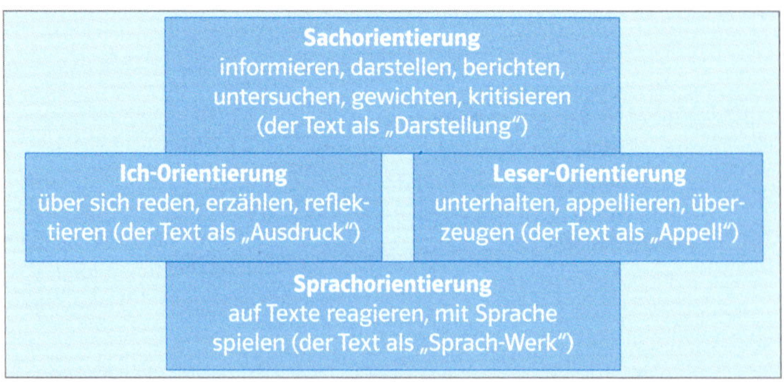

Abb. 5.4: Funktionen sprachlicher Äußerungen

Noch vielfältiger werden die Formen, wenn man die Abstände zwischen den Knotenpunkten des Modells als Kontinua versteht, die Mischformen erzeugen. Die Vielfalt der Genres im Dreieck des Bühlerschen Organonmodells machen STEINIG und HUNEKE (2007) anschaulich:

Abb. 5.5: Bühlersches Organonmodell

Modelle

Solcherart Tabellen sind einfallsreich, wenn man damit zu arbeiten versteht: Hierarchien ermitteln, Formen trennscharf machen, Beispiele für den Unterricht finden und ihre Mehrfachfunktionalität herausstellen. In jedem Fall aber sind sie besser als der Verzicht auf jede Systematisierung aus Angst vor ihrer normativen Wirkung (BREDEL 1, 2003, 175, 234 u.ö.). Schule und Unterricht sind auf theoretische Konstrukte angewiesen und Didaktik hat sie zu begründen.

Dominante Kommunikationsabsichten

Geht man von den dominanten Absichten des Sprechens und Schreibens aus, dann sind sie primär
- narrativ
- informativ
- argumentativ.

Differenziert man die leitenden Intentionen auf einer zweiten Stufe der Abstraktion, dann kann man unterscheiden:
- **Narration:** fiktional und authentisch,
- **Information:** berichtend und beschreibend,
- **Argumentation:** erörternd und rechtfertigend.

Aus den sechs Kategorien ergeben sich sinnfällig die Textsorten, die für den Schreibunterricht geeignet sind:

narrativ		informativ		argumentativ	
Fiktion	Authen-tizität	Bericht	Beschrei-bung	Erörterung (Entschei-dung)	Recht-fertigung (Begrün-dung)
Leerstellen ausfüllen	Lebenslauf	Nachricht	Gegen-stand/Weg	Nach-denken	Rezension
Fantasie-erzählung	Erinnerun-gen	Reportage	Tabellen	Pro-aut-contra	Inter-pretation
konkrete Poesie	Brief/ E-Mail	Referat	Steckbrief	Leitartikel	Werbung
Fabel erfinden	Tagebuch	Protokoll	Analyse	Essay	Verteidi-gung

Formen der Rede

Die Übersicht kann nur als ein kontinuierlich revidierbares Raster verstanden werden, das sich aus den Textformen des gesellschaftlichen Alltags speist. Sie kommen nicht aus der Aufsatzdidaktik des 19. Jahrhunderts, wie immer wieder behauptet wird, sondern es sind vor allem Genres fiktionaler Literatur (Erzählung, Gedicht, Erinnerung), journalistische Formen (Nachricht, Reportage, Kommentar) und Gebrauchstexte (Protokoll, Brief, Werbung). Schließlich sind die Formen nicht als normative Vorgaben zu verstehen, sondern als ein Register, aus dem geschöpft und das frei variiert werden kann: In ein Referat können persönliche Erinnerungen eingebaut werden, eine Erörterung wird Berichte verwenden oder eine Bildbeschreibung kann in einen fiktiven Weg durch die Details münden. Das Register bietet ein Repertoire zur strengen oder freien Verfügung in Unterricht und Freizeit.

Prozess des Schreibens

Mit guten Gründen hat die Didaktik seit gut 20 Jahren das Interesse mehr auf die Prozesse des Schreibens als auf die Produkte des Geschriebenen gerichtet. Dieser Beobachtungswechsel behält gerade in Zeiten der Tests mit ihrer Überbewertung des Fertigen gegenüber dem Anfertigen seine Bedeutung. Schreiben wird als Problemlösung verstanden und die Schritte werden reflektiert vollzogen. Die Annahme ist insofern richtig, als das Schreiben nur dann verbessert werden kann, wenn man dem Prozess der Arbeit mehr Aufmerksamkeit schenkt als seinem Ergebnis. Von den drei Stufen dieses Prozesses: Planen – Formulieren – Überarbeiten hat in den vergangenen Jahren der letzte Schritt allzu viel theoretische Beachtung gefunden (Fix 2000). Demgegenüber sollten die Planungsschritte vor der Niederschrift der ersten Fassung stärker durchdacht und geübt werden:

- Assoziationen zum Thema notieren
- Stoffsammlung anlegen

- Gliederung des Gedankengangs entwickeln
- Abschnitte durch Beispiele, Bilder, Belege, Gründe etc. anreichern
- Textbausteine (Sentenzen, Merksätze, Episoden) skizzieren
- Schriftstück verfassen

Überarbeitung

Was Martin Fix an Kompetenzen für Überarbeitungen voraussetzt: Wissen über Inhalte, über Textmuster als Baupläne, systematisches Wissen und „exekutive Verfahren", gilt schon für die Planungsstufe. Den Gesamtprozess des Abfassens von Schriftstücken haben John Hayes und Linda Flower 1980 grafisch dargestellt; die Übersetzung der Begriffe stammt von Peter Sieber (Bredel 1, 2003, 213):

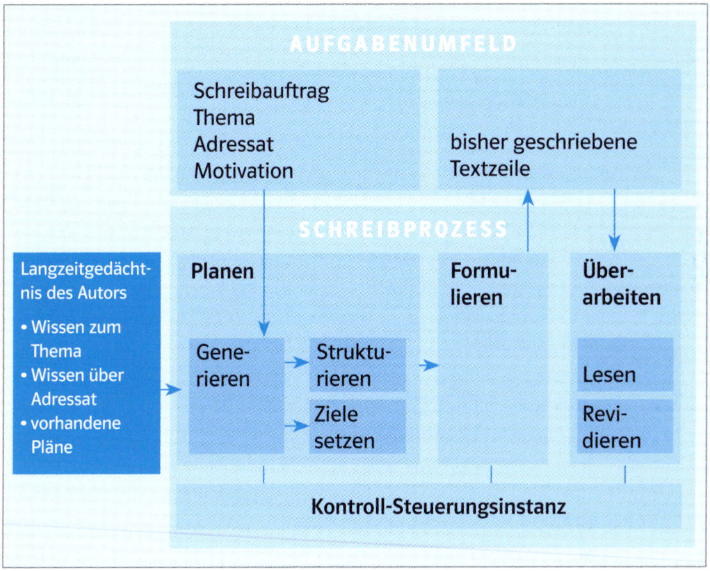

Abb. 5.6: Allgemeines Modell der Textproduktion

Strategiewissen

Man kann mit Recht einwenden, dass solche Modelle allzu funktionalistisch und zweckrational gedacht sind; dass es viel mehr darauf ankäme, Schüler mit einem Repertoire an Schreibvarianten auszustatten, das sie dann selbständig einsetzen können. Ortner (2000) nennt das Strategiewissen, das er in zehn Punkten erläutert, z.B. Schreiben in einem Zug („Flow"), einen Text zu einer Idee schreiben, Planendes Schreiben, Schreiben nach Puzzle-Prinzip (Sieber in: Bredel 1, 2003, 214). Da diese Strategien auf Textformen und deren dominante Elemente zielen, decken sie sich teilweise mit dem Repertoire auf der zweiten bzw. dritten Differenzierungsebene unserer vorgeschlagenen Textsorten. Diese Elemente für die Lösung größerer Aufgaben wären als Prototypen zu üben: freies Schreiben ohne Aufgabe, Erlebnis zu einem Problem, Reportage aus der

Freizeit, Bildbeschreibung, je ein Pro-und-contra-Argument zu einer Streitfrage, Verteidigung einer Idee oder Aktion etc.

Stilübungen

Durch derartige Stilübungen lassen sich die Schreibkompetenzen quantitativ und qualitativ entwickeln. Über die Stufen dieser Entwicklung hat die Forschung sich immer wieder Gedanken gemacht, wobei es vor allem um die Frage geht, wie Unterricht den natürlich in den Sprachumfeldern der Jugendlichen ablaufenden Lernprozess unterstützen kann. Grundlegendes Modell für den Erwerb schriftsprachlicher Kompetenzen sind die an Formen des Schreibens gebundenen Entwicklungsstufen bei Bereiter (vgl. Steinig 2007, 128).

LESER		**(3) Kommunikative Wirkung** *sich am potenziellen Leser orientieren*	
PRODUKT	**(2) Performative Writing** *schulische Konventionen befolgen*		**(4) Unified Writing** *sein Schreibprodukt als Leser beurteilen*
PROZESS	**(1) Associative Writing** *Schreiben, solange einem etwas einfällt*		**(5) Epistemic Writing** *zur Wissensgewinnung schreiben*

Abb. 5.7: Schreibentwicklung als Prozess in Stufen

Argumentatives Schreiben

Das Modell ist auch in der Deutsch-Didaktik stets neu verwendet und variiert worden (z.B. Baurmann 1990). Sein Wert liegt vor allem darin, dass es zum einen die formale Komplexität zum Maßstab nimmt, andererseits aber auch wiederkehrende Dimensionen (Produkt, Prozess, Leser) des Schreibens einbezieht, die wechselnde Aufmerksamkeit der Schüler lenkt. In ihren Untersuchungen zum argumentativen Schreiben (in Briefen) bestätigen Gerhard Augst und Peter Faigel (1986) die Logik der ersten vier Stufen.
Das Ergebnis der Untersuchung klingt begrifflich sehr beeindruckend, entspricht aber in der Sache der Erfahrung jeder Lehrperson: Die Entwicklung des Schriftspracherwerbs geht „von der syntaktischen Konnexion und Kohäsion zur semantischen und pragmatischen Kohärenz“ (Feilke 1996, 1182).

Kritik der Entwicklungsstufen

Kritische Einwände gegen die Theorie von Entwicklungsstufen richten sich aber nicht so sehr dagegen, dass sie keine Überraschungen bergen, sondern vor allem gegen das Stufendenken selbst. Wir wissen, dass die Entfaltung von Fähigkeiten nicht so sehr vom biologischen Alter, sondern mehr vom Anregungspotenzial des kulturellen und schulischen Umfelds abhängt; durch ältere Geschwister, vorbildliche Lehrpersonen oder angemessenen Mediengebrauch können Stufen übersprungen werden.

Das gilt auch für unterschiedliche Begabungen der Kinder: Wer neugierig auf die Welt ist, wird Assoziationen schon im ersten Schritt zu ordnen versuchen und das Schreiben von Anfang an als Wissensgewinn nutzen. Schließlich widerspricht die erläuterte Bildungsidee (s. Kap. 3) der These vom gestuften Kompetenzerwerb. Es gibt jenen „fruchtbaren Moment“ im Prozess des Lernens, von dem schon FRIEDRICH COPEI im Anschluss an GOTTHOLD EPHRAIM LESSING (1729–1781) gesprochen hat, in dem die verschiedenen Dimensionen des Schreibens sich auf einmal öffnen und z. B. drei Stufen in einem Augenblick auf eine Ebene geraten. Aus dem Fundus von Formen und Funktionen werden dann die für die Lösung der Aufgabe geeigneten Register gezogen.

MERKSATZ

Alle Bildung muss darauf gerichtet sein, solche Momente herbeizuführen, in denen die Lernenden komplexe Aufgaben mit Hilfe des erworbenen Repertoires selbständig zu lösen verstehen.

Kumulation des Wissens kann, muss aber nicht den qualitativen Sprung auslösen.

c) Arbeit am Stil

Register der Textsorten

Das Register der Textsorten mit ihren dominanten kommunikativen Zwecken, das allmählich in der Schulzeit gemeinsam mit den Schülern komplettiert wird, ist das wichtigste Aufgabenfeld des Aufsatzunterrichts. Mindestens ebenso wichtig aber wären Übung und Reflexion der noch konkreteren Ebene des Stils. Da über den sprachwissenschaftlichen Studien (vgl. ABRAHAM in BREDEL 2003, 237ff.) die Rhetorik aus dem Blick geraten ist, fehlen didaktische Modelle für die Arbeit am Stil weitgehend. In einem Unterricht, der Mitsprache in einem demokratisch verfassten Gemeinwesen zu seinen Zielen zählt, verdienen Stilübungen erhöhte Aufmerksamkeit. Neben den allgemeinen Prinzipien eines angemessenen Sprachgebrauchs, wie Richtigkeit, Genauigkeit, Verständlichkeit und Adressatenbezug, ist wieder an die Stilebenen zu erinnern (UEDING 1996, 24ff.):

Der schlichte Stil

- Der schlichte sachliche Ausdruck will primär informieren und verzichtet auf jedes schmückende Beiwerk sowie auf allzu komplexe Sätze.

Der mittlere Stil

- Der mittlere unterhaltende Stil verwendet demgegenüber Bilder, Abschweifungen und pointierte, witzige Redewendungen. Durch poetische Mittel will er unmittelbar auf seine Leser einwirken. In einer erhellenden Studie hat PETER SIEBER eine zunehmende Tendenz der Schriftsprache zu konzeptioneller Mündlichkeit festgestellt (1998), die er „Parlando“ nennt. Was zunächst als Normverstoß erscheinen mag, ist nichts anderes als eine neue Variante des mittleren Stils im Zeichen zunehmender Mündlichkeit beim Schreiben.

Der hohe Stil

- Der große, erhabene Stil bewegt sich auf der schmalen Grenze zwischen rhetorischer Wirkungsabsicht und Übertreibung. Alle Kunstmittel der Rede werden für wirkungsvolle Zwecke eingesetzt. Die Bedeutsamkeit des Problems (Gerechtigkeit, Freiheit, Liebe etc.) rechtfertigt den leidenschaftlichen Stil. Da uns heute jedes Pathos fremd ist, wird es besonders schwer, den erhabenen Stil angemessen und wirkungsvoll zu gebrauchen. Am ehesten findet man ihn in begeisterten oder verreißenden Rezensionen zu Büchern, Theateraufführungen oder Filmen. Auch in diesem Grundkurs verwenden wir in Ausnahmefällen pathetische Formulierungen, z.B. zur Rechtfertigung umfassender Bildung, wie im folgenden Beispiel: „Inhuman ist das Vergessen, weil das akkumulierte Leiden vergessen wird; denn die geschichtliche Spur an den Dingen, Worten, Farben und Tönen ist immer die vergangenen Leidens" (ADORNO: *Über Tradition*).

Die Elocutio

Um die gewählte Stilebene angemessen ausgestalten zu können, bedarf es eines größeren Repertoires an rhetorischen Mitteln. Von den insgesamt fünf Stufen der klassischen Rhetorik (Inventio, Dispositio, Elocutio, Actio, Memoria) ist für die Verfertigung von Rede und Schriftstück die Elocutio, der sprachliche Ausdruck, von besonderer Bedeutung. Dabei kann es nicht darum gehen, einen fertigen Text nachträglich auszuschmücken, wie es in der Antike üblich war, sondern die „allmähliche Verfertigung" des Textes beim Schreiben sucht von Anfang an nach der angemessenen Formulierung, die die Sache trifft und Wirkung erzeugen kann (inneres und äußeres Aptum). Im Schreiben selbst entdeckt man die Wahrheit; das ist sein heuristischer Wert. Es muss ein breites Spektrum an rhetorischen und stilistischen Varianten verfügbar sein, um sich wahrhaftig und wirkungsvoll äußern zu können. In der traditionellen Rhetorik findet sich das Register, das gute Sprachbücher (hier: Werkstatt Sprache, 1980) aufgreifen:

WORTFIGUREN	SATZFIGUREN
Übertreibung, Steigerung durch Vergrößerung oder Verkleinerung (Hyperbel) z.B. *fuchsteufelswild, blitzschnell, tausendmal*	**Verkürzung (Ellipse)**, z.B. *„Was nun?"*
Untertreibung durch Verneinung des Gegenteils (Litotes) z.B. *„nicht gerade einer der Tapfersten"*	**Gleichlauf (Parallelismus)**, z.B. *„Heiß ist die Liebe, kalt ist der Schnee!"*
Verhüllung (Periphrase) z.B. *„Auge des Gesetzes" (Sonderform: Beschönigung „Euphemismus", z.B. „entschlafen" für „sterben"*	**Überkreuzstellung (Chiasmus)**, z.B. *„Die Kunst ist lang, und kurz ist unser Leben." (Goethe)*
	Umstellung (Inversion), z.B. *„Nicht aber für erforderlich wird es gehalten …"*

WORTFIGUREN	SATZFIGUREN
Doppelung, Verbindung von zwei synonymen Wörtern (Hendiadyoin) z.B. *„Hilfe und Beistand"*	**Zwei- und Dreigliedrigkeit**, verbunden mit Steigerung (Klimax) z.B. *„veni, vidi, vici" (Caesar)*
Nachdrücklichkeit (Emphase) z.B. *„Menschen! Menschen! falsche heuchlerische Krokodilbrut!" (Schiller)*	**Einschub (Parenthese)**, z.B. *„Ich sei, gewährt mir die Bitte, in eurem Bunde der Dritte!" (Schiller)*
GEDANKENFIGUREN	**KLANGFIGUREN**
Rhetorische Frage, Frage, auf die der Redner keine Antwort erwartet z.B. *„Wer ist hier so niedrig gesinnt, dass er ein Knecht sein möchte?" (Shakespeare)*	**Wiederholung**, Sonderform: Wiederholung am Anfang (Anapher) z.B. *„Das Wasser rauscht; das Wasser schwoll." (Goethe)*
Gegensatz (Antithese), z.B. *„Arm und reich", „gut und böse"*	**Wortspiel**, z.B. *„... denn ich selber bin ganz gewillt, ein guter Mann zu werden und nicht ein Schlächter." (Brecht)*
Sinnwidrigkeit, oft nur scheinbar (Paradox) z.B. *„Mitten wir im Leben sind von dem Tod umfangen" (Kirchenlied)*	**Stabreim (Alliteration)**, z.B. *„In seidenen Sesseln sitzend" (Rilke)*
Ironie, man sagt das Gegenteil von dem, was man meint z.B. *„Denn Brutus ist ein ehrenwerter Mann..." (Shakespeare)*	
Metapher, Übertragung eines Begriffs in einen anderen Bedeutungsbereich, z.B. *„Noch immer werden Netze aus Wörtern gesponnen"*	
Einprägsamer Sinnspruch (Sentenz), z.B. *„Wenn ein Buch und ein Kopf zusammenstoßen und es klingt hohl, ist das allemal im Buch?" (Lichtenberg)*	*Irrtümer haben ihren Wert; jedoch nur hie und da. Nicht jeder, der nach Indien fährt, entdeckt Amerika. (E. Kästner)*

Abb. 5.8: Rhetorische Mittel

Stilebenen

Wie im Fall der Stilebenen kommt es auch beim Umgang mit rhetorischen Mitteln nicht so sehr darauf an, möglichst viele der Figuren wie Vokabeln zu lernen, sondern sie in Kontexten berühmter Reden, von

Sachtexten und vor allem der schöngeistigen Literatur aufzuspüren. Sich von guten Vorbildern inspirieren zu lassen, fördert die Variation in den eigenen Schriftstücken, denn jeder wird Anderes für gut halten und mit der eigenen entworfenen Stilebene verbinden. Lesen – Schreiben – Hören – Schreiben führt zu Aufmerksamkeitssteigerungen, die im Wechsel der Akzente perspektivische Bildung befördert.

d) Neue Medien

Chancen der neuen Medien

Durch den Umgang mit dem Computer wird das Repertoire des Schreibens noch einmal erweitert. Zum einen werden die Arbeitsschritte des Planens, vorläufigen Formulierens, Recherchierens, Umarbeitens, Ergänzens stärker miteinander verbunden und können damit auch den „fruchtbaren Moment" schneller herbeiführen. Andererseits wird die Gedankenfolge aus der Linearität befreit und zum Spielfeld hierarchischer oder hybrider Konstrukte. Zu den Textbausteinen aus dem vertrauten Repertoire kommen Grafiken, Bilder, Tondokumente und Musik. Außerdem kann die Grenze zwischen Leser und Schreiber aufgehoben werden, wenn aus dem ersten Entwurf ein gemeinsames Werk mehrerer Schüler wird. Die Möglichkeiten sind vielfältig, wie sie in Kap. 3 (S. 29/30) unter vier Punkten beschrieben wurden.

Schreiben als Suche nach Wahrheit

Kein multimedialer Textentwurf ersetzt die gedankliche Arbeit, mit der ein Problem schriftlich erörtert werden soll. Schreiben ist, in welcher Form auch immer, Suche nach Wahrheit. Die kann, wie schon durch die Emblematik des Barock, bildhaft gestaltet werden; Genauigkeit aber gewinnt sie erst in Diskursen von Rede und Schrift.

2 Grammatik mit Sprachtheorie

Unterricht in der Muttersprache

Unvergessen bleibt die Feststellung Jakob Grimms (1785–1863) in seiner Vorrede zur *Deutschen Grammatik* von 1818, dass der Unterricht in der Muttersprache überflüssig sei und er ihn „für verwerflich, ja für töricht halte". Seine Begründung gilt modifiziert auch noch in unserer Zeit: dass man Reflexion über Sprache am besten dadurch leistet, dass sie bei Erwerb der ersten Fremdsprache vergleichend geübt wird. Über der fremden Sprache wird der Blick auf die eigene reicher. Gleichwohl wird man heute den primärsprachlichen Unterricht nicht mehr aus der Schule verbannen können, zumal, umgekehrt argumentiert, eine früh angeeignete Sprachbewusstheit den Erwerb von Fremdsprachen erleichtern kann. Nur über seinen Anteil im Verhältnis zu den beiden anderen großen Aufgabenfeldern sollte man immer wieder nachdenken, denn in der Tat werden Begrifflichkeit, Methoden der Analyse und Formen der Übungen in Abstimmung mit dem Fremdsprachenunterricht erfolgen müssen. Nur für die inhaltsbezogene Grammatik hat das Deutsche einen Vorrang. Außerdem wird die Bedeutung des Nachdenkens über Sprache dann größer, wenn es eher als Prinzip denn als Gegenstand des Unterrichts verstanden wird. In Phasen des Abfassens von Schriftstücken, der Redeplanung, der Analyse von Details in literarischen Werken oder der Wort-Bild-Sequenzen in Filmen gibt es Gelegenheiten, um über Gesetzmäßigkeiten von Sprache, Angemessenheit ihres Gebrauchs oder kunstvoller Überformungen nachzudenken.

MERKSATZ

Das induktive Vorgehen weckt die Motivation für eine genaue Analyse und fördert das Behalten der Gesetzmäßigkeit sowie den Transfer des Gelernten.

Grammatik

In den Lehrplänen der Bundesländer ist es üblich geworden, den Lernbereich behutsam als „Reflexion über Sprache", „Untersuchung von Sprache und Sprachgebrauch" oder „Sprachbewusstsein entwickeln" zu bezeichnen. Damit wird eher ein Prinzip als ein eigener Gegenstand begründet. Wir halten demgegenüber an dem international üblichen Begriff „Grammatik" fest, weil mit ihm die drei Kategorien des Normativen, Deskriptiven und Pragmatischen zugleich erfasst werden. Grammatik als Theorie beschreibt die Geschichte und das System der Sprache in analytischem Interesse, formuliert Gesetzmäßigkeiten und Regeln in normativer Absicht und erklärt den angemessenen und richtigen Gebrauch der Sprache in konkreten Situationen.
Hinter den genannten Aspekten verbirgt sich die seit FERDINAND DE SAUSSURE (1857–1913) übliche Unterscheidung von **Langue** (Sprache) und **Parole** (Sprachverwendung), die sowohl beschreibend untersucht als auch normativ behandelt werden können. Auf Richtigkeit und Angemessenheit der sprachlichen Äußerungen von Schülern richtet sich das besondere didaktische Interesse. Kompetenzen formulieren in dieser Hinsicht die Vielfalt der Möglichkeiten, die eine Langue ihren Sprechern bietet; die Performanzen sind Ausdruck des Grades, mit dem die einzelnen Schüler die Potenzialität der Sprache in ihren konkreten Äußerungen ausschöpfen.

Ziele des primärsprachlichen Unterrichts

Trotz aller notwendigen Begrenzung der Grammatik als eigenem Gegenstand des primärsprachlichen Unterrichts lassen sich dessen Ziele in vier Dimensionen begründen:

Reflexion

1. Reflexion über System und Funktion der Sprache fördert den Sprachgebrauch. Allein die Verzögerung des Sprechens und Schreibens durch das Nachdenken über das, was man gerade tut, das Abwägen der Alternativen, die Korrekturen, die probiert werden, bewirken einen höheren Grad von Bewusstheit. Ob die Intensität des Denkens die Qualität der Äußerung tatsächlich verbessert, muss nicht unbedingt erwiesen sein; schon HEINRICH V. KLEIST (1777–1811) hat im Bild des

Dornenausziehers in seinem kunsttheoretischen Aufsatz über das *Marionettentheater* eher seine Bedenken geäußert, dass Denken das Handeln nachhaltig beeinflussen könne. Unbestreitbar aber dürfte sein, dass ein höherer Grad an Reflexivität der perspektivischen Bildung Impulse geben wird.

Denkfähigkeit

2. Wenn die Reflexion aus dem situativen Kontext herausgenommen und auf abstrakter Ebene fortgesetzt werden kann, dient der Grammatikunterricht der Entwicklung der allgemeinen Denkfähigkeit. Helga Andresen hat daher mit guten Gründen den Unterschied von aktueller und eigentlicher Bewusstwerdung von Sprache verteidigt (in: Bredel 1, 2003, 444). Man braucht nur an Situationen zu denken, in denen ein Kind einer Mitschülerin anekdotisch von einem Ereignis mit direkter und indirekter Rede erzählt und noch eine allgemeine Erfahrung daraus gewinnt, um zu erkennen, dass Denkfähigkeit und Sprachentwicklung sich wechselseitig fördern. Analyse komplexer Sätze ist die beste Denkschule. Allein das Durchdenken von dargestellter Situation, Redeform, Satzbau, grammatischen Details und Erzählerabsicht der Anfänge von Kleists *Anekdote aus dem letzten preußischen Kriege*, Kafkas *Auf der Galerie* oder Brechts *Wenn die Haifische Menschen wären* entwickelt nicht nur sprachliches Wissen, sondern Tiefenschärfe des Denkens. Ein solch ausgeprägtes Problembewusstsein nennen Steinig/Huneke (2007) „literalen Habitus“. Er sollte Ziel auch und gerade des Unterrichts für Kinder von Zuwanderern sein, die rechtzeitig lernen müssen, ihre Probleme, auch fragmentarisch, zu artikulieren. Man kann auch allgemeiner, mit Blick auf die Diskussion der Bildungsziele, sagen, dass Schüler rechtzeitig lernen, sich im Denken zu orientieren.

Systematisches Wissen

3. Um das aktuelle und das abstrakte Sprachbewusstsein zu entfalten, bedarf es eines erheblichen systematischen Wissens im Feld der eigen- und mindestens einer fremdsprachlichen Grammatik. Das gilt für alle Kernbereiche von der Phonetik über Morphologie, Syntax und Semantik bis hin zur Textorientierung sowie den Sprechakten. Die Vermittlung des Wissens und Könnens sollte bis zum Ende der Jahrgangsstufe 9 abgeschlossen und in der Klasse 10 in einer kurzen Unterrichtseinheit zusammengefasst werden.

Wissenschaftspropädeutik

4. Wegen der Klarheit der Hypothesen, der Anschaulichkeit der Modelle und der Nachvollziehbarkeit der Beweisführungen eignen linguistische Theorien sich besonders für eine Wissenschaftspropädeutik. In meinem dokumentierten Unterricht haben wir uns im Grundkurs der Jahrgangsstufe 13 exemplarisch mit der Dependenzgrammatik beschäftigt (1994, 240 f.). Die Einheit war so angelegt, dass nach einer Einführung die Satzmodelle mit den fünf Ergänzungen und sechs freien Angaben erläutert und wichtige Operationen (Segmentieren, Kommutieren und Permutieren) ausprobiert wurden. Die These von der zentralen Rolle des finiten Verbs in deutschsprachigen Sätzen erwies sich als richtig und für eigene Analysen gut verwendbar.

Satzbaupläne szenisch

Aus den Zielen einer grammatischen Bildung, vor allem der Notwendigkeit der Vermittlung systematischen Wissens, ergeben sich die unverzichtbaren Inhalte des Unterrichts in der Sekundarstufe I. Wie schon in der Grundschule systematisch in der Satzlehre gearbeitet werden kann, haben BLATTMANN und KLOTTKE (2002) gezeigt. Ausgehend vom Modell der Dependenzgrammatik werden Satzbaupläne szenisch gestellt und in einer Satzgliedertafel („das Verb ist der König") festgehalten. So wächst aus einer konkreten Analyse früh abstrakte Bewusstheit.
Für die folgenden Jahrgänge ist die Begründung eines doppelt funktionalen Sprachunterrichts durch PETER KLOTZ (1996) überzeugend, indem einerseits das Sprachwissen die Textgestaltungskompetenz signifikant erhöht und andererseits die Fähigkeit, komplexe Texte zu verfassen, grammatisches Problembewusstsein erweitert. Zentral ist das Kap. 3, in dem die wichtigsten Wissensgebiete der Grammatik erläutert sind, deren Bedeutung für sprachliche, kompositorische und kognitive Kompetenzen in den folgenden Kapiteln empirisch nachgewiesen werden.

Weitere Themen des Grammatikunterrichts

Wenn man den Weg zur höheren Sprachbewusstheit konsequent induktiv, das heißt von aktuellen Situationen und Problemen aus, gehen will, ergibt sich eine Vielzahl von Themen, in denen Merkmale beschrieben, Normen geprüft und eigene Text verfasst werden können (vgl. NEULAND 2003 in: BREDEL 1 und STEINIG/HUNEKE 2007 mit weiterführender Literatur):

- Dialekte und Standardsprache
- Sprache von Jugendlichen
- Sprachverhalten von Frauen und Männern
- Sprachverhalten von Immigranten und Emigranten im Ausland
- Fachsprachen und Allgemeinsprache
- Sprache in der Politik
- Sprache in Institutionen: in der Schule, in Betrieben, vor Gericht, im Krankenhaus etc.
- Sprache in der Werbung
- Sprache im Fernsehen in den unterschiedlichen Sparten
- Computersprache: E-Mails, Chat etc.

Mit Beispielen, die aus der Untersuchung dieser Themen stammen oder die in Lehrbüchern zu finden sind, sollten die zentralen Kategorien gewonnen und gefestigt werden, die für die Analyse und kritische Reflexion von Sprache unverzichtbar sind. Dabei gewinnen Syntax (Satzbau) und Lexikon (Wortschatz) eine besondere Rolle. GLINZ (BREDEL 1, 2003, 433ff.) nennt neun grammatische Kategorien, die ihm wichtig erscheinen: vom Satz über die Wortarten bis hin zu Arten der Verknüpfung im Text und gedanklichen Ebenen („Reported Speach"). Wir beschränken uns auf die vier unverzichtbaren Gegenstände und fügen die Rechtschreibung hinzu.

1. Syntax und Satzglieder

1. Syntax und Satzglieder: Nicht nur in der Dependenzgrammatik ist der Satz die zentrale Untersuchungseinheit. Schon das laute Lesen einfacher Sätze vermittelt den Eindruck von Gedankenbögen in einem Atemzug. So sollen sie auch inhaltlich verstanden werden. Die Analyse beginnt mit der Isolierung und Beschreibung der Satzglieder. Für diese Prozeduren gibt es in den Sprachbüchern viele anschauliche Modelle, z.B. bei WINFRIED ULRICH (3, 2001, 47).
Wenn die Bedingungen der Umstände vom Sprecher ausführlicher erläutert werden sollen, können an die Stelle der Adverbialien Gliedsätze treten; so ist die gerade geäußerte Formulierung als Konditionalsatz identifizierbar.

Sprechakte

Gegenstand der Satzlehre sollten, besonders unter den Bedingungen einer Kompetenzorientierung, Sprechakte sein, denn Sprechen bedeutet im Rahmen dieser Theorie ein Handeln mit Sätzen. Kompetenzformulierungen sind Erläuterungen dessen, was Schüler sprachlich ausführen sollen. Mit jedem Sprechakt werden vier Teilakte vollzogen: eine Äußerung als Lautfolge, eine Proposition, eine Illokution als mögliche und eine Perlokution als tatsächliche Wirkung. Die Handlung, die man vollzieht, indem man etwas sagt, ist also der illokutionäre Akt. SEARLE hatte versucht, die illokutionären Akte zu klassifizieren, indem er mehrere Unterscheidungskriterien verwandte (z.B. Zwecke, Relation Wort/Welt, Grade von Aufrichtigkeit):

- **Repräsentativa**, wie behaupten, feststellen, beschreiben
- **Direktiva**, wie befehlen, auffordern, erlauben, raten
- **Kommissiva**, wie versprechen, ankündigen, drohen
- **Expressiva**, wie denken, gratulieren, sich entschuldigen
- **Deklarativa**, wie etwa erklären (den Krieg, die Ehe), kündigen

Diese Klassifikation ist von WUNDERLICH (1976) erweitert und klarer gefasst worden. Wer im Deutschunterricht Ziele des Sprechens in Alltagssituationen behandeln will, kommt an den Sprechakten nach wie vor nicht vorbei. Die Fähigkeit, in konkreten Situationen angemessen mit Sprache handeln zu können, verrät die Kompetenzen des Sprechers/der Sprecherin.

Redensarten

Eine Fundgrube für den Umgang mit Sätzen sind Redensarten und Sprichwörter (z. B. Reclam 9550), weil sich mit ihnen Untersuchungen von Strukturen, Bedeutungen und Funktionen des Sprechens mit Konstellationen (Spruch und Wider-Spruch) sowie eigenen kreativen Experimenten ebenso anspruchsvoll wie unterhaltsam verbinden lassen. Eigensprachlicher Grammatikunterricht verliert seinen Geruch von Langeweile und Nutzlosigkeit.

2. Lexik und Wortschatzarbeit

2. Lexik und Wortschatzarbeit: Interessant gestalten lassen sich auch Lernstücke zum Lexikon. Vor allem wenn die neuen Wörterbücher im Netz einbezogen werden. Das gilt noch nicht so sehr für die Untersu-

chung der Wortarten, deren Vielfalt sich am ehesten in Verbindung mit der Satzgliedanalyse erfassen lässt. Um Weite und Tiefe von Gedanken zu fördern, sind vor allem intensive Übungen und Überlegungen zu den Modi der Verben, vorrangig Redewiedergabe mit Konjunktiv, dann zu den Konjunktionen als Mittel gedanklicher Gliederungen in Sätzen oder zu den Kasus (s. SICK: *Der Dativ ist dem Genitiv sein Tod*) angezeigt.

Umgang mit Lexika

Phantasieanregend kann der Unterricht mit den Wortbedeutungen im Lexikon sein. Die Beschäftigung mit dieser Kategorie ist aber vor allem notwendig, um den Wortschatz so auszubauen, dass Verständigung in der Klasse und der Öffentlichkeit variantenreicher wird. Förderlich für dieses Unterfangen wird sein, wenn die Schüler auch für den eigensprachlichen Unterricht ein Vokabelheft anlegen, in dem sie neue Wörter und Redewendungen aufnehmen, mit Bedeutungen versehen und regelmäßig in der Klasse erläutern. Der Umgang mit Lexika sollte zur Gewohnheit werden, um den produktiven Wortschatz kontinuierlich zu erweitern.

Analyse von Wortfeldern

Sprachgewinn verbindet sich mit systematischem Wissen in der Analyse und Konstruktion von Wortfeldern. Das gilt für tabellarische Zusammenstellungen von Synonymen oder Antonymen ebenso wie für Experimente hierarchischer Ordnung von Ober- oder Unterbegriffen. Für die Arbeit mit Wortfamilien gibt es seit Jahrzehnten, auf Anregung LEO WEISGERBERS, brauchbare Beispiele, die als Impulse für eigene Versuche gelten können. Unerschöpflich ist die Übersicht zur Wortfamilie „Sinn“ (nach BÜNTING u.a. 1998, 208, wieder abgedruckt bei ULRICH 3, 148).

Verfahren der Wortbildung

Die Beispiele lassen erkennen, dass neue Wortbildungen einen wichtigen Teil des Lexikons ausmachen. Neben der Eindeutschung von Fremdwörtern (z.B. Blog) sind es vor allem Wortzusammenfügungen, die das Lexikon kontinuierlich erweitern. Die wichtigsten Verfahren sind:

- Kompositionen (Sinn-Einheit)
- Affixbildungen (un-sinn-lich)
- Konversionen: in andere Wortart setzen (mailen)
- Neologismen (Gutmensch, Sprachgitter)

Vor allem die Sprachen der Wissenschaften und der Werbung entwickeln nach diesen Mustern ständig neue Begriffe für neue Erkenntnisse und Produkte. Trotz aller Versuche, durch Lexika die Bedeutung von Wörtern und Redewendungen zu vereindeutigen, bleibt ihr semantischer Raum vieldeutig. Es genügt schon, die Schüler zu bitten, Konkreta (z.B. Schule, Stadt, Meer) zu definieren, um die Weite der Vorstellungswelt, die ein Wort erfassen soll, zu erkennen. Wie viel mehr wird es sein, wenn Abstrakta (z.B. Glück, Schicksal, Freiheit) ins Spiel gebracht werden. Mit den Konnotationen zu den Wörtern arbeitet vor allem die Dichtung (z.B. „Gefunden“, „Irrungen Wirrungen“, „Vergnügungen“ etc.).

Bildhaftigkeit

Zu den Denotationen und Konnotationen von Wörtern kommt der große Bereich der Bildhaftigkeit mit den uneigentlichen Bedeutungen. Metaphern, Vergleiche, Symbole, Embleme bilden die Brücke von der reinen Wortkunde zur Rhetorik und Literatur. Figuren der uneigentlichen Rede führen in die Welt der Kunst: die blaue Blume (NOVALIS), *d*ie Blumen des Bösen (BAUDELAIRE), Nachtgedanken (HEINE) oder das verlorene Ich (BENN) sind Beispiele für die bekanntesten Bilder. Mit dem von HERDER nach niederländischem Vorbild geprägten Neologismus „Denkbild" begründe ich den Literaturkanon für die Schule.

3. Textualität

3. Textualität: Seit einigen Jahren verstärkt die Sprachwissenschaft die Tendenz, nicht nur den Satz als Ausgangspunkt grammatischer Beschreibungen zu nehmen, sondern von ganzen Texten auszugehen. Das Bemühen ist berechtigt, weil die kleinste Einheit von Äußerungen in der Tat ein Text ist, der auch in einem Satz, bei Zweijährigen sogar nur aus zwei Wörtern bestehen kann. Gleichwohl wird man auch einen längeren Text in die kleineren Einheiten auflösen und ist dann wieder bei Satz, Wort und Laut. So erweitert die Textgrammatik zwar die Untersuchungsperspektive, kann aber die Analysen einfacher Sätze nicht ersetzen. MAXIMILIAN SCHERNER (BREDEL 1, 2003, 476ff.) erläutert das Beschreibungsinstrumentarium einer textorientierten Sprachlehre in vier Punkten:

1. alle sprachlichen Mittel, wie sie die Grammatik beschreibt,
2. alle Formen der Wiederaufnahme (Wiederholungen von Wörtern, Wendungen, Mustern, Metrum etc.),
3. alle Bezüge, die das Weltwissen aktivieren (konzeptuelles Wissen),
4. alle pragmatischen Aspekte, durch die Texte zu Formen des Handelns (Illokutionen) und der Interaktionen werden.

Textorientierung der Didaktik

Im Unterricht müsste es also darum gehen, Binnenstrukturen, Kohärenzen zwischen den Teilen, Wiederholungen und Variationen von Einzelelementen der Äußerungen, Aufbau der Gedanken, einen roten Faden, den Ort in einem weiteren Horizont des Problems, Funktion der Äußerung in einem Kontext, seine Antwort auf eine gedachte Frage und seine allgemeine Wirkung zu entdecken. Der Weg der Analyse geht also zum einen zu den kleineren Einheiten der Äußerung, zum anderen zum Kontext der konkreten Sprechsituation und schließlich in den Horizont des angesprochenen Themas in all seinen Bezügen. Der Vorteil einer Textorientierung der Didaktik ist leicht einzusehen: verbindet sie doch die grammatische Analyse von vorliegenden Texten mit der Produktion von eigenen Schriftstücken der Schüler sowie deren erfolgreicher Überarbeitung.

Grenzen der Textdidaktik

Dennoch darf man von einer Textdidaktik nicht zu viel erwarten; „eine prinzipielle Neuorientierung" (SCHERNER) ist gar nicht möglich. Zum einen kann es nur um kleinere Texte gehen, die kohärent ein begrenztes Thema mit Realitätsbezug, nachvollziehbarem Aufbau und erkennbarer

Funktion abhandeln. Komplexere Schriftstücke (z.B. Leitartikel einer überregionalen Zeitung, Essay, Protokoll einer Diskussion) sind mit dem Instrumentarium schon sehr schwer zu fassen. Literarische Texte können zwar in einzelnen Passagen grammatisch genauer untersucht werden, aber sie behandeln selten nur ein einziges Thema, unterlaufen Kohärenzen, schaffen eine eigene Welt und sind gerade dadurch definiert, dass sie nicht für konkrete Zwecke zu brauchen sind. So wird es keine erfolgreichen Versuche geben können, z.B. CELANS Gedicht *Todesfuge* oder das erste Kapitel von ROBERT MUSILS Roman *Mann ohne Eigenschaften* mit dem Beschreibungsinstrument einer Textgrammatik auch nur entfernt zu fassen. Dazu sind komplexere Methoden nötig.

4. Sprachgeschichte

4. Sprachgeschichte: Bis zur Oberstufenreform 1972 war es üblich, spätestens in der Jahrgangstufe 11 eine längere Unterrichtseinheit über Sprachgeschichte und Literatur vom Mittelalter bis zur frühen Neuzeit durchzuführen. Heute werden höchstens bei Gelegenheit einer Erklärung der Bedeutungsschichten eines Wortes, der Mutmaßungen über die Herkunft eines Sprichworts/einer Redensart oder der Kommentierung eines Schiller-Dramas historische Informationen bereitgestellt. Geschichte als kontinuierlicher oder gebrochener Prozess von Verlusten, Erweiterungen und Veränderungen, von politischen und wissenschaftlichen Einflüssen wird selten systematisch zum Thema des Unterrichts. Damit verlieren die Schüler nicht nur das Wissen über den Wandel der eigenen Sprache, sondern sind auch nicht mehr in der Lage, ihre eigene Sprechsituation als historisch zu sehen. Sie werden einer absoluten Gegenwart ausgeliefert. Es ist also dringend geboten, eine Sequenz über die Geschichte der deutschen Sprache wieder einzuführen, damit, um es kompetenzadäquat auszudrücken, die jungen Menschen die Gegenwartssprache in ihrer historischen Entwicklung verstehen und ihren eigenen Sprachgebrauch als veränderbar erfahren.

Epochen

Als Entwicklungsstufen sollten mindestens (mit Textbelegen) vorkommen:
- das Frühneuhochdeutsche mit MARTIN LUTHERS Bibelübersetzung,
- das Ostmitteldeutsche als Schriftsprache der deutschen Klassik sowie die Sprache der Empfindsamkeit in der Romantik,
- die Entwicklung der Einheitssprache nach 1870 mit Einführung des Duden (1901) und der Deutschen Bühnensprache (SIEBS 1896),
- Tendenzen der Gegenwartssprache, z.B.: Zunahme analytischer Formen (*Morgen würde er lesen* statt *läse*), Vereinfachungen (Konjunktivformen, Kasuskennzeichnung), Nominalstil (*Belege ausführen* statt *belegen*), neue Wortbildungen und Gebrauch von Fremdwörtern, v.a. im Zusammenhang der technologischen Innovationen und wissenschaftlichen Erkenntnisse, Vermeidung diskriminierender Begriffe und Beachtung einer „Political Correctness“ (Geschlechter, Alter, Volksgruppe, berufliche Tätigkeit etc.) sowie generell Tendenzen zum Ausgleich, wie zwischen Hoch- und Umgangssprache, Dialekt und regio-

naler Umgangssprache, Mündlichkeit und Schriftlichkeit. Bei den Angleichungsbestrebungen gewinnen die Sprachformen des Nordens eine Leitfunktion sowohl im Wortschatz als auch in der Syntax (Perfektbildung, Relativsätze etc.).

Die Beispiele machen deutlich, dass notwendige **Sprachkritik** ohne ein grundlegendes historisches Wissen nicht möglich ist.

Streit um die Rechtschreibung

5. Rechtschreibung: Die Debatten in der Öffentlichkeit, vor allem im Zusammenhang der behutsamen (und überfälligen) Reform, erwecken den Anschein, als handele es sich bei der Rechtschreibung um den zentralen Lernbereich des Deutschunterrichts. Lehrpersonen hingegen sehen in ihm eher, wie auch ihre Schüler, eine lästige Pflicht. In der Didaktik (wie auch für diese Einführung) gilt die Aufgabe als theoretisch wenig anspruchsvoll, als Angelegenheit systematischen praktischen Übens. Zugespitzt formuliert: Für einen erfolgreichen Rechtschreibunterricht reichen die einleitenden 45 Seiten mit den „Richtlinien“ im Duden der jeweils neuesten Auflage und erprobte Arbeitsblätter aus den Angeboten der Schulbuchverlage und Fachzeitschriften. Damit sind die beiden Grundannahmen formuliert, dass viel Übung nötig ist und beharrliche Reflexion über Gesetzmäßigkeiten, Regeln, Merkhilfen, Parallelen, Abweichungen, Ausnahmen etc. Obwohl das richtige Schreiben zum Abfassen von Schriftstücken gehört, steht die Rechtschreibung systematisch im Kontext von Grammatik, weil Sprachbewusstheit die praktischen Übungen begleiten muss. Daher sollte das Lernen der Rechtschreibung soweit wie möglich integrativ, d.h. verbunden mit dem Lese-, Aufsatz- und Textanalyse-Unterricht, angelegt sein. Es sollte aber auch, mit Blick auf die konkreten Schwierigkeiten in der Klasse oder im Kurs, Phasen expliziten Lernens geben. Allgemein können die Regeln gelten, wie sie Gerhard Augst formuliert hat (1998):

Wie lernt man Rechtschreiben?

Schreiben lernt der Schüler dadurch,

- dass er viel, viel (bewusst) schreibt und dabei an Texten arbeitet („Schreiben heißt überarbeiten!“, d.h. auch Nachschlagen);
- dass er die Struktur der Sprache bewusst oder unbewusst (Sprachspiele) durchschaut:
  - Wortbildung (Zusammensetzungen, Ableitungen, Affixe, Endungen);
  - Satzlehre (Wortarten für die Großschreibung, Satzteile für die Zusammenschreibung, Teilsätze für das Komma);
- dass er die Rechtschreibung speziell übt:
  - Analogien durch Modellwörter und Modellsätze; Einprägen wichtiger Ausnahmen;
  - zusätzlich Regeln und Ausnahmen in den höheren Klassen;
  - Nachschlagen im Wörterverzeichnis und Regelteil (!); Korrekturlesen.

Abb. 5.9: Wie lernt man Rechtschreiben?

Prinzipien der Rechtschreibung

Die Probleme der Rechtschreibung sind entstanden, weil sich im Laufe der Geschichte unterschiedliche **Prinzipien** mehr oder minder stark durchgesetzt haben. Für den Unterricht ist es nur am Rande (bei besonderem historischen Interesse) wichtig, die Prinzipien zu erläutern, um exemplarisch verständlich zu machen, in welcher Weise orthografische Regelungen sich überkreuzen und damit ihre Komplexität erzeugt haben. Von den insgesamt neun Prinzipien sind für WINFRIED ULRICH die vier wichtigsten (Band 2, 140f.):

- das **phonologische**, wobei die Schreibung der Aussprache folgt;
- das **silbische**, das vom Aufbau der Silben mit einem Vokal als Kern und Konsonanten an ihren Rändern ausgeht;
- das **morphologische**, wonach Morpheme immer gleich oder ähnlich geschrieben werden (Schemakonstanz);
- das **grammatische**, bei dem die Schreibung sich nach Regeln der Grammatik in Wort- und Satzbildung richtet (Zusammen- und Getrennt-, Groß- und Kleinschreibung etc.).

Konzepte des Rechtschreibunterrichts

Weitere Prinzipien erläutern ABRAHAM u.a. (1998, 51f.). Für den Rechtschreibunterricht gibt es, auch wo der einfache Grundsatz gilt, dass praktische Übungen von Reflexionen begleitet werden, unterschiedliche Ansätze, die heute aber weniger als konkurrierend denn als komplementär angesehen werden. Bei STEINIG/HUNEKE (2007) werden die vier Konzepte zusammengefasst.

Wortbild-orientierter Ansatz

1. Der wortbild-orientierte Ansatz geht davon aus, dass Kinder Wörter und Sätze als Bilder lernen. Das hat sich nur bedingt als richtig erwiesen, weil mit der Identifizierung der Buchstaben ähnliche Bilder ganz verschiedene Bedeutungen bekommen. Dennoch darf die eidetische Potenz der Kinder nicht unterschätzt werden. Experimente mit Vermutungen über die komplette Wortgestalt spielen beim Lesen und Schreiben eine größere Rolle als sichere Gewissheiten.

Grundwortschatz-orientierter Ansatz

2. Der am Grundwortschatz orientierte Ansatz fragt nach der Häufigkeit, mit der Wörter in unserer Alltagssprache vorkommen, um deren Schreibweise besonders intensiv zu üben. Ich selbst habe Anfang der siebziger Jahre einen Versuch unternommen, Fremdwörter für die ersten Unterrichtsprogramme auszuwählen. Das Problem besteht darin, dass im Kernwortschatz nicht unbedingt die Wörter mit den gravierenden Rechtschreibproblemen vorkommen. Fehlerhäufigkeit wäre ein weiteres Auswahlkriterium (Groß- oder Kleinschreibung, das/dass, Silbengelenke etc.), das aber nach Altersstufen und Region sehr unterschiedlich ausfallen dürfte. Am naheliegendsten ist es, nach Durchsicht von Aufsätzen Wortlisten und häufige Fehler der speziellen Lerngruppe anzulegen und dazu Übungen zu planen.

Regelorientierter Ansatz

3. Der regelorientierte Ansatz, der nach Gesetzmäßigkeiten fragt, die als Stützen bei der Lösung der Schreibaufgaben genutzt werden können. Wir wissen, dass solche Regeln nicht sehr präzise sein können und

viele Ausnahmen zulassen. Ein Beispiel findet sich bei Gerhard Augst u.a. (1998) zur Schreibung am Silbengelenk (abgedruckt bei Ulrich 2, 159f.). Es wird unmittelbar einsichtig, dass wir die Regeln entweder so engmaschig fassen müssen, dass jede Übersichtlichkeit (und Einfachheit) verloren geht, oder, wie im angegebenen Fall, die Ausnahmen über Merkhilfen mitgelernt werden. Trotz aller Schwierigkeiten im Detail kommt dieser Ansatz der hier vertretenen Vorstellung einer reflektierten Schreibpraxis am nächsten.

Strategieorientierter Ansatz

4. Der strategieorientierte Ansatz operiert mit Prozeduren, die den Schreibvorgang begleiten. Dazu gehören z.B. das langsame Mitsprechen der Silben, alternative Schriftzüge auf dem Konzeptpapier, Suche nach Stützformen durch Ableitungen (zur Stammform) oder Umformungen (in Kasus, Plural, Indikativ etc.). Dieser aktivitätsverstärkende Umgang mit Rechtschreibproblemen liegt den Schülern sicher näher als das Nachdenken über Regeln, die sie entweder nur halb behalten haben oder für die gerade die Ausnahme gilt. Aber wenn sich über Operationen die Sicherheit der Schreibung erhöhen lässt, soll die alte didaktische Regel gelten: Probieren geht über Studieren. Wenn man danach mehr weiß, macht das systematische Lernen auch wieder Spaß.

3 Kultur mit Literatur und Medien

Literatur als Sprechakte

Die Vielfalt der Literatur lässt sich am leichtesten systematisieren, wenn man auf die Definition von Wolfgang Iser zurückgreift, die er im Anschluss an John L. Austin vorschlägt (Iser 1971, 10ff.). Demnach gibt es Texte, die von Gegenständen sprechen, die es auch in der Lebenswelt gibt. Gegen diese „Language of Statement" setzt Austin die „Language of Performance", durch die Gegenstände überhaupt erst geschaffen werden. Iser erweitert nun diese Zweierstruktur von Texten als **Exposition** oder als **Hervorbringung** des Gegenstandes, indem er noch einmal differenziert: „Denn es gibt durchaus Texte, die etwas hervorbringen, ohne dadurch schon literarisch zu sein. So schaffen beispielsweise alle Texte, die Forderungen stellen, Ziele angeben oder Zwecke formulieren, ebenfalls neue Gegenstände."

In der Regel sind es Soll-Vorschriften, Appelle oder Projektionen von Wünschen und Erwartungen, die ausgedrückt werden sollen. Gesetzestexte, Werbung, Regelwerke und auch Lehrpläne sind Beispiele für Texte, die Forderungen stellen, um sie zu verwirklichen. Neben fiktionale und expositorische treten also die **appellativen** Texte.

Selbstzwecklichkeit der Kunst

Der besondere Status der Fiktion wird in Ästhetik-Theorien seit dem 18. Jahrhundert behandelt. Am überzeugendsten ist wohl die Formel von der Selbstzwecklichkeit der Kunst, wie sie schon der Autor und

Theoretiker der Kunstautonomie, KARL PHILIPP MORITZ (1756–1793), vor mehr als zweihundert Jahren bestimmt hat (1785):

> „Bei der Betrachtung des Schönen aber wälze ich den Zweck aus mir in den Gegenstand selbst zurück: ich betrachte ihn, als etwas, nicht in mir, sondern in sich selbst Vollendetes, das also in sich als Ganzes ausmacht, und mir **um seiner selbst willen** Vergnügen gewährt" (SCHRIMPF 1980, 94).

Diese Erläuterung des Ästhetischen als des „In sich selbst Vollendeten" kann bis heute gelten, auch wenn es nicht immer das Schöne, sondern auch das Hässliche, und wenn es nicht das „In sich selbst Vollendete", sondern das im Sinne der Romantik Inkomplette, Fragmentarische sein kann, das auch um seiner selbst willen wirkt. „Zweckmäßigkeit ohne Zwecke" ist für KANT der Status der Kunst.

Kunst als Entfunktionalisierung

Indem wir Gegenstände und Gedanken aus ihren natürlichen oder konstruierten Zusammenhängen herausnehmen, verlieren sie ihren genuinen Kontext und werden autonom, frei von jedem äußeren Zweck. Ein bizarr geformter Ast eines Baumes auf den Schultisch gelegt, gewinnt ästhetische Qualität. In dem Sinne von Kunst als Entfunktionalisierung von Gegenständen der wirklichen Welt hat der französische Dichter COMTE DE LAUTRÉAMONT (1846–1870) moderne Kunst exemplarisch bestimmt als die „zufällige Begegnung eines Regenschirms und einer Nähmaschine auf einem Operationstisch". Diese Zuspitzung macht deutlich, dass auch Literatur als Fiktion nach Maßstäben entsteht, die sie selber schafft, indem sie Personen, Ideen oder Ereignisse in neue Zusammenhänge stellt. Kunst wird zur eigenständigen Wirklichkeit, die der realen Welt entgegentritt. Es ist auch Kindern schon vertraut, wenn sie die Welt der Phantasie und der Klänge gegen die Alltagswirklichkeit stellen.

Fiktion und Nicht-Fiktion

Die Grundunterscheidung von Fiktion und Nicht-Fiktion lässt sich nun aber, über ISER hinausgehend, in eine weitere Richtung differenzieren. Die **Autobiografien** erheben einerseits den Anspruch, den wirklichen Ereignissen zu entsprechen, andererseits wählen sie eine eingeschränkte Perspektive sowie literarische Mittel des Erzählens. Man kann sie als gegenwärtige Entwürfe in die Vergangenheit ansehen, die zwischen Wahrheit und Erfindung changieren. *Dichtung **und** Wahrheit* nennt GOETHE bezeichnenderweise seine Erinnerungen.

Genres der Literatur

Die Formen der Literatur lassen sich vereinfacht übersichtlich darstellen, indem ihr Status mit der dominanten Leistung in eine Beziehung gebracht wird (*Deutschkurse*, 81ff.):

Status	Appell	Exposition	Authentizität	Fiktion
Leistung	Normen, Ziele formulieren	Sachverhalte darstellen	Zeugnis ablegen	Unterhalten und belehren
Formen z.B.	Gesetze Werbung Kalender Wunschzettel	Sachbücher Publizistik wissenschaftliche Literatur	Autobiografie Tagebücher Memoiren	Lyrik Epik Dramatik Film

Didaktische Folgerungen

Aufgabe des allgemeinbildenden Unterrichts muss es sein, die Literaturarten an Beispielen so zu behandeln, dass sie einerseits mit den verschiedenen Leistungen analysiert und andererseits, soweit wie möglich, selbst gestaltet werden können. Vor allem die appellativen und expositorischen Texte sind, wie in dem Abschnitt über Rhetorik des Schreibens erläutert, Mittel eigener mündlicher wie schriftlicher Darstellung. Schon allein aus diesem Grunde, aber auch wegen einer geringeren Komplexität, brauchen sie im Literaturunterricht nur gelegentlich, dann vor allem in systematischer Absicht, behandelt zu werden.

a) Appell

Appellative Textsorten

Der Alltag ist bestimmt von Sollvorschriften, die den Tagesablauf in Familie, Schule, Beruf und gesellschaftlichen Aufgaben regeln. Noch die Freizeitgestaltung ist von Setzungen und Wünschen geleitet. Es ist eine reizvolle Aufgabe, Studierende und Schüler zu bitten, Texte nur eines einzigen Tages zu sammeln, die, offiziell gesetzt oder freiwillig gewählt, das Leben leiten. Wer hat mich dazu gebracht, einen Vertrag zu unterschreiben, der mich zwingt, dieses Buch auch bei schönstem Frühlingswetter zu beenden? Exemplarisch seien drei appellative Textsorten genannt.

Das Grundgesetz

Das **Grundgesetz** gibt unserem Handeln und Reden in der Gesellschaft insofern den notwendigen Rahmen, als viele Artikel die Grenzen markieren, innerhalb derer Mitmenschlichkeit als Leitziel gesichert werden soll. Der Artikel 1 (1) formuliert im ersten Satz als Feststellung die maßgebliche Forderung:

> „Die Würde des Menschen ist unantastbar. Sie zu achten und zu schützen ist Verpflichtung aller staatlichen Gewalt."

Schon jeder Schüler kann eigene und gehörte Geschichten erzählen, in denen die Würde verletzt worden ist. Sie erfahren früh, dass die Forderung noch lange nicht Wirklichkeit geworden ist. Die Formel ist ein Appell an alle, Kinder wie Erwachsene, die Würde des Anderen nicht selber zu verletzen und aktiv daran mitzuwirken, dass wir in unserer Gesellschaft immer näher an das Ideal herankommen. Dieser Realisierung dienen auch Bildung und Unterricht. Daher ist es durchaus eine sinnvolle

Aufgabe, Schüler Geschichten auch zu anderen Artikeln des Grundgesetzes erzählen zu lassen – kritische und solche mit Happy End.

Werbung

Weit aufdringlichere Appelle enthält die **Werbung**, die unseren Alltag mit Aufrufen zu erhöhtem Konsum oder Beteiligung an Aktionen überschütten. Zu diesem Themenkomplex gibt es in Lehrbüchern hinreichend Beispiele, so dass wir uns mit einem kurzen Hinweis begnügen können:

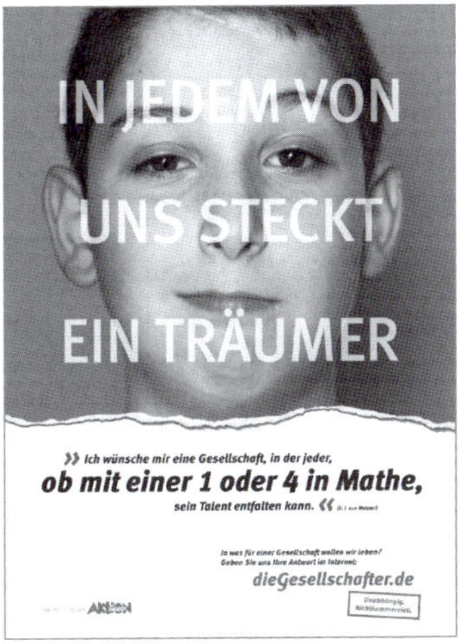

Abb. 5.10: Spiegel-Werbung

Analyse-kategorien

Wichtig für die Analyse sind vor allem
- die Wortwahl,
- der Sprechakt des Behauptens,
- der Assoziationsraum, den das Bild des Träumers eröffnet,
- die unausgesprochenen semantischen Implikationen von Talenten,
- die Wort-Bild-Beziehung, die Überraschungen in der Wahrnehmung erzeugen soll und
- die Aufforderung, auf die Frage nach der gesellschaftlichen Utopie im Internet zu antworten.

Im Umgang mit der Werbung lernen die Schüler, in eigenen Äußerungen subtil, implizit statt explizit, und sprachspielerisch auf individuelle Wünsche und Anliegen aufmerksam zu machen.

Stundenpläne

Dokumente mit kleinschrittigen Appellen Stunde um Stunde sind die Terminkalender oder **Stundenpläne**. In einer bunten Mischung aus offiziellen und privaten Pflichten reihen sich Ereignisse aneinander, die für sich genommen wenig miteinander zu tun haben, aber doch erledigt werden müssen. Schüler und Studenten, die eine Woche lang ihre Kalender analysieren und dazu notieren, was sie gelernt und erreicht haben, werden nicht nur feststellen, wie viele Soll-Vorschriften ihr Leben begleiten, sondern auch wie disparat und vielschichtig ihre eigene Persönlichkeit ist. Gibt es etwas, das all das Mögliche miteinander verbindet? Was wäre, wenn jemand aus all den Zwängen ausstiege?

b) Exposition von Sachverhalten

Sachtexte

Sachbücher sind den Schülern aus den anderen Fächern und aus Darstellungen zu ihren Interessengebieten bekannt. Expositionen von Sachverhalten, die jenseits der Texte in der tatsächlich erfahrenen Wirklichkeit existieren, finden sich täglich in allen Medien als Nachrichten, Reportagen, Kommentare, Chroniken etc. Referate über den Stand der Forschung in Wissensgebieten der Fächer gehören zu den vertrauten Aufgaben der Schüler vom Beginn der Sekundarstufe an. In einem Grundkurs der Jahrgangsstufe 12 haben wir gemeinsam ein Tafelbild entworfen, das die Sachtexte nach ihren dominanten Funktionen ordnet.

Expositorische Texte, dominant		
referierend	**analysierend**	**erörternd**
Bericht	Interpretation fiktionaler Literatur	Kommentar
Referat	Erklärungen von Zeichnungen, Skizzen etc.	Kritik
Protokoll	Analyse von Texten	Rezension
Dokumentation	Auswertung von Versuchen	Magazin
Biographie	diskontinuierliche Texte	
Chronologie		
Briefe		

Mischung der Textformen

Es ist klar, dass die Formen selten trennscharf zu finden sind. Meistens werden sie sogar gemischt vorkommen müssen: kein Kommentar ohne klare Analyse, kein Sachbuch, das nicht Referat, Analyse und kritische Bewertung der Erkenntnisse miteinander verknüpft. Andererseits aber wirkt es störend, wenn Tatsachendarstellungen zu früh mit Meinungsäußerungen verbunden und Berichte mit langatmigen Erzählungen oder allzu detailfreudigen Analysen aufgeschwemmt werden. Expositorische Texte werden folgendermaßen definiert:

DEFINITION

Expositorische Texte sind Darstellungen, mit denen in konkreten Sprechsituationen unter Bezug auf reale Sachverhalte nachvollziehbare Ziele verfolgt werden.

Fachbücher

Studierende sind umstellt von Sachbüchern, die sie lesen und durcharbeiten. Unser Studienbuch gehört dazu. Es wäre eine wichtige Aufgabe herauszufinden, welches der Fachbücher im letzten halben Jahr besonders wichtig geworden ist und was die Gründe für diese Bedeutung sind. Die Frage kann auch Schülern gestellt werden, zumal das Spektrum der Fächer noch viel breiter ist als im Studium. Drei Beispiele seien exemplarisch genannt:

- Petra Schulze (Hg.): *Menschen von nebenan – Wie sie leben, was sie glauben*. Deutschlandradio/Evangelische Verlagsanstalt: 2008 (www.audire-online.de).
- Ulla Steuernagel: *Tohuwabohu. Die Kinder-Uni erklärt Chaos und Ordnung*. DVA: München 2007.
- Rolf-Bernhard Essig: *Schreiberlust und Dichterfrust. Kleine Gewohnheiten und große Geheimnisse der Schriftsteller.* Carl Hanser: München 2007.

Analyse von Fachbüchern

Kategorien für die Untersuchung von Sachbüchern gelten für alle expositorischen Texte:

- Problemkontext (Sachgebiet)
- leitende Absicht (Genre)
- Informationsfülle (Inhalt)
- strukturierter Gedankengang (Gliederung)
- Anschaulichkeit mit Beispielgeschichten (Form)
- herausfordernde Thesen (Funktion)
- Schlussfolgerungen für Leser (Folgen)

Strategien für das genaue Lesen von Sachtexten sind anschaulich von Ingrid Kunze (*DE* 2007, H. 4, 6/7) zusammengestellt. Die Lesestrategien sind auf eine Weise konzipiert, dass die Stufe selbständigen Verstehens möglichst früh und aspektreich erreicht wird.

c) Fiktion und Autobiografie

Literatur im Unterricht

Wer darauf aus ist, nicht nur Kompetenzen für die Bewältigung von Lebenssituationen, sondern Bildung als Erweiterung der Horizonte und Vertiefung des Wissens zu vermitteln, wird weiterhin Literatur als Kunst in den Mittelpunkt des primärsprachlichen Unterrichts stellen.

MERKSATZ

Nur Literatur kann Phantasie produktiv und nicht nur verbrauchend bewegen, sichert den Erfahrungsschatz vergangener Zeiten und bereichert die Alltagswelt um ästhetische Erfahrungen.

Im Kern wird in der didaktischen Theorie die Vorrangstellung avancierter Literatur im Deutsch-Curriculum nicht bestritten. Gefordert wird nur vermehrt, dass andere Medien neben dem Buch den Unterricht erweitern sollen. In der Tat scheint es so zu sein, dass das Gutenberg-

Zeitalter nur eine überschaubare Zeitspanne von 400 Jahren gedauert hat. Wie während des ganzen Mittelalters wird spätestens seit einem Jahrzehnt Literatur wieder vorrangig mündlich überliefert: An die Stelle von Sängern und Schauspieltruppen treten heute die Filme, die audiovisuellen Medien, die DJ-Präsentationen und CD-Roms. Es ist daher keine Frage, dass alle alten und neuen Medien im Unterricht behandelt werden müssen, um die verschiedenen Kunstformen zu verstehen und zu beurteilen, um den gegenseitigen Einfluss der Medien aufeinander (Intermedialität) zu erkennen und die medialen Möglichkeiten auch für die eigenen Darstellungen zu nutzen.

Kunstanspruch im Unterricht

Im Mittelpunkt aber werden in allen Schuljahren die literarischen Kunstwerke stehen, weil nur sie Unterhaltung mit Belehrung auf eine Weise verbinden, dass Gedanken und Empfindungen im Sinne prospektiver Bildung sich weiterentwickeln und neue Niveaus erreichen. Den Filmen liegt immer ein Text zugrunde (im nahe liegenden Fall der Literaturverfilmung ein ästhetisches Werk), an denen Schüler ihre eigene Phantasie erproben können, bevor sie ihren Entwurf mit der Version professioneller filmischer Umsetzung vergleichen. Ein Beleg für die nachhaltige Wirkung eines Films auf die Bildung der Schüler steht noch aus. Sollte er gezeigt werden können, wird zu entscheiden sein, welches literarische Denkbild zu seinen Gunsten gestrichen werden soll. Die Liste der 35 Filme, die von der Bundeszentrale für politische Bildung 2003 als unverzichtbar für den Unterricht an allgemeinbildenden Schulen zusammengestellt wurde (Abraham u.a. 2005, 152), erfüllt diese Forderung nicht. Wenn alle Schulen im Ganztagsbetrieb geführt sein werden, alle Kinder eine Sportstunde erlebt, ein Musikinstrument gespielt, in der Theater-AG mitgewirkt und die Hausaufgaben erledigt haben, dann kann man sich gemeinsam in der Klasse einen Film ansehen und über Machart sowie die aufgeworfenen Probleme sprechen (zur Einführung: Werner Faulstich: *Grundkurs Filmanalyse* 2002). Aber vor allem die geschriebene Literatur hält die Erinnerung an menschliches Glück und Leiden wach; geraten diese Bilder in Vergessenheit, so beginnt für Adorno „der Einmarsch in die Unmenschlichkeit“ (vgl. S. 70).

Kinder- und Jugendliteratur

Zur anspruchsvollen und damit bildenden Literatur gehört zuerst die Kinder- und Jugendliteratur (KJL). In der didaktischen Forschung hat sich ein eigener Bereich etabliert, der gute Analysen vorlegt und Materialien für den Unterricht entwickelt hat. Je stärker dieser Aufgabenbereich sich allerdings verselbständigt und nicht mehr unter dem dominanten Ziel einer ästhetischen Bildung steht, verliert er die entscheidende Dimension. Kinder- und Jugendliteratur sollte als Propädeutik für die anspruchsvolle Literatur verstanden werden, denn Unterricht wird auf das Leben nach der Schule vorbereiten und nicht auf transitorischen Entwicklungsstufen beharren. Ihren besten Dienst für die Bildung leistet die Kinderliteratur dadurch, dass sie sich behutsam im Lauf der Schulzeit überflüssig macht.

Funktionen der KJL

Da dieser Prozess der allmählichen Einführung in die formal wie inhaltlich avancierte Literatur erst vom 14. Lebensjahr an möglich ist, bleibt die didaktische Reflexion für die vorausgehenden sieben Schuljahre wichtig. Damit ist deutlich, dass die KJL, auch da, wo sie formale Komplexität reduzieren muss, didaktisch von ebensolcher Bedeutung ist wie die hochkomplexen Werke des literarischen Kanons: Sie vermittelt Wissen über Geschichte und Gegenwart, bietet eine Erzählerperspektive, auf die Leser sich einlassen müssen, fordert dazu heraus, aus dieser fremden Perspektive zu denken, mit den Figuren zu leiden, mit ihnen einen Ausweg aus dem Dilemma zu suchen, neue Weltentwürfe jenseits des eigenen Lebens zu konstruieren, in denen es gerechter zugeht. Kinderbücher bilden Kräfte aus, die für das Leben und die Literatur wichtig werden: emotionale, gedankliche und moralische Kompetenzen.

> „Es ist nämlich gleichgültig, ob man wegen einer zerbrochenen Puppe weint oder weil man, später einmal, einen Freund verliert. Es kommt im Leben nie darauf an, worüber man traurig ist, sondern nur darauf, wie sehr man trauert. Kindertränen sind, bei Gott, nicht kleiner und wiegen oft genug schwerer als die Tränen der Großen." (ERICH KÄSTNER: Einleitung zum *Fliegenden Klassenzimmer*)

Mit der Feststellung sind wir am Kern: Die künstlerisch anspruchsvolle Literatur für Kinder stellt archetypische Situationen des Leids, der Freude, der Gefahren, der Einsamkeit, der solidarischen Gemeinschaft, der Gewalt und des Glücks dar, die Lebenserfahrung vorwegnehmen, ohne sie selbst machen zu müssen. Das ist ganzheitliche Bildung, die sich nicht in der Übung isolierter Kompetenzen erschöpft.

Leselisten

Zur Auswahl geeigneter Jugendliteratur gibt es Vorschläge genug. Der umfangreichste ist sicherlich der Kanon der 30 Bücher für Kinder von heute, den ich mit WALTER KEMPOWSKI und der Redaktion der Zeitschrift *Eltern* für das Heft 12/1981 vorschlagen hatte.

Die 30 Bücher für die Kinder von heute

Clara Asscher-Pinkhof,
Sternkinder
(C. Dressler Verlag, Berlin, 12,80 DM)

Harriet Beecher-Stowe,
Onkel Toms Hütte
(Boje Verlag, Stuttgart, 8,90 DM)

Wilhelm Busch,
Max und Moritz
(Diogenes Verlag, Zürich, 5,80 DM)

Lewis Carroll,
Alice im Wunderland
(dtv-Junior Verlag, München, 6,80 DM)

Miguel de Cervantes Saavedra,
Don Quijote
Nacherzählt von Erich Kästner
(Otto Maier Verlag, Ravensburg, 4,80 DM)

Carlo Collodi,
Pinocchio
(Diogenes Verlag, Zürich, 9,80 DM)

Daniel Defoe,
Robinson Crusoe
(dtv-Junior Verlag, München, 6,80 DM)

Charles Dickens,
Oliver Twist
(Otto Maier Verlag, Ravensburg, 4,80 DM)

Michael Ende,
Die unendliche Geschichte
(Thienemann Verlag, Stuttgart, 29,80 DM)

Das Tagebuch der Anne Frank
(Fischer Verlag, Frankfurt, 5,80 DM)

Die schönsten Märchen der Brüder Grimm
(C. Bertelsmann Verlag, München, 19,80 DM)

Thor Heyerdahl,
Kon-tiki
(Ullstein Verlag, Berlin, 6,80 DM)

Erich Kästner,
Emil und die Detektive
(C. Dressler Verlag, Berlin, 12,80 DM)

Rudyard Kipling,
Dschungelbuch
(dtv-Junior Verlag, München, 8,80 DM)

James Krüss,
Mein Urgroßvater, die Helden und ich
(Oetinger Verlag, Hamburg, 16,80 DM)

Selma Lagerlöf,
Wunderbare Reise des kleinen Nils Holgersson mit den Wildgänsen
(dtv-Junior Verlag, München, 5,80 DM)

Astrid Lindgren,
Pippi Langstrumpf
(Oetinger Verlag, Hamburg, 25 DM)

Jack London,
Der Ruf der Wildnis
(Otto Maier Verlag, Ravensburg, 4,80 DM)

Karl May,
Winnetou
(Karl May Verlag, Bamberg, 19,80 DM)

Herman Melville,
Moby Dick
(Ueberreuter Verlag, Heidelberg, 12,80 DM)

Hans-Georg Noack,
Rolltreppe abwärts
(Otto Maier Verlag, Ravensburg, 4,80 DM)

Otfried Preußler,
Der Räuber Hotzenplotz
(dtv-Junior Verlag, München, 5,80 DM)

Antoine de Saint-Exupéry,
Der kleine Prinz
(Rauch Verlag, Düsseldorf, 3,60 DM)

Heinrich Spoerl,
Die Feuerzangenbowle
(dtv Verlag, München, 3,80 DM)

Johanna Spyri,
Heidi
(Insel Verlag, Frankfurt, 8 DM)

Robert Louis Stevenson,
Die Schatzinsel
(Insel Verlag, Frankfurt, 7 DM)

Jonathan Swift,
Gullivers Reisen
Nacherzählt von Erich Kästner
(C. Dressler Verlag, Berlin, 11,80 DM)

Ludwig Thoma,
Lausbubengeschichten
(dtv Verlag, München, 4,80 DM)

Mark Twain,
Die Abenteuer des Tom Sawyer und des Huckleberry Finn
(Heyne Verlag, München, 5,80 DM)

Jules Verne,
20 000 Meilen unter dem Meer
(Fischer Verlag, Frankfurt, 5,80 DM)

Abb. 5.11: Liste „30 Bücher für Kinder von heute“ (1981)

Weitere Leselisten

Ausführlich kommentiert werden die einzelnen Beispiele in dem umfangreichen Band *Klassiker der Kinder- und Jugendliteratur*, herausgegeben von Bettina Hurrelmann (1995). In einzelnen Beispielen variiert die Auswahl der insgesamt 27 Werke, weil der Band 14 Jahre nach unserer Empfehlungsliste erschienen ist. Im Kern (14 Titel) aber stimmt der Vorschlag überein (von Wilhelms Buschs *Max und Moritz* über Lewis Carrolls *Alice im Wunderland* bis Michael Endes *Jim Knopf* bzw. der *Unendlichen Geschichte*). Es fehlen noch: Peter Härtling *Ben liebt Anna* (1979), Kirsten Boie *Die Medlevinger* (2004), Paul Maar *Eine Woche voller Samstage* (1973 ff.) oder als jüngstes Beispiel Tamara Bach *Jetzt ist hier* (2008) u.a.m. Einen zuverlässigen Überblick über die Neuerscheinungen liefert die Liste *Die besten 7 Bücher für junge Leser,* die Anfang jeden Monats im Deutschlandfunk erscheint (www.dradio.de). Weitere Anregungen bieten in jedem Jahr die Listen der mindestens 12 verschiedenen Jugendbuchpreise: vom „Deutschen Jugendliteraturpreis“ bis „Luchs des Jahres“, vgl. www.libri.de. Didaktische Empfehlungen und Modelle finden sich in unregelmäßiger Folge in den am weitesten verbreiteten Zeitschriften für den Deutschunterricht *Praxis Deutsch* (Friedrich) und *Deutschunterricht* (Westermann). Die Behandlung von KJL wird zur notwendigen Stufe mit eigener Bedeutung für eine vielseitige und nachhaltige literarische Bildung.

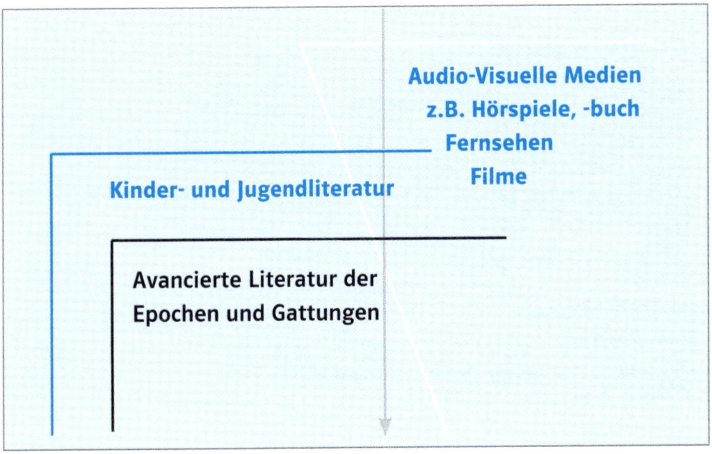

Abb. 5.12: Literatur und ihre Medien

Großformen der Literatur

Die Grafik macht noch einmal sichtbar, welche Großformen der Literatur im Laufe der Schulzeit Gegenstand des Deutschunterrichts sind. Tendenziell soll zugleich deutlich werden, dass alle drei Felder offen für weiterführende Rezeptionen sind. Auch Erwachsene greifen gelegentlich zu einem Jugendbuch. Weniger offensichtlich aber ist, dass die Literatur des so bezeichneten Höhenkamms das Zentrum des Deutschunterrichts ab der 8. Klasse ausmacht. Da, wie alle Befragungen der letzten Jahre zeigen, die jungen Menschen nach Eintritt in den Beruf oder dem Beginn des Studiums kaum noch dazu kommen, ein anspruchsvolles Buch zu lesen, ist es entscheidend wichtig, im Alter zwischen 13 und 18 Jahren das Bildungspotenzial komplexer literarischer Werke möglichst vollständig zu nutzen. Der Gegenstand kann unter den drei leitenden Aspekten des Historischen, Systematischen und Pragmatischen betrachtet werden.

d) Literaturgeschichte

Literaturhistorische Überblicke

Von KOBERSTEINS erster *Geschichte der deutschen Literatur* (1827) bis zur *Neuordnung der gymnasialen Oberstufe* (1972) war der Durchgang durch die Literaturgeschichte vom Mittelalter bis zur jeweiligen Gegenwart leitendes Paradigma für den Deutschunterricht. Forderungen der Richtlinien, Materialien in Lehrbüchern und didaktische Abhandlungen bekräftigen die Bedeutung des historischen Wissens für die allgemeine Bildung. Noch in den *Versäumten Lektionen* von PETER GLOTZ und WOLFGANG LANGENBUCHER (1965) wurden Texte in chronologischer Reihenfolge präsentiert, die, zur „Tradition der Aufklärung" zählend, in den Literaturgeschichten der unmittelbaren Nachkriegszeit vergessen worden waren. Viele der Beispiele gehören heute zum Kernbestand des Unterrichts in den Fächern Deutsch und Geschichte.

Epochenschwellen

In den Lehrplänen und Richtlinien von heute kommen solcherart Durchgänge nicht mehr vor. Wohl dürfen ein bis zwei Epochen an einzelnen Beispielen exemplarisch behandelt und Epochenschwellen als Übergangszonen von Stilentwicklungen betrachtet werden, ein Überblick über die ganze Geschichte wird den jungen Menschen verwehrt. Allein um eine notwendige Tiefendimension für menschliche Probleme und Künste zu erwerben und Kenntnisse für einen fächerverbindenden Unterricht zu bekommen, ist eine Groborientierung aber wichtig.

Problemräume

Ich habe vorgeschlagen, für didaktische Zwecke Epochen in weit angelegte Problemräume zu gliedern, die um Leitbegriffe zu bündeln sind. Am Fall der Moderne (1880–1918) mit dem Beispiel von RILKES *Aufzeichnungen des Malte Laurids Brigge* wird erläutert, wie Epochen konstituiert werden durch

- politische Geschichte,
- Gattungspräferenzen,
- thematische Schwerpunkte,
- Merkmale von Form und Stil,
- Begründungen von Leistungen der Kunst.

Der zentrale Begriff, von dem her sich die gesamte Epoche mit all ihren Stilrichtungen vom Naturalismus über Symbolismus bis zum Expressionismus bestimmen lässt, ist der des Lebens: Um Leben in all seinen Schattierungen, Anspielungen, Hoffnungen und Leiden geht es in den Werken von HAUPTMANN, RILKE, HOFMANNSTHAL, den Brüdern MANN, KAFKA u.a. (RASCH 1986). Verfall ist die dominante Erfahrung der Epoche – und die erhöhte Sensibilität, die aus dem Bewusstsein der Dekadenz erwächst.

Leitbegriffe der Literaturgeschichte

Ein Durchgang durch die Literaturgeschichte in den Jahrgangsstufen 10 oder 11 müsste die Epochen um solche Leitbegriffe sammeln, die die dominanten Erfahrungen der Menschen bündeln, z.B.:

Barock (1618–1720):	Vergänglichkeit
Aufklärung (1720–1789):	Vernunft
Klassisch-romantische Kunstperiode (1790–1835):	Metamorphosen
Realismus (1835–1880):	Entdeckung von Welten
Moderne (1882–1918):	Leben
Nach der Moderne (20. Jh.):	Experimente mit Sinn und Form

Die Leitbegriffe ergeben sich aus der Behandlung von Epochen in Literaturgeschichten. Sie können durch andere ersetzt, durch weitere Stichworte ergänzt oder in Widerspruch zueinander gesetzt werden, z.B. Vergänglichkeit und Lebenslust, Vernunft und Empfindsamkeit, Metamorphose und Traum etc. Wichtig ist, dass Schüler erkennen, dass Epochen theoretische Konstrukte sind, die nur idealtypisch gelten. Weder erfassen sie die Vielfalt der Werke, noch die langen Übergangszeiten, in denen Strömungen zu gleicher Zeit nebeneinander wirken. Um aber überhaupt Differenzierungen wahrnehmen zu können, muss das Ganze sichtbar sein, in dem die einzelnen Werke in ihrer Besonderheit identifizierbar werden. Der Gesamteindruck öffnet die Perspektive auf das Einzelne und das Besondere wiederum lässt sich einem Allgemeinen zuordnen.

Kritik der Epochenkonstruktionen

Es ist zwar literaturwissenschaftlich korrekt, wenn Karlheinz Fingerhut einwendet: „Die Literaturgeschichte darf nicht vereinfachend ‚dominante Entwicklungen' auf den (Epochen-)Begriff bringen, sondern muss Literatur mit anderen kulturellen Sektoren verknüpfen, so dass literarische Werke vor dem Hintergrund kontroverser Denk- und Empfindungsformen einer vergangenen Zeit sichtbar werden." (In: Bogdal 2004, 152). Diese Kontextualisierung ist der eine Bogen der historischen Reflexion. Der andere führt zur Abstraktion und systematischen Einordnung zurück. Didaktisch gesehen kann die besondere Stilrichtung oder gar das einzelne Werk aus der Konfusion des Details erst mit Hilfe systematischer Zugriffe gewonnen werden. Zugleich ist damit die Kategorie gefunden, in der Differenzierungen überhaupt erst Sinn machen. Für Ausdifferenzierungen als Selbstzweck bleibt allenfalls in der Wissenschaft, nicht aber im Unterricht, Zeit.

Leseempfehlungen

Von den Literaturgeschichten seien also für die Vorbereitung auf das Lehramt vor allem die kurzen Darstellungen empfohlen, die Mut zu einer Konzentration zeigen und einen ersten Ordnungsrahmen geben: z.B. Beutin u.a. (Metzler), die sehr einseitig auf die Sozialgeschichte setzen, Kurt Rothmann (Reclam), der die Strömungen der Moderne (vom Naturalismus bis zur Neuen Sachlichkeit) noch zusammenfassen müsste oder das umfangreichere Werk in drei Bänden von Ehrhard Bahr u.a. (Francke), das insofern didaktisch konzipiert ist, als es für die Germanistik-Studenten der USA geschrieben wurde. Empfohlen sei für Lehramtsstudenten auch Heinz Schlaffers *Die kurze Geschichte der deutschen Literatur* (Hanser), weil sie sich auf die Momente der Kulturgeschichte beschränkt, in denen genuin deutsche Kunstströmungen im Gedächtnis der Nachwelt geblieben sind. Das Kapitel *Der geglückte Anfang: Das 18. Jahrhundert* sollte zum Pflichtpensum für Lehramtsstudierende werden.

e) Gattungen und Genres

Textklassifikation

Neben der historischen Ordnung der Literatur ist die systematische Klassifikation ein zentrales Prinzip für Auswahl- und Behandlungsschwerpunkte. Man kann sagen, dass seit Mitte der sechziger Jahre die

Orientierung an Systemen die an der Historie weitgehend abgelöst hat. In den Lehrplänen dominieren noch heute die systematischen Paradigmen alle anderen Ordnungsversuche. In der Folge der stark rezipierten Handlungstheorien ersetzen inzwischen zunehmend methodische Kategorien die inhaltlichen. Entscheidungen für Inhalte werden leichthin dem Verdacht von angemaßter Normativität ausgesetzt. Aber wo gäbe es einen Unterricht ohne Entscheidungen für einen Gegenstand?

„Naturformen"

Alles Nachdenken über eine Systematik literarischer Gattungen nach 1750 beginnt immer wieder bei GOETHES Theorie von den „Naturformen der Poesie": Lyrik, Epik und Dramatik. Da die Gebrauchsformen der Literatur schon im Abschnitt über Rhetorik beschrieben wurden, bleibt in unserer Systematik nur noch die Autobiografie als eigenständige Form zwischen Fiktion und Nichtfiktion zu behandeln. Bei dem Nachdenken über die Lesbarkeit der Formen empfiehlt sich, das Systematische mit dem Exemplarischen so zu verbinden, dass die Begrifflichkeit induktiv an ausgewählten Beispielen gewonnen wird. Die Wiederkehr einer normativen Poetik ist auch in der Schule ausgeschlossen. Für die Begriffe einer Systematik gilt, was schon für die Kategorien der historischen Ordnung gesagt wurde: Sie sind heuristische Mittel für eine erste Orientierung, die durch die Beispiele differenziert und in ihren semantischen Grenzen offen gehalten werden.

Sitz im Alltag

Die didaktische Reflexion muss, anders als im literaturwissenschaftlichen Grundkurs, darauf gerichtet sein, den Sitz der Kunstformen im Alltag der Jugendlichen aufzuspüren. Auch die Werke des heutigen Höhenkamms waren einmal Beiträge zu aktuellen Problemen oder Formexperimenten. Sie sind dadurch in die Überlieferung gewandert, dass ein Überschuss an Bedeutung auch für spätere Zeiten Gültigkeit behielt und bis in die Gegenwart noch besitzt. In diesem Sinne müssen „Klassiker" immer von neuem ihre Aktualität beweisen.

Lyrik

Lyrik hat ihren Sitz schon im frühen Kindesalter: die Kinder fangen an zu reimen, in Bildern zu sprechen, Rede zu verdichten, bevor sie noch wissen, was ein Gedicht ist. Von den ersten Kinderliedern (siehe Lesebücher für die Grundschule) bis zum historischen Durchgang durch die Epochen (*Deutschkurse*, 243ff.) begleiten Gedichte die gesamte Schulzeit. Lyrik wird als bildhafte, überstrukturierte Form in Versen verstanden. In den (individuellen wie offiziellen) Lehrplänen müssten die Beispiele so gewählt sein, dass wichtige Formen des Verses (Jambus, Daktylus, Blankvers etc.), der Strophe und des Gedichts (Sonett, Hymne, Ballade etc.) sowie der lyrischen Sprache (Bild, Metapher, Symbol etc.) vorkommen.

Leichter fällt es sicher, die verschiedenen Konzepte der Lyrik zu behandeln, weil die sich mit dem historischen Paradigma verbinden lassen:

- Erlebnislyrik (GOETHE bis KROLOW)
- engagierte Lyrik (HEINE bis FRIED)
- Symbol-/Dinggedicht (RILKE bis GRÜNBEIN)
- absolute Dichtung/Poesie pure (BENN bis BACHMANN)

Die Zuordnung der Beispiele fällt nicht immer leicht, weil sich etwa selbst im absoluten Gedicht Erlebniselemente nachweisen lassen oder Erlebnislyrik symbolisch aufgeladen wird. Auch hier geht es also zunächst um abstrahierende Bezeichnungen, die Tendenzen von Lyrik sichtbar machen sollen und der Differenzierung im Akt der Deutung bedürfen.

Epik

Epik ist sicher die verbreitetste Gattung in der Schule. Die Grundkonstellation des Erzählens ist Kindern vertraut. Wo immer Menschen zusammenkommen und verweilen, erzählen sie sich Geschichten: beim Kindergeburtstag, nach dem Sport, auf dem Schulhof oder Bahnsteig, im Café oder auf der Flaniermeile der Stadt.

MERKSATZ

Stets geht es um Geschichten mit Bedeutung, durch die Erfahrungen ausgetauscht, Identität gestärkt und Geltung von Überzeugungen sowie von Wertmaßstäben mitgeteilt oder ausgehandelt werden.

Nichts anderes versuchen die professionellen Erzähler: Geschichten zu konstruieren, die Schicksale von Personen und Weltentwürfe zeichnen, die Alltagserfahrungen übersteigen und bereichern. Je komplexer die Zeichnung, um so notwendiger die Kompetenzen sie zu entschlüsseln.

Autor und Erzähler

Mit einem schelmenhaften Gesicht signalisieren manchmal Kinder während ihrer Erzählung, dass der Unterschied zwischen dem Erlebten und seinen erfundenen Zuspitzungen nicht mehr recht zu unterscheiden ist. Sie werden also früh die Grundtatsache verstehen, dass Erzähler und Erzähltes in der Literatur Fiktionen sind. Der Erzähler ist meist ein völlig anderer als der Autor und seine Geschichten sind reine Erfindungen: möglicher statt wirklicher Welten. Die drei unterschiedlichen Erzählformen lassen sich von der Sekundarstufe I an nach und nach einführen:

- der **auktoriale Erzähler**, der alles überblickt;
- der **Ich-Erzähler**, der nur sehen kann, was sich in seinem Erfahrungsraum ereignet, einschließlich seiner Gefühle, Träume, Gedanken;
- der **personale Erzähler**, der Ereignisse aus wechselnden Perspektiven seiner Figuren wiedergibt, ohne sie zu kommentieren.

In meinem dokumentierten Unterrichtsversuch (1994, 117–142) habe ich mit Schülern des Grundkurses in Klasse 12 die drei Grundformen an Beispielen aus der Epoche der Moderne von FONTANE, HEINRICH MANN und RILKE ausführlich behandelt. Ebenso wurden die Redeformen innerhalb der Romane besprochen: direkte, indirekte und erlebte Rede.

Gattungen der Prosa

Die vielfältigen Genres der Gattung Prosa werden mit besonderen Schwerpunktbildungen im Unterricht eingeführt:
- einfache Formen mit Märchen, Sagen, Mythen
- Fabeln und Parabeln
- Erzählungen, Kalender- und Kurzgeschichten
- Novellen, vor allem mit Rahmenhandlung, Kriminalerzählungen
- Bildungsromane
- Gesellschaftsromane
- monoperspektivisches (Bewusstseinsstrom) oder multiperspektivisches Erzählen im postmodernen Roman

In der Aufzählung steckt eine Zunahme an Komplexität, die auf eine Ordnung nach Schulstufen hindeutet. Das kann allerdings nicht heißen, dass Schüler zu Beginn der S I nicht schon Brüche in der Erzählperspektive kennen lernen und am Ende der S II sich nicht mit modernen Varianten von Mythen (Kassandra) beschäftigen sollten.

Dramen

Dramen gehören zum Alltag der Kinder: Sie machen Theater, setzen sich in Szene, lieben Verkleidungen, erleben Komisches und Tragisches, probieren Rollen aus, entdecken die Welt im Spiel oder folgen als Mitspieler bzw. Zuschauer einer Inszenierung auf der Bühne oder im Fernsehen. Das Drama ist im Leben allgegenwärtig.

Daher ist der Zugang zur Kunstform nicht schwer. Mein Vorschlag für ein Spiralcurriculum mit dramatischen Formen ([2]1975) vom Puppenspiel bis zum Drama der Gegenwart ist vielfach variiert und ergänzt worden (z.B. BOGDAL u.a. 2004, 177ff.). Von den anderen Gattungen ist das Drama durch zwei Merkmale zu unterscheiden:
- Dramen sind bestimmt durch die Elemente Dialog und Handlung: Alles, was wir wissen müssen, wird ausschließlich im Gespräch vermittelt, das eingebettet ist in Aktionen von Figuren, die Zwecke verfolgen und heiter, offen oder tragisch enden.
- Dramen sind Partituren für eine Aufführung und bedürfen für ihre Realisierung eines Bühnenraumes. Was sich im Fall der Lektüre von Gedichten und Prosa im Kopf der Leser abspielt, wird beim Drama zur Inszenierung auf dem Theater.

Elemente des Dramas

Über Dialog und Handlung hinaus lassen sich die Elemente des Dramas weiter aufschlüsseln:
- Einheit oder Vielheit von **Ort, Zeit** und **Handlung**
- Die Grundmuster des **finalen** Dramas, gerichtet auf eine Lösung des Konflikts, und die des **analytischen** Dramas, gerichtet auf das auslösende Moment der Vorgeschichte
- Die **Figuren** mit ihren Absichten, geäußert in **Monologen** und **Dialogen**, und ihren **Konflikten**
- Der **Stoff** aus Geschichte oder Gegenwart und die **Wirkungsabsichten**

Wirkungen des Theaters

Die Wirkungen des Spiels auf dem Theater lassen sich um drei Begriffe bündeln:

- **Lehre** vom Schuldrama des Barock über LESSINGS Parabelstücke bis zu BRECHTS Lehrtheater
- **Katharsis** als Mitleidserregungskunst in LESSINGS, BÜCHNERS oder BOTHO STRAUSS' Trauerspielen
- **Kritik** an den gesellschaftlichen Zuständen im sozialen Drama von LENZ, SCHILLER bis zum Epischen Theater

Die dominanten Funktionen von Drama und Theater lassen schon grundverschiedene Formen dieser Gattung in ihrer Geschichte erkennen:

- Das **bürgerliche Trauerspiel** als Kampf des Individuums um Freiheit von politischen, religiösen und materiellen Zwängen.
- Das **offene Drama** seit der Jahrhundertwende, das nicht mehr den Ausschnitt als Ganzes, sondern das Ganze in Ausschnitten zeigt. Das postmoderne Theater verzichtet zudem auf „das Ganze" und löst die Darstellung der Welt in Fragmente auf.
- Das **epische Theater** nach BRECHT fügt der Handlung die zusätzliche Ebene des Kommentars hinzu, die Distanz und damit Kritik und Utopie der Veränderung der Verhältnisse eröffnet.
- Das **absurde Theater** verlässt die Ebenen der Fragen nach Identität der Personen, Sinn des Handelns, Verstehbarkeit der Welt, Hoffnung auf Glück. GODOT wird nicht kommen (BECKETT); es ist „die Stunde, da wir nichts voneinander wussten" (HANDKE), das Leben als „Farce" (BOTHO STRAUSS) und die Kunst als „Hamletmaschine" (HEINER MÜLLER).

Das moderne Theater mit seiner Lust am Spiel, dem Aufbrechen tradierter Formen und einer unabschließbaren Sinnsuche rückt wieder näher an die Bedürfnisse und das Vergnügen der Schüler heran.

Autobiografien

Autobiografien sind vergleichbar nah an der Lebenswelt der Schüler, denn auch sie erzählen dauernd von sich, lesen und schreiben Briefe, E-Mails und Tagebücher, sind neugierig auf andere Leben und Erfahrungen. Warum soll erst ein Mensch mit siebzig Jahren seine Erinnerungen aufzeichnen und nicht schon einer mit sieben?

Bekenntnisse

Anders als bei der fiktionalen Ich-Erzählung sind bei der Autobiografie die drei Personen identisch: Autor, Erzähler und Figur. Hier schreibt oder spricht jemand von seinem eigenen Leben und dem Anspruch, nach bestem Wissen und Gewissen die Wahrheit zu sagen. Mit guten Gründen ist die Autobiografie seit JEAN-JACQUES ROUSSEAUS *Confessions* (1782) in die Nähe der Beichte und des Geständnisses gerückt worden. Wenn die Wahrheit dem Erzähler nicht ganz zugänglich ist, so hat er wenigstens wahrhaftig zu sein (WAGNER-EGELHAAF 2000, 3). Der Appell an die Aufrichtigkeit ist nicht nur als Rechtfertigung gegenüber dem Leser zu verstehen, sondern vor allem als Ermutigung des Autors. Die Autobiografie

ist Medium der Selbsterkenntnis, der Rechtfertigung des Handelns, aber auch der Selbstkonstruktion. Schreibend wird der Erzähler dessen gewahr, der er sein möchte.
Eine Definition bezieht sich am einfachsten auf die drei Bestandteile des Begriffs: „auto“ (ein Selbst), „bio“ (über das Leben), „graphie“ (schreibt). Autobiografie ist also die Beschreibung des Lebens eines Menschen durch diesen selbst. Nimmt man die verschiedenen Funktionen des Genres zwischen Spiegelung und Konstruktion des Ich hinzu, so kann als Definition gelten:

DEFINITION

Bei der Autobiografie handelt es sich um die Darstellung des eigenen Lebens, in der die Versprechen gelten, dass das Erzählte wirklich erlebt, von Aufrichtigkeit bestimmt und auf Anteilnahme gerichtet ist.

Aus der Definition lassen sich mindestens sechs Kriterien gewinnen, die das Genre bestimmen (*DE* 2002, H. 4, 7/8).

Der autobiografische Pakt

Der Grundgedanke des französischen Literaturwissenschaftlers Philippe Lejeunes, dass eine Ich-Erzählung nur dann als autobiografisch akzeptiert wird, wenn der Leser den Pakt über die Wahrheit des Textes geschlossen hat, führt zu der grundlegenden Frage, in welches Verhältnis sich Leser oder Hörer zu den fiktionalen oder authentischen Werken setzen. Diese Intention muss nicht der Absicht des Autors entsprechen. So neigen Schüler und auch noch Studenten dazu, mit nachweislich fiktionalen Texten einen autobiografischen Pakt zu schließen: Die *Buddenbrooks* mit Namen, Straßen und gesellschaftlichen Zuständen werden als authentisch identifiziert. Das Weimar der Klassiker, Berlin Fontanes, Prag Kafkas, Dublin von James Joyce oder Danzig von Günter Grass sind nur die prominentesten Beispiele für erfolgreiche Recherche von historischen und geografischen Fakten in Fiktionen. Der Städte-Tourismus setzt auf einen solchen Vertrag zwischen Lesern und Autoren. Aber das Umgekehrte gilt auch, dass Leser die Wahrheit des Autobiografischen anzweifeln, nach Quellen suchen, die die Darstellungen als unwahrscheinlich nachweisen. Leser, die dem geschlossenen Pakt nicht rückhaltlos vertrauen, werden zu Detektiven der Wahrheit in der Kunst.

Leseweisen

Nicht allein die Intentionen des Schriftstellers bestimmen die Leseweisen von Texten, sondern auch die Interessen der Rezipienten. Fünf Leseweisen haben wir in einem ersten Zugriff unterschieden (2001, 43):

Ästhetische Leseweise

1. Unterstützt wird vor allem die ästhetische Leseweise, die ganzheitlich genießt, Literatur nicht nur als Objekt, sondern als Medium der Erkenntnis begreift. Neben der rationalen Einsicht werden immer auch Empfindungen angesprochen, die sich, wie Lessing festgestellt hat, im Mitleid verdichten. Heute würde man wohl eher von Betroffenheit sprechen, um das Andere der Vernunft zu betonen, das vor allem die Begegnung mit Kunst ermöglicht.

2. Wer im Akt der Lektüre in Perspektiven einzelner Figuren zu denken beginnt, hat mit dem Text einen moralischen Pakt geschlossen, in dem das Normgefüge, vor allem Gut und Böse, auf dem Spiel steht. Man kann Schüler direkt ermutigen, ihren Pakt mit verschiedenen Figuren (auch den Nebenpersonen) zu schließen und bekommt dann eine lebhafte Debatte über Normen und gesellschaftliche Ordnungen in den literarischen Werken und der gesellschaftlichen Gegenwart.

Moralische Leseweise

3. Geläufig und seit vielen Jahrzehnten Praxis im Literaturunterricht ist die distanzierte Leseweise, die sich um Empfindungen, Schönheit oder moralischen Appell nicht kümmert. Es ist die Lektüre der einen Vernunft, die sich ausschließlich als analytisch begreift. Es ist zwar die wissenschaftliche Form des Umgangs mit Literatur, die aber den eigentlichen Zweck der Kunst verfehlt, auch wenn er Erkenntniszuwachs verspricht. Der Literaturhistoriker PETER V. MATT nennt es asketisches Lesen, „das auf die breite Palette der angebotenen Vergnügungen verzichtet".

Asketische Leseweise

4. Er spricht auch noch von einer weiteren Leseweise, die zwar den Pakt eingeht, gleichzeitig aber durchschaut, was der Autor da mit dem Leser macht: ironisches Lesen nennt er dieses Wechselspiel zwischen Identifikation und Distanz. Der Leser „schließt den moralischen Pakt, aber unter Vorbehalt, mit heimlich gekreuzten Fingern, wie die Kinder beim Lügen".

Ironische Leseweise

5. Eine letzte Leseweise gerade junger Menschen ist zu erwähnen, weil sie Szenen des Wiedererkennens suchen und ein Vergnügen daran entwickeln. Der Text wird Anlass, von den eigenen Erfahrungen zu sprechen und Klarheit über die Ordnungen zu gewinnen, denen man selbst im Leben zu folgen genötigt ist. Diese aktualisierende Lektüre ist dahin zu entwickeln, dass die individuellen Erfahrungen im Gefüge der Texte historisch und damit analysierbar werden.

Aktualisierende Leseweise

Kunst, die unterschiedliche Zugänge öffnet, ist besonders geeignet für historisches wie systematisches Lernen.

f) Pragmatik: Der Kanon

Funktionen des primärsprachlichen Unterrichts

Das bedeutendste Handlungsfeld, in dem Literatur eine entscheidende Rolle spielt, ist der primärsprachliche Unterricht in jedem Staatswesen. Ohne Frage gibt es auch andere wichtige Anwendungsfälle für den Gebrauch der Literatur in kulturellen Kontexten, die für Germanistik-Studenten attraktiver scheinen als Schule, z.B.

- das Feuilleton der Zeitungen und audiovisuellen Medien,
- die Dramaturgie an den Theatern und in den Filmproduktionsstätten,
- die Literaturhäuser mit ihren Schreibwerkstätten und Autorenlesungen,
- die Wissenschaften mit ihrer Freiheit zu forschen und zu lehren.

Aber weder in ihrer Zahl noch in ihrer nachhaltigen Wirkung bis in die nächste Generation hinein sind sie wirklich mit Schule vergleichbar. Der allgemeinbildende Unterricht schafft den Rahmen, in dem Kultur ihre Bedeutung für jeden Einzelnen gewinnen wird. Die kulturelle Bildung, zu der die ästhetische Erziehung den wesentlichen Beitrag liefert, ist eine zentrale Aufgabe für Lehrende des Faches Deutsch. Diese Verantwortung stärkt die Rolle des Lehrers gegenüber allen anderen Berufen auf den Feldern der Kultur.

Debatten um den Kanon

Zu den wichtigsten Aufgaben einer Theorie des Unterrichts gehört die Auswahl der Literatur. Unter dem Stichwort „Kanon" wird die Diskussion darüber seit Jahrhunderten geführt (Dolch, 1959). In regelmäßigen Abständen bricht denn auch in der Didaktik die Diskussion wieder auf. Nachdem der bürgerliche Literaturkanon in den siebziger Jahren unter den pauschalen Verdacht gestellt wurde, das falsche Bewusstsein zu fördern, brachte mein Artikel in der ZEIT (05.06.1981) die Legitimationsdebatte wieder in Gang. Zwar haben auch das Feuilleton der Zeitungen (v.a. Marcel Reich-Ranicki und Ulrich Greiner) sowie die Literaturwissenschaften (Renate v. Heydebrand) sich des Themas angenommen, aber ihre ausgewiesenen Interessen sind andere: Die Journalisten möchten das kulturell interessierte Publikum an Traditionen erinnern, die verloren scheinen. Die Wissenschaften decken Mechanismen der Kanonbildung auf und argumentieren gegen normative Geltungsansprüche, auch der Didaktik. Dabei meinen die meisten Beiträge des von Renate v. Heydebrand herausgegebenen Bandes den Lesestoff für Germanisten; der aber ist Studienliteratur für Fachleute und kein Kanon.

DEFINITION

Im eigentlichen Sinne ist Kanon zu verstehen als begründete Auswahl von Literatur zum Zweck allgemeiner Bildung.

Kriterien der Literatur-Auswahl

Die Debatte darüber, welche Texte für den Unterricht geeignet sind, kann nur mit Hilfe von Kriterien geführt werden, die Entscheidungen überprüfbar und revidierbar machen. Das ist in den didaktischen Diskursen seit 1980 geschehen. Als Zwischenergebnis kann die Erläuterung dreier Kriterienpaare gelten, die nicht generell in Frage gestellt wurden. Die Zweipoligkeit der Begründungsdiskurse macht deutlich, dass Entscheidungen aus Alternativen erwachsen und dialektisch verlaufen.

Enzyklopädik und Exemplarität

1. **Zwischen Enzyklopädik und Exemplarität:** Das Werk des Kanons muss einerseits beispielhaft für seine Epoche, seine Gattung und die Funktionen der Literatur sein, andererseits soll die Vielfalt sichtbar bleiben, für die das Beispiel steht. Ohne Durchblick auf das Ganze bleibt das Einzelne ohne Bedeutung und ohne das anschauliche Beispiel bleibt das erworbene Wissen abstrakt.

2. **Zwischen Historizität und Aktualität:** Werke, die schon in ihrer Entstehungszeit Geltung erlangt haben, wirken häufig über ihre Zeit hinaus. Es gibt aber auch manche Beispiele später Entdeckungen (z.B. BÜCHNER, KAFKA), die nicht minder heftig wirken. Immer wieder gilt es neu zu prüfen, wie weit Probleme der Literatur noch aktuell sind; andernfalls sind sie für Bildungsprozesse unproduktiv. Andererseits darf der historische Abstand nicht eingeebnet werden, weil nur aus der Zweizeitigkeit Bildung wächst, die Geschichte begreift und für die Gegenwart gewinnt.

Historizität und Aktualität

3. **Zwischen Autonomie und Wirkungsmächtigkeit:** Kunst ist dadurch definiert, dass sie autonom ist und keine unmittelbare Funktion gewinnen kann. Gleichwohl ist diese Selbstzwecklichkeit genau das Merkmal, das sie für eine vielseitige Bildung geeignet macht. Autonom werden durch den Umgang mit Zweckfreiem wäre das Ziel. „Zwecklos und sinnvoll/soll es sein“ – was KUNERT über das Gedicht sagt, gilt auch für die Bildung.

Autonomie und Wirkungsmächtigkeit

Denkbilder

Was die Wirkungsmächtigkeit ausmacht, habe ich am Begriff des Denkbildes erläutert. Der Terminus wurde von JOHANN GOTTFRIED HERDER (1744–1803) als Analogon zu Sinnbild schon im 18. Jahrhundert eingeführt, von dem Kulturphilosophen WALTER BENJAMIN (1892–1940) wieder aufgegriffen und als Werk verstanden, in dem sich, wie in einem Hohlspiegel, menschliche Erfahrungen sammeln. Demnach wären in der Literatur Denkbilder so zu verstehen, dass sie den gestalteten Stoff in einem anschaulichen Bild bündeln, dass sie Erfahrungen aufbewahren, die wiederzugewinnen lohnt, dass sie inkomplett sind, sodass sie die Phantasie zur Vollendung herausfordern und dass Bilder und ihre Botschaften vielfältig ausdeutbar bleiben und doch einen Brennpunkt haben, der Erfahrungen und Projektionen vergleichbar macht. Einige solcher Denkbilder habe ich anhand zentraler literarischer Figuren für den Deutschunterricht benannt:

Der Fischer mit seiner nimmersatten Frau.
Hans, dem das Glück aus dem immer weniger Werdenden wächst.
Prometheus, der sich gegen die Götter behauptet.
Sisyphos, der sich dem Unabänderlichen beugt.
Faust, dessen Streben die Grenzen des menschlichen Maßes überschreitet.
Woyzeck, der die Chance zur Freiheit erst gar nicht bekommt.
Der Prinz von Homburg, für den Traum Wirklichkeit wird.
Grusche, deren Wirklichkeit sich zum Traum vom gerechten Richter verdichtet.
Malte Laurids Brigge, der den Verfall des Subjekts, der Welt, der Werte als Chance zu neuer Wahrnehmung und zu neuen Lebensformen begreift.

Törleß, der lernt, die Welt nicht nur mit den Augen des Verstandes zu sehen, sondern auch durch die Phantasie und Imagination, und der dabei vor Verletzungen nicht Halt macht.
Der Untertan, den die autoritären Strukturen nach oben spülen.
Franz Biberkopf, der zwischen den Rädern der kapitalistischen Ordnung zerrieben wird.

Auch die Literatur nach 1945 hat Denkbilder bereit gestellt, die Wahrnehmungen erleichtern, Erfahrungen ermöglichen, Utopien entwerfen:

Der Homo Faber, der alles machen zu können glaubt, dann aber vom archaischen Mythos eingeholt wird.
Jakob der Lügner, der durch seine Erfindungen das Leben im Ghetto mit Hoffnung ausstattet.
Die Blechtrommel, die Erinnerungen wachrüttelt und Geschichte begreifbar macht.
Die Kindheitsmuster, die Lebensgeschichte prägen. Die Mutmaßungen über Jakob, die zeigen, dass wir die Erinnerungen nur haben, wenn wir sie erzählen.

Kritik an der Festlegung von Denkbildern

Einwände gegen solcher Art Festlegungen liegen auf der Hand:

1. Die Liste ist inkomplett und bedarf dringend einer Erweiterung. Jedem wird sofort auffallen, wo die großen Lücken sind. Aber Denkbildhaftigkeit ist eben nur eines der Kriterien, die Auswahlentscheidungen legitimieren können. Selbst bei Mehrfachbegründungen bleiben die einzelnen Werke ersetzbar: Je nach dem neuesten Stand der Kenntnisse über Literaturgeschichte, der Zusammensetzung der Lerngruppe oder den dringenden Problemen der Gegenwart.
2. Kein Literaturkanon kann normative Macht zurückgewinnen. „Kanonreflexion heute ist Erinnerungsarbeit unter den verbindlichen Bedingungen einer Gegenwart, die keinen verbindlich verfügbaren Orientierungsrahmen mehr kennt“, stellt Hermann Korte in seinem grundlegenden Beitrag zur historischen Kanonforschung fest (Bogdal u.a. 2004, 67). Aber keine diagnostizierte Unverbindlichkeit kann verhindern, dass Lehrer Entscheidungen treffen müssen. Der Kanon wird zu einer Selbstverpflichtung der Lehrenden und des Lehrplans, der an dem Gedanken der Gleichheit der Vermittlung verbindlichen Wissens an alle Schüler festhält. Eine „Heuristik der Textauswahl“ (Korte ebd.) ist zu wenig für den täglichen Entscheidungsdruck in der Schule. Als „Konstrukt auf Widerruf“ habe ich daher den Kanon bezeichnet, das aufgrund von Erfahrungen kontinuierlich revidiert werden muss.
3. Ein auf die Geltung von Tradition gerichteter Kanon verliert „den Anschluss an das literarische Leben der Gegenwart“ (Kammler in

BOGDAL 2004, 174). Das ist schon deshalb dringend zu verhindern, weil Lektüre nicht noch zusätzlich zur verlorenen Medienkonkurrenz zu einer Angelegenheit der Traditionspflege werden darf. Neuere Vorschläge zur Behandlung von Autobiografien nach Auschwitz, von Romanen nach der Wende (vor allem MONIKA MARONS *Stille Zeile sechs*) oder neue Erzählungen zum Thema Erste Liebe (JENS PETERSEN) widerlegen die Gegenwartsblindheit meiner Kanonempfehlungen. Gegenwartsnähe von Autoren darf aber nicht zum Argument gegen das literarische Erbe werden, zumal die Gegenwärtigkeit mancher alter Texte (z.B. MUSILS *Törleß*) höher ist als manche zeitgenössische Literatur.

4 Sequenzen

Unterrichtseinheiten entwerfen

Zu den schönen Arbeiten in der Schule rechne ich den Entwurf von Unterrichtseinheiten – am besten gemeinsam durch Lehrer mit ihren Schülern. Schön darf man sie in doppeltem Sinne nennen, weil die Literatur als Kunst bei jedem Inhalt einen wichtigen Aspekt ausmachen wird und das Konstruieren von Sequenzen selber eine Kunst sein kann. Mit der Auswahl einzelner Inhalte ist es nicht getan, denn zum Medium von Bildung werden sie erst durch einen lernaktivierenden Kontext. Es zeugt also von mangelnder didaktischer Reflexion, wenn Wissenschaftler oder Bildungspolitiker fordern, diesen oder jenen neuen Gegenstand, den sie persönlich für unverzichtbar halten, in den Lehrplan des Faches aufzunehmen. Denn zum einen muss geprüft werden, ob das vorgeschlagene Werk oder die neuen Einsichten den Horizont der Schüler erreichen können, zum anderen in welchem Zusammenhang und mit welchen Ergebnissen das geschehen soll.

Didaktische Grundoperationen

Die zwei didaktischen Grundoperationen lassen sich mit dem Sprachwissenschaftler ROMAN JAKOBSON (1971) als Paradigma und Syntagma fassen: Selektion als die Auswahl der Lerninhalte und Kombination als deren Verknüpfung zu einer Sequenz. Die Selektion erfolgt im Paradigma, die Kombination im Syntagma. Die Begriffe habe ich im Zusammenhang mit der Planung einer Reihe zu den Romanen der Jahrhundertwende um 1900 eingeführt (*Deutschkurse*, 40f.); die leitende Kategorie für die Kombination der Werke zu einer Reihe ist im genannten Fall die Literaturgeschichte, ergänzt durch das System der Erzählformen (vom auktorialen bis zum Ich-Erzähler). Zusätzlich waren die Methoden des Umgangs mit Texten: Analyse, synthetische Interpretation, produktive Rezeption und Rezension eines weiteren Romans in das Syntagma eingeplant. Der bisherige Unterricht ließ erkennen, dass Schülerinnen und Schüler ganz unterschiedliche Interessen an Literatur entwickelt hatten; auch diese Motivation wurde durch Formen identifikatorischer Lektüre (sich einschreiben in die Texte) angeregt. In der Tat hatte sich am Ende der Reihe gezeigt, dass Theodor Fontanes *Effi Briest* genau von den Schülern geschätzt wurde, denen Heinrich Manns *Untertan* nichts mehr zu sagen vermochte – und umgekehrt. Die Sequenz erwies sich als eine Form der Differenzierung, die zwar einen Überblick vermittelte, aber vor allem auf unterschiedlichen Wegen individuelle Bildung gefördert hat. Lernen ist offenbar dann besonders erfolgreich, wenn Sequenzen mehrfach miteinander kombiniert sind: verschiedene Texte/Probleme, spezifische Methoden und ganz unterschiedliche Temperamente im Umgang mit der komplexen Reihe. Vereinfacht lassen sich paradigmatische und syntagmatische Achse in einer Grafik fassen:

	Akteure		Methoden	Inhalte	Kompetenzen
paradigmatische Beziehung	Schüler Klasse Gruppe Einzelne	Lehrer	beschreiben analysieren beurteilen	Romane um 1900	Kenntnisse Analysefähigkeit Mitleid Kritik
syntagmatische Beziehung	Schüler/-in		analysieren	„Effi Briest" „Untertan" „Malte" „Buddenbrooks"	kategorial

Paradigmatische und syntagmatische Grundoperation

Da nicht nur ein Roman gelesen, nicht nur eine Handlung geübt, nicht nur eine Gruppe von Schülern angesprochen werden sollen, müssen immer mehrere Elemente aus der paradigmatischen auf die syntagmatische Ebene gebracht werden. Diese Projektion des Äquivalenzprinzips von der Selektions- auf die Kombinationsachse gilt bei Jakobson für alle komplexeren Texte, d.h. für die mit poetischer Funktion. Nun will ich nicht den Anspruch erheben, dass didaktische Sequenzen Kunstwerke oder auch nur mit ihnen vergleichbar seien, aber immer handelt es sich um komplexe Gebilde mit verschiedenen Elementen von leitenden Interessen, Themen, Gegenständen, Methoden, Medien, die zu einem Supertext, einer Sequenz, verbunden werden und schon etwas von didaktischer Gestaltungskraft verraten. Daher darf man wohl mit guten Gründen die Konstruktion didaktischer Syntagmen mit künstlerischer Arbeit vergleichen, die sich in praktischen Zusammenhängen bewähren muss.

Kategorien der Verknüpfung

Die Planung der Inhalte einer Sequenz folgt didaktischen Prinzipien (Grade von Anschaulichkeit, Komplexität, Selbständigkeit etc.) und Kategorien der Verknüpfung. Grob gesprochen unterscheiden wir zwei verschiedene Bindungselemente: die lebensweltliche und die wissenschaftssystematische. Es gibt didaktische Theorien, die dafür plädieren, die Schüler möglichst früh an die Ergebnisse und Verfahren der Forschung in den Fächern heranzuführen, und andere, die entschieden davor warnen, den Bezug zur Alltagswelt zu früh aufzugeben.

Zugangsweisen

Die Lösung dieses Streits kann nur darin liegen, ein sinnvolles Wechselspiel der Zugangsweisen anzubieten, bei dem einmal von nahe liegenden Problemen ausgegangen wird, um dann zu wissenschaftlichen Erklärungen von Details fortzuschreiten, zum anderen systematische Zugangswege zu suchen, um daran anschließend nach einer Anwendung der Ergebnisse oder ihrer zweckfreien Plausibilität zu fragen. In einem ersten Zugriff lassen sich die Zugänge der Kulturwissenschaften nach den Kategorien der **Geschichte** (der Sprache, Literatur, Medien), der **Systeme** (von Gattungen, Texten, Sätzen) und **Pragmatik** (Situationen, Institutionen oder Zwecke des Gebrauchs) ordnen. Bei den Problemen der Lebenswelt bietet sich an, den Zugang über die Nähe zum eigenen Erfahrungsraum zu suchen: **individuelle** (Identität, Lebensgeschichte, Träume), **soziale** (Familie, Freunde, Schule) und **universelle** (Menschlichkeit, Krieg und Frieden, Gerechtigkeit).

Zugänge über	Kategorien	Beispiele
Probleme	Universalität (in der Welt)	Menschenrechte Krieg und Frieden Gerechtigkeit Partizipation
	Sozialität (mit Menschen)	Familie Freundschaft/Erste Liebe Schule Kommune
	Individualität (Wer bin ich, was will ich?)	Identitäts(er)findung Lebenslauf Traum/Trauma Zukunftsentwürfe
Wissenschaften	Geschichte	Neuhochdeutsch Redensarten Stoff-/Motivgeschichte Epochenschwellen
	Systeme	Gattungen, Genres Wortschatz Argumentation Methoden der Analyse und Konstruktion
	Pragmata	Sprach- Literaturkritik (Rezension) Jugendsprache Programme (des Fernsehens, Hörfunks, Theaters) Hypertexte im Netz

Wie bei den Kategorien der Wissenschaftssystematik wird es auch bei denen der Lebensweltprobleme immer um mehrfache Verknüpfungen gehen: Was das Individuum bewegt, kann von allgemeiner Bedeutung sein oder, anders gewendet: allgemeine soziale Prinzipien von Emanzipation, Vertrauen oder Dankbarkeit lassen sich auch im eigenen Umfeld erfahren.

Spiralcurriculum

Ein Beispiel für den Zugang über die Kategorie der Wissenschaften wurde durch kurze Erläuterungen der Reihe über *Romane der Jahrhundertwende* mit der Analyse der Situationen des Erzählens in der Jahrgangsstufe 12 erwähnt. Sie bildet zugleich den Abschluss der Vermittlung von Formen des Erzählens von der Grundschule (einfache Formen), in jeder Klasse der Sekundarstufe I (Erzählungen, Novellen, Parabeln) bis in die gymnasiale Oberstufe (Romane, Filme). Fundamentale Stoffe, Formen, Themen, Motive, Fragen tauchen im Lehrplan der Schulen auf jeweils höherer Stufe auf neue, komplexere Art auf. Solche Linien im Unterricht verschiedener Jahrgangsstufen sind Ausdruck eines Spiralcurriculums mit wiederkehrenden Inhalten elementarer Bildung.
Ein eher problemorientiertes Spiralcurriculum lässt sich aus Vorschlägen zum Thema „Gerechtigkeit" entwickeln (DE H. 5/2007). Die Öffnung des Horizonts für die Frage „Gerecht oder ungerecht?" leistet Impulse zur selbständigen Erarbeitung des Themas auf der S I:

1. „Prozesse beobachten", „jemanden anklagen", „sich verteidigen" etc. – Sammle weitere Beispiele für Redewendungen aus der Sprache des Rechts und erläutere die Bedeutung an drei Beispielen.
2. Ein Konflikt, den ich mit mir selber austragen musste.
3. Eine Auseinandersetzung – erzähle einen Konflikt in der Klasse, Gruppe oder Kommune.
4. Berichte über ein Jugendbuch oder einen Film mit einem leitenden Konflikt und seiner Lösung.
5. Was hältst Du für gerecht? Nenne Beispiele.
6. Eine große Ungerechtigkeit – erzähle eine Geschichte.
7. Berichte von dem Artikel einer Zeitung, einem neuen Song oder einer Geschichte, in der von Ungerechtigkeit erzählt wird.
8. Ein Besuch im Gericht. Berichte von der Verhandlung, dem Streitfall, der Überzeugungskraft der Argumente im Plädoyer, Verhör, Verteidigung sowie dem Urteil. Bewerte Verfahren und die (mögliche) Lösung.

Abb. 5.13: Leitfragen zur selbstständigen Erarbeitung des Themas

Beispielthema Gerechtigkeit

Die ausgewählten Texte und Probleme nehmen auf den Jahrgangsstufen an Komplexität zu. Ein Spiralcurriculum dieser Konsequenz ist ein geeignetes Mittel perspektivischer Bildung, weil es ein zentrales Problem menschlicher Gesellschaften auf immer neuen Stufen der Abstraktion und künstlerischen Anspruchs behandelt, damit den Horizont des Wissens erweitert, das Problembewusstsein vertieft und die methodischen Fähigkeiten entwickelt, sich weitere Kenntnisse selbständig zu erschließen und zur Persönlichkeit mit eigenem Urteil zu reifen. Der Wert der menschlichen Grunderfahrungen (siehe etwa die vier Beispiele unter der Problemkategorie Sozialität) als Zugang zu Inhalten des Wissens liegt vor allem darin, dass er Themen aufgreift, die junge Menschen unmittelbar berühren. Das ist die Bedeutung einer Anthropologie in didaktischer Absicht (MÜLLER-MICHAELS 1998).

Elementarerfahrungen

Dabei soll der Zugang über die Elementarerfahrungen nicht der einzige, nicht einmal stets der dominante, wohl aber Teil didaktischer Wege sein, der Interesse wecken, Kenntniserwerb steuern und Kompetenzen entwickeln hilft. Das Verhaken der Horizonte von Gegenständen und Gedanken junger Menschen ist Bedingung von Bildung, die neue Sehweisen öffnet und Entdeckungsprozeduren sichert, um sich selbständig Welt zu erschließen.

Knoten in Systemen des Wissens

Inhalte, die Knotenpunkte im Netz verschiedener Syntagmen bilden, bieten diese Voraussetzungen in besonderem Maße: Eine Argumentation kann Elemente einer eigenen Rede, Schwerpunkt der grammatischen wie rhetorischen Analyse eines Textes oder Gegenstand der Deutung von Szenen in Dramen verschiedener Epochen werden; *Faust* mit seinen Versionen vom Puppenspiel bis zu GOETHES zweitem Teil kann im Zentrum einer Stoffgeschichte, der Untersuchung von Formen des Dramas, der produktiven Rezeption auf der Bühne oder im Film sowie des Themas „Aporien der Wissenschaften seit 1800" stehen. Mit guten Gründen lässt sich also die These verteidigen, dass Auswahlentscheidungen von Themen, Texten und Aufgaben für den Unterricht in hohem Maße von der Bedeutung des Gegenstands für Sequenzen ganz unterschiedlicher Art abhängen. So ist dann auch zu erklären, dass bei Neukonzeptionen von Erziehung und Unterricht seit Jahrzehnten immer wieder dieselben Probleme und Werke auftauchen. Selbst in Schulen, in denen die Schüler den Unterrichtsstoff frei wählen dürfen, würde der Kanon zentraler Knotenpunkte von Syntagmen wirksamer Bildung bestätigt werden. Richtig aber bleibt, dass diese produktive Wirksamkeit immer auf das Neue bewiesen werden muss.

Sequenzen, Halbjahrespläne, Lehrpläne

Sequenzen, wie sie als didaktische Syntagmen beschrieben wurden, sind Unterrichtseinheiten eines mittleren Zeitmaßes (ca. 12 Stunden). Die nächstgrößeren Einheiten sind Halbjahrespläne und Lehrpläne für eine Jahrgangsklasse. Im Prinzip gelten aber auch für diese Curricula die Kategorien von Auswahl- und Anordnungsentscheidungen wie für die Grundsequenzen. Da Lehrpläne und Richtlinien Ausdruck politischer Willensbildungen sind, werden didaktische Theorien für bildungspolitische

Zwecke funktionalisiert. Das kann nicht anders sein, weil nach Art. 7 (1) GG „Das gesamte Schulwesen (...) unter der Aufsicht des Staates“ steht.

Bildung und Erziehung

Solange nicht das komplexe Feld von Bildung und Erziehung einseitig reduziert wird und die Spannungsfelder erhalten bleiben (einheitliche und differenzierende Bildung, fördern und fordern, Spiel und Leistung, das Klassische und das Gegenwärtige, das Lebensweltliche und das Wissenschaftspropädeutische etc.) kann die Praxis in den Schulen damit leben. Hin und wieder können politische Forderungen sogar die Entdeckung neuer Unterrichtsinhalte anregen. Gefährlich für die Bildung junger Menschen wird es nur, wenn Widersprüche zugunsten forcierter Einseitigkeiten aufgelöst und entdifferenzierte Konzepte auf dem Verwaltungsweg durchgesetzt werden. In Ansätzen geschieht das im Augenblick mit einer radikalen Kompetenzorientierung allen Lernens, die von der irrigen Annahme ausgeht, dass, frei nach Karl Marx (1818–1883), die Quantität von Fähigkeiten irgendwann in Qualität der Bildung umschlägt. Dringend geboten ist, gegen die Partialisierung von Fähigkeiten die ganzheitliche Bildung wieder ins Spiel zu bringen. Politiker werden sich sachlichen Argumenten nicht verschließen.

Lehrpläne und ihre Kritik

Lehrpläne haben zwar einen Grad von Verbindlichkeit für alle Lehrpersonen, weil sie Einheit und Vergleichbarkeit der Bildungswege in einem Bundesland sichern sollen, aber sie müssen sich doch immer wieder kritischen Fragen der Wissenschaften stellen. Die wichtigsten Aspekte einer Lehrplankritik wurden in den vorangehenden Kapiteln angedeutet, u. a.:

1. Welches Konzept von Schule und Erziehung wird vertreten (z. B. Grade von Differenzierung, Durchlässigkeit, Verbindung zur Lebenswelt)?
2. Wie werden Bildungsziele (implizit oder explizit) definiert: eher formal oder material, orientiert an Wissenschaften oder Problemen des Lebens, in Verbindung mit anderen Fächern?
3. Wie ist der Zuschnitt des Faches auf den verschiedenen Bildungsstufen: Begründung der Lernbereiche und ihrer Gewichtung?
4. Wie sind die Inhalte für den Unterricht ausgewählt und die gewählten Paradigmen begründet?
5. Welche Kategorien werden für die Anordnung in Syntagmen gewählt; sind Elemente eines Spiralcurriculums über die Stufen hinweg identifizierbar?
6. Werden Leistungsüberprüfungen systematisiert und begründet, welche Konsequenzen werden diskutiert?
7. Ist der Lehrplan erprobt und evaluiert worden: mit welchen Ergebnissen, sind Revisionen aufgrund von Erfahrungen vorgesehen, wer verantwortet sie?

Werden diese und andere Fragen beantwortet und die daraus neu entwickelten Modelle erprobt, dann kann die Arbeit mit Richtlinien und Lehrplänen zum Element von Forschung und Entwicklung werden und den Status reiner politischer Willenserklärung überschreiten.

5 Zusammenfassung

Bei dem Versuch, einen Überblick über die vielfältigen Aufgaben des Deutschunterrichts zu geben, ist es unvermeidlich, dass viele Begriffe sowie systematische Ordnungen des Wissens erläutert werden. Das ist für Studierende des Lehramts aber schon deshalb nicht allzu verwirrend, weil sie das eine oder andere aus ihrer Schulzeit behalten haben. Die fragmentarischen Erinnerungen bieten Ansatzpunkte für das vertiefende Studium. Schließlich fordern gerade die Überblicke eigenständige Urteile über Gewichtungen heraus, die theoretische Anstrengungen und praktische Modellbildungen leiten. So wächst aus fachlichem Interesse didaktische Kompetenz.

Kernbestand des Wissens

Bei dem Streit um das Profil des Faches ist es nötig, ein mittleres Maß an Zuschreibung der Inhalte zu finden, das zwischen Weite der interdisziplinären Fragestellungen und Enge disziplinärer Ordnungen vertretbare Grenzen zieht. Diese Grenzlinien sollten offen für Revisionen, aber auch fest genug sein, um den Kern der Bildung zu sichern.

Dieser Kernbestand des Wissens wird durch die Lernbereiche begründet. Für einen ersten Zugriff bietet das Trivium von Kommunikation, Grammatik und Literatur eine Orientierung. Weitergehende Differenzierungen sind mit Blick auf Forschungen, Wissenssysteme und Adressaten nötig.

Jenseits der einzelnen Formen des **Redens und Schreibens** stehen die Varianten des Erzählens, Informierens und Argumentierens unter den Maximen von Aufrichtigkeit, Verständnis, Genauigkeit und Selbstkontrolle. Wer sich von ihnen leiten lässt, wird auch die Formen für differenzierte Zwecke zu nutzen verstehen.

Das Nachdenken über **Grammatik** dient der Entdeckung und Analyse der Gesetzmäßigkeiten der eigenen Sprache sowie den reflektierten Übungen ihres Gebrauchs. Sprachbewusstheit ist Mittel des übergeordneten Ziels, sich im Denken orientieren zu lernen.

Durch den Umgang mit **Literatur** in alten und neuen Medien werden weitere Fähigkeiten entwickelt: Fantasie bewegen, Erfahrungshorizonte erweitern, Wahrnehmungsmuster durchbrechen, für moralische Urteile sensibilisieren etc. Solcherart differenzierter Wirkung kommt die Literatur mit ihren wichtigsten Funktionen: Lehre, Katharsis, Kritik entgegen. Ihre Entsprechung findet sie auf der Seite der Rezipienten in den fünf Leseweisen.

Ordnungen

Die hohe Kunst der Didaktik besteht in der Begründung von Sequenzen für wirkungsvolles Lernen. Aus Paradigmen von Gegenständen und Methoden werden Syntagmen entwickelt, zu Modellen geformt und erprobt. Leitende Prinzipien für die Ordnungen sind Probleme und/oder Systeme der Lebens- und Wissensfelder; Projekte und Lehrgänge die beiden dominanten Organisationsformen von Unterricht.

6 Fragen und Aufgaben

1. Benennen Sie die Kernaufgaben des Faches Deutsch und begründen Sie mindestens eine Ausdifferenzierung.
2. Erläutern Sie je zwei Varianten von Rede und Gespräch. Worin sehen Sie den Unterschied von Mündlichkeit und Schriftlichkeit?
3. Begründen Sie vier unverzichtbare Textsorten, die Schüler der 10. Klasse analytisch zu verstehen und kreativ anzuwenden gelernt haben sollen; berücksichtigen Sie dabei die drei dominanten Absichten des Schreibens.
4. Produkt- oder Prozessorientierung der Schreibdidaktik? Erläutern Sie die beiden Ansätze und begründen Sie Ihre eigene Gewichtung.
5. Erläutern Sie Ziele und zwei exemplarische Inhalte für einen primärsprachlichen Grammatikunterricht.
6. Stellen Sie die Genres der Literatur dar und geben Sie je ein Beispiel aus Ihrem Wissensfundus.
7. Kommentieren Sie die fünf Leseweisen und bestimmen Sie Ihre eigene Präferenz.
8. Soll es einen Kanon verpflichtender Lektüre für die Schule geben? Argumentieren Sie pro und contra, begründen Sie Ihre eigene Meinung und gehen Sie dabei auch auf Beispiele ein.
9. Nennen Sie die beiden Grundprinzipien einer Sequenzbildung und erläutern Sie je ein Unterrichtsmodell.

1 Methodik

Didaktik als Theorie der Inhalte

Eigentlich ist es für eine Fachdidaktik selbstverständlich, dass die Reflexion der Methoden nach der Begründung der Inhalte folgt. So hatte denn auch WOLFGANG KLAFKI vom Primat der Didaktik als Theorie der Inhalte gegenüber Methodik als Theorie der Verfahren gesprochen. Lehrende sollten wissen, was sie mit den Schülern behandeln wollen, bevor sie ernsthaft über das Wie nachdenken. Das ist auch heute noch unmittelbar plausibel, denn es macht wenig Sinn, das Schreiben, Erörtern, Überarbeiten, Interpretieren oder Kritisieren zu üben, ohne zugleich zu sagen, an welchen Themen, Texten oder Beispielen die Behandlung erprobt werden soll. Methoden sind Wege zur Lösung eines Problems und kein Selbstzweck.

Interdependenzen der Inhalts- und Methoden-Entscheidungen

Dennoch wird in den didaktischen Diskussionen der letzten Jahre das Primat nicht mehr so entschieden verteidigt, vielmehr wird lieber von Interdependenzen der Inhalts- und Methoden-Entscheidungen gesprochen. Die Absicht der Lehrperson kann es durchaus sein, das Argumentieren einzuführen, Wege der Textanalyse zu erproben oder das Recherchieren in den Medien zu üben. Gerade mit Blick auf die Kompetenzorientierung von Unterricht und Erziehung gewinnt die Förderung von Fähigkeiten und Methodensicherheit eine besondere Bedeutung. Zwar sind diese Varianten traditioneller formaler Bildung nicht ohne Gegenstände denkbar, sie werden aber gegenüber den Methoden zweitrangig. Möglicherweise ist die besondere Eignung von Inhalten für die methodische Bildung ein zusätzliches Argument für ihre Auswahl. Insofern ist es tatsächlich berechtigt, von Interdependenzen statt von Hierarchien didaktischer Grundentscheidungen zu sprechen. Die besondere Bedeutung der Inhalte liegt allein darin, dass Methoden ohne Gegenstände nicht denkbar sind, diese aber durchaus für sich selber sprechen können. Gilt einer Methode die erste Aufmerksamkeit in der Planung des Unterrichts, dann wird sie eben selbst zum Gegenstand, dessen Weise der Vermittlung zusätzlich bedacht werden muss: Methoden methodischer Bildung also. Trotz aller gegenseitigen Abhängigkeit der Inhalte und Methoden des Unterrichts bleibt es bei dem besonderen Gewicht der Stoffe. Daran haben auch Pädagogen wie EWALD TERHART keinen Zweifel, der lapidar feststellt: „Die Sache der Schule ist die Sache“ (2005, 187).

Begriff der Methodik

Obwohl es in der Allgemeinen Didaktik eine Reihe von erfolgreichen Einführungen und Handbüchern zur Unterrichtsmethodik gibt, fehlt bisher ein plausibler theoretischer Ansatz, mit dem die Einzelphänomene systematisch geordnet werden könnten. Am weitesten ist auf diesem Weg noch zu Zeiten der DDR wohl LOTHAR KLINGBERG gekommen (HILBERT MEYER, 195ff.). Ansonsten sammeln sich unter dem Begriff Methodik vielfältige Aspekte unterschiedlicher Reichweiten und Abstraktionsgrade. Im Deutschunterricht geht es um Maßnahmen wie Satzproben, Grammatikwerkstatt, Lehrakte, Lernschritte, Gruppenunterricht, Lehrbücher, Medien, Mind-Mapping, Rollenspiele, Arbeitsmappen/Portfolios, Interpretationsverfahren, Projekte, fächerverbindender Unterricht etc. Eine Ordnung in eine solche Vielfalt methodischer Planungselemente zu bringen, scheint tatsächlich nur in Grenzen möglich. Wie ich in früheren Arbeiten vorgeschlagen habe, gibt es für Philologen einen einfachen Ansatz für eine Systematisierung, wenn wir Methodik als eine Form von Inszenierung für Jugendliche verstehen.

Didaktik und Drama

GOTTFRIED HAUSMANN hat in seiner *Didaktik als Dramaturgie des Unterrichts* (1959) als erster die Parallelen von Drama und Didaktik ausführlicher erläutert. Trotz des Plädoyers von WILHELM H. PETERSSEN hat die Allgemeine Didaktik den Ansatz nicht weiter verfolgt. HAUSMANN sieht die Entsprechungen von Planung des Unterrichts und Inszenierungen auf dem Theater vor allem in vier Punkten:

- Stoff und Thema
- Handlung und Ablauf
- Dialog und Gespräch
- Figuren und Personen

In der Tat: Im Unterricht sind beteiligte Personen (Lehrer und Schüler) damit beschäftigt, einen Stoff in Formen von Rede und Gespräch gemeinsam auf eine Weise zu bearbeiten, dass der Weg von der Exposition der Sache über allmähliche Aneignung und Zuspitzung zu einer Lösung mit Anwendung des Gelernten gegangen wird. Meistens enden die Dramen des Lehrens und Lernens ganz harmonisch, hin und wieder aber doch mit Katastrophen, aus denen alle Beteiligten wiederum besonders wirkungsvoll lernen können.

Unterricht als Dramaturgie

Unterricht als eine Form von Dramaturgie zu begreifen, gewinnt über die genannten Parallelen hinaus einige Plausibilitäten. Zum einen wird klar, dass Schule und Unterricht Veranstaltungen einer Gesellschaft sind, die vom Alltagsleben klar getrennt sind. Wie die Kunst folgt die Didaktik eigenen Gesetzen und kann Probleme durchdenken, Handlungen erproben, Lernen organisieren, ohne mit Sanktionen wie in der Alltags-Wirklichkeit rechnen zu müssen. Die Trennung der Schule vom Leben ist die Bedingung des systematischen, kumulativen, langfristigen, selbstreflexiven Lernens (TERHART, 189). Autonomie von Schule ist, wie im Fall der Kunst, Voraussetzung für die Entwicklung autonomer Persönlichkeiten. Zum anderen macht die Analogie darauf aufmerksam, dass Unterricht vielfältig wie die Formen und Strukturen des Dramas sein kann: final, fünfaktig, auf ein Ziel gerichtet, analytisch die Vorgeschichte aufdeckend, als Szenenfolge ohne Konsekution angelegt, von Nebenhandlungen unterlaufen, von Staatsraison beeinflusst, Widersprüche verschärfend, Konflikte ausgleichend, Absurditäten offenbarend. Das Modell Drama erweist sich vielschichtiger als das des traditionellen lehrerzentrierten

Ablaufs von Unterricht und gewährt den Akteuren einen größeren Spielraum. Keine Aufführung läuft nach Plan, Lehrer extemporieren, Schüler reagieren mit Eigensinn und der Fortgang wird gemeinsam gesteuert oder ohne Plan entfaltet.

Kategorien der Unterrichtsdramaturgie

Schließlich lassen sich die Strukturen des Dramas auch für eine Systematisierung von Elementen des Unterrichts auf verschiedenen Ebenen der Konkretisation verwenden:

Konzepte:	offene vs. geschlossene Form
Grundakte:	Konsekution von Akten vs. Szenenfolge
Handlung:	Einheit gegen Vielfalt von Ort, Zeit und Handlung
Dialog:	Szenen mit wechselnden Gruppen

Diese Kategorien werden wir für die Erläuterung der Ebenen methodischen Reflektierens und Handelns nutzen. Unterrichtsplanung ist Inszenierung und deren Durchführung die Aufführung. Die Parallelen sind offenkundig: Konzepte meinen die Differenz von Problem- und Systemorientierung. Grundakte, Handlungsphasen und Sprechakte im pädagogischen Dialog sind Planungselemente für Lehrgänge, können aber auch im anderen Konzept genutzt werden.

Gespräch zwischen Lehrenden und Lernenden

Kernelemente einer Methodik sind die Gespräche zwischen Lehrenden und Lernenden über bedeutende Sachen in einem geplanten Verlauf in wechselnden Konstellationen und mit der Absicht, gemeinsam ein Ziel zu erreichen.

DEFINITION

Wir definieren die Methoden als Verfahren, projektierte Ziele auf eine differenzierte Weise so zu verfolgen, dass die Lernenden sie nach den ihnen je eigenen Möglichkeiten erreichen.

Für die Wege des Unterrichts gibt es, vereinfacht gesprochen, auf der obersten Ebene der Abstraktion zwei verschiedene Konzepte, die im Zusammenhang mit der Sequenzierung der Inhalte schon skizziert wurden: das Verhältnis von Systemorientierung vs. Problemorientierung.

System- vs. Problemorientierung

Systematisch sind alle jene Verfahren, die sich an den Ordnungen, Begriffen und Darstellungs- wie Forschungsmethoden der Künste und Wissenschaften orientieren; dazu gehören z.B. Epochen von Sprach- und Literaturgeschichte, Gattungen der Literatur, Methoden der Sprach- und Textanalyse. Demgegenüber setzt das problematische Konzept bei Themen an, die den Schülern aus ihrem Umfeld in Natur, Kultur und

Gesellschaft bekannt sind, um neue Einsichten und Entdeckungsprozeduren zu gewinnen. Vor allem Probleme, die zu Konflikten zwischen Individuen und Gesellschaft führen, bekommen in Bildungszusammenhängen ein besonderes Gewicht. Zu nennen sind z.B. Konflikte zwischen den Generationen, Umgang mit der Natur, Gebrauch der Medien, Elementarerfahrungen von der ersten Liebe bis zu Krankheit und Tod. Die Problembearbeitung kann weit und fächerverbindend oder eher begrenzt auf die Mittel von Sprache, Medien und Kunst angelegt sein. In jedem Fall kommt dem Deutschunterricht für die Lösung der aufgeworfenen Fragen eine besondere Bedeutung zu, weil nur in diesem Fach das Medium Sprache zugleich sein Gegenstand ist.

Zwei Beispiele für die methodischen Zugänge

Tendenziell wird im Laufe der Schulzeit die System- die Problemorientierung ablösen, weil vor allem auf diese Weise die Schüler von gesichertem zu neuem und riskantem Wissen der Forschungen geführt werden. Letztlich aber wird die Art des Zugangs gleich gültig sein, denn systematisch erworbenes Wissen muss sich am Ende in neuen problematischen Konstellationen bewähren. Problematisierende Wege werden systematisch bereitgestelltes Wissen nutzen, um die aufgeworfene komplexe Frage des gesellschaftlichen oder individuellen Lebens verbindlich zu lösen. Dennoch bleiben die beiden Wege sehr unterschiedlich, was Themenwahl, Verantwortung der Beteiligten, Ablauf des Unterrichts, dominante Redeformen und Ergebnissicherung angeht. Wir werden die beiden Grundkonzepte pädagogischen Handelns an je zwei Beispielen erläutern und damit zugleich eine erste Systematisierung der zahlreichen Methoden für den Deutschunterricht versuchen: Freie Vorhaben und Projekte sowie Lehrgänge und Methoden der Wissenschaften.

2 Freie Vorhaben

Ideen für eine freie Schule

Seit über 100 Jahren beginnen alle Reformversuche mit Schule und Unterricht bei der Überlegung, wie man den durch eine Kultusbürokratie geplanten, vom Lehrer gesteuerten, durch Prüfungen kontrollierten Unterricht verändern kann. Die Idee der Freien Schulen setzt bei der natürlichen Neugier der Kinder an und fordert die freie Wahl der Gegenstände durch die Lernenden heraus. Schüler wählen die Themen des Unterrichts aus, Lehrer helfen allenfalls bei der Materialbeschaffung und der Begründung geeigneter Methoden für die Lösung des aufgeworfenen Problems. Alexander S. Neill (1883–1973) hat die Schule Summerhill gegründet, um sie „kindergeeignet zu machen – nicht die Kinder schulgeeignet" (1970, 22). Also mussten die Kinder absolute Freiheiten bekommen – am Unterricht teilzunehmen, Themen auszuwählen, Geselligkeit zu suchen, Prüfungen zu machen. Vor allem sollten sie lernen, sie selbst zu werden. Neills Grundannahme ist seit Rousseau vertraut: „Schöpferische Menschen lernen von selbst, was sie lernen möchten, um die Werkzeuge zu haben, nach denen ihre Originalität und ihre Genialität verlangen" (43). Schüler wären also von sich aus befähigt, das Lernen selbständig zu organisieren, denn Schule und Erziehung hätten Kreativität und Selbständigkeit nur verschüttet. Alle Methoden sind demnach geeignet, die den Wissenshunger und die natürliche Schaffenskraft wieder freisetzen. Das geschieht in einem Unterricht, in dem die Lerngegenstände sowie deren Bearbeitung von den Lernenden selbst gewählt werden.

Schüler an der Wahl der Inhalte beteiligen

Noch mehr als in den siebziger Jahren klingen solche pädagogischen Ideen utopisch. Dennoch lohnt es immer wieder den Spielraum für die Beteiligung der Schüler an der Wahl des Unterrichtsstoffes zeitweise freizugeben. Immerhin ist interessant festzustellen, welche Probleme ihnen gerade auf den Nägeln brennen. In einigen Schulen der Republik wird die Überzeugung, dass Freiheit nur gewonnen werden kann, wo sie gewährt wird, in neuen Formen des selbstverantworteten Lernens erprobt – vor allem an Grundschulen (Überblick s. Christian Füller 2008).

Prinzip der Serendipidität

Es müssen aber nicht nur groß angelegte Schulversuche sein, um das problemorientierte Lernen mit freier Themenwahl zu realisieren; manchmal genügen schon kleine Unterrichtseinheiten oder pädagogische Augenblicke. So hat Jutta Wermke auf „Serendipidität" als Unterrichtsprinzip aufmerksam gemacht: „Die Kunst zu finden, ohne zu suchen" (1993). Gemeint ist der verfremdende Blick auf eine vertraute Sache: wie der Astronom Galilei, der ein Pendel schwingen sieht und plötzlich das Gesetz der Gravitation entdeckt. Schon die Kinder lassen sich ermuntern, absichtslos etwas zu finden, wenn sie aufmerksam ihre Umwelt und Mitmenschen betrachten. Zu dem gefundenen Schatz lässt sich entweder eine Geschichte erfinden („Drei Gegenstände im Sperrmüll") oder eine Recherche anstellen („Der Weg des kaputten Stuhls"). Jutta Wermke geht es eher um den Weg vom Entdecken zum Erfinden als um das Ziel des Weges: um Kreativitätsschulung. Als Themen für eine 5. Klasse nennt sie etwa: „Auf der Straße liegt eine rostige Dose", „Ein Gebäude in deiner Umgebung, das dir aufgefallen ist", „Du gehst über einen Parkplatz. Da kommt dir eine Idee" (S. 99).

Der verfremdende Blick

Entscheidend aber ist, dass Kinder lernen, das Vertraute mit fremdem Blick sehen zu lernen, selbständig Fragen zu stellen sowie Ansätze für deren Lösung zu finden und gemeinsam Entdeckungen zu machen, nach denen sie nicht gesucht haben. Mehr als detailliertes Einzelwissen ist die Kunst, richtige Fragen stellen und wichtige Probleme erkennen zu können, Ausdruck einer Bildung, die kein Kompetenz-Katalog erfasst.
Als ich bei meinem Unterrichtsversuch in der Jahrgangsstufe 11 eine Doppelstunde mit freier Wahl des Unterrichts angekündigt und voller Erwartung die Videogeräte eingeschaltet hatte, beschlossen die Schüler spontan, dass sie mit der bereitstehenden Technik einen Film drehen

wollten. Auf meine Frage: „Worum soll es denn gehen?" beratschlagten sie nur kurz und entwarfen die Skizze eines Plots zur Geschichte des zuvor behandelten „Prometheus", in dem die Götter die Menschen beherrschen, jedes Aufbegehren (das ich spielen musste) bestrafen, am Schluss sich aber der Gewalt des Prometheus beugen müssen, der mit der Pose der die Trikolore schwenkenden Jungfrau in DELACROIX' *Die Freiheit führt das Volk* (1830) auf die am Boden liegenden Mitschüler blickt. So intelligent (und laut!) die Szene sich entwickelte, war sie doch Ausdruck einer Deutung von Gesellschaft, in der sich die Beziehungen der Menschen auch in Revolutionen, die sich der Freiheit verschreiben, im Wesentlichen über Gewalt regeln (*Deutschkurse*, 70f.).
Ein Vorhaben, in dem die Freiheit der Schüler Realität werden soll, wird unvermittelt zur Szene ihrer Begrenzung; ein Lehrstück für den Lehrer, das seine Gedanken zur Bildung bis heute beeinflusst.

3 Lehrgänge

1 Darstellender Unterricht

Lehrerzentrierter Unterricht

Der systemorientierte Deutschunterricht wird anders als im ersten Beispiel von den Lehrern geplant, in seinem Ablauf bestimmt und in den Ergebnissen überprüft. Wegen der zentralen Rolle der Lehrpersonen ist der „Frontalunterricht" in den Theorien wenig geschätzt, in der Praxis aber unverzichtbar. Neuere empirische Untersuchungen zeigen, dass „ca. 75 % des Unterrichts lehrergesteuert, verbal und auf Wissensvermittlung gerichtet" ist (TERHART, 135). In Zeiten der Standardisierung von Leistungen wird der Anteil in den nächsten Jahren eher wieder zu- als abnehmen. Trotz aller berechtigten Kritik an einem unverhältnismäßig hohen Anteil des „Darstellenden Unterrichts" ist an seiner Dominanz wenig auszusetzen:

- Eine Gesellschaft, die Schulen für die nachwachsenden Generationen schafft, sollte wissen, was sie den jungen Menschen vermitteln will, damit sie die Zukunft bestehen. Der Vorsprung der Erwachsenen in Wissen und Erfahrung ist unbestreitbar.
- Die Schüler haben ein Recht, von Fachleuten über den gegenwärtigen Stand des Wissens und der Forschungsvorhaben, die das zukünftige Leben betreffen, sowie der Methoden der Generierung neuerer Erkenntnisse unterrichtet zu werden.
- Professionell ausgebildete Lehrpersonen sind in der Lage, Unterricht so zu gestalten, dass möglichst alle Beteiligten optimal lernen. Nur in systematisch angelegten Lehrgängen können die verschiedenen Sozialformen des Unterrichts zum Nutzen aller Schüler eingesetzt werden. Der beste Gruppenunterricht ist guter „Frontalunterricht", in dem die Lehrperson weiß, wann der rechte Moment für die Durcharbeitung des Gelernten gekommen ist.

Rhythmus der Lehrformen

Nicht die Lehrerzentrierung des Lernens ist also das Problem, sondern ihr unverhältnismäßiger Gebrauch, der übersieht, dass es in jeder Form von Unterricht Phasen der Erarbeitung des Gelernten, der Rückfragen, der Irrtümer, der Anwendung und Übertragung geben muss. Nicht schon das Vermittelte (ob durch Lehrer, Mitschüler oder Lehrmedien), sondern erst das aktiv angeeignete Wissen wird zu einem neuen Baustein **perspektivischer Bildung**. Auf die rechte Rhythmisierung der methodischen Grundformen kommt es also an.

2 Elemente systematischer Planung

Grundakte der Vermittlung

Die dominant an den Systemen der Fächer orientierten Lehrgänge werden diese Grundformen der Methodik für die Planung der Unterrichtsstunden sinnvoll nutzen. In Analogie zum Aufbau eines klassischen Dramas ließe sich auch von den Grundakten im Ablauf der Be-Handlung sprechen (s. Übersicht S. 113); HILBERT MEYER nennt sie Handlungsmuster (I, 124ff.). Die sieben wichtigsten Formen einer Vermittlung von Stoff und Verfahren sind:
- Vortrag, Referat
- Gespräche (gelenkt bis frei), Diskussion (gesteuert bis offen), Debatte
- Einzelarbeit: Still-, Haus-, Klassen-Arbeit
- Gruppenarbeit: aufgabengleich oder differenzierend
- Planspiel, Experiment, Rollenspiel
- Arbeit mit Materialien, Lehrbüchern, Medien
- Erkundungsgänge, Exkursionen

Die Grundformen sind weniger nach einheitlichen Kriterien als vielmehr durch deren Varianz bestimmbar: einmal sind es Kategorien mündlicher Kommunikation (Rede und Gespräch), zum anderen Sozialformen (Klasse/Kurs, Gruppe, Partner, Einzelne) oder Orte (Klassenraum, Gruppentische, andere Lernorte) und schließlich Medien (Buch, Tafel/Folie, PC).

Beispiel *Michael Kohlhaas*

Die Differenz der Arbeitsformen lässt sich an jedem Beispiel für eine Unterrichtseinheit erläutern; wir wählen KLEISTS *Michael Kohlhaas* in einer 10. Klasse. Das Einleitungsreferat zum historischen Kontext von KLEISTS Novelle kann vom Lehrer oder einem Schüler vorbereitet werden. Die Deutungsgespräche über ausgewählte Kernepisoden werden, da die Schüler Kenntnisse in der Textanalyse gewonnen haben, relativ frei verlaufen. Eine erste Hausarbeit richtet sich auf die Exposition der Ausgangssituation im Herrschaftssystem um 1800, später auf Handlungsalternativen für Kohlhaas. Die Stationen der Handlung werden von Gruppen genauer analysiert und mit dem Gesamtzusammenhang verbunden. Im Rollenspiel lassen sich die auf den Text bezogenen Kontroversen (z.B. Kohlhaas gegen Luther) zuspitzen oder in Planspielen nach Problemlösungen jenseits der Texte suchen, z.B.: Wie würde heute die Verhandlung vor dem Gericht in Berlin verlaufen? Durch Materialien unterschiedlicher Art (z.B. Dokumente zum historischen Kontext, zur Biografie Kleists, zum Problem von Gewalt und Recht, Kommentare und Interpretationen zum Text) werden das erworbene Wissen erweitert und die Deutungsfähigkeit vertieft. Ein Erkundungsgang zum Gericht weckt das Verständnis für Prinzipien und Verfahren der Rechtsprechung, gerade in Kenntnis des historischen Falles Kohlhaas, ohne den Blick auf die betroffenen Menschen heute zu verlieren.

Wechsel der Lehrformen

Nicht in jeder Unterrichtseinheit können und sollen alle Grundakte verwendet werden; es kommt vielmehr darauf an, Varianz zu praktizieren und einen eigenen Rhythmus zu entwickeln: Auf Vermittlung für alle folgt Durcharbeitung durch Einzelne. Gruppen wenden sich unterschiedlichem Material zu, die Ergebnisse werden gemeinsam diskutiert und wiederum Gruppen bereiten eine Exkursion vor. Manche Lehrpersonen können neues Wissen so anschaulich darstellen, dass Schüler selbständig mit- und weiterdenken. Andere wiederum aktivieren durch produktive Aufgabenstellungen das Wissen der Schüler, um dann im Wechselgespräch die notwendigen Informationen nachzuliefern. Außerdem kennen wir viele Lehrer, die Vermittlung von Wissen durch Medien (vom Lehrbuch bis zum Programm auf CD-Rom) favorisieren und sich erst in der Phase der Auswertung ins Spiel bringen.

Handlungsphasen

Mit den Varianten im Ablauf von Unterrichtsstunden sind wir bei der dritten Ebene methodischer Reflexion: den Handlungsphasen in Zeit und Raum. Grob gesehen verläuft jede Stunde über die Stufen:

Abb. 6.1: Handlungsphasen

Dabei können die Phasen nach unterschiedlichen Prinzipien angelegt sein:
- vom Einfachen zum Komplexen
- vom Ganzen zum Einzelnen
- vom Beispiel zum System
- vom Anschaulichen zur Abstraktion

Stufung des Unterrichts?

Eine verbindliche Stufung von Unterricht wird es aber nicht geben – zu sehr variieren Stoff, Qualifikation der Schüler, Interessen der Lehrer. Hinzu kommt eine allgemeine Abneigung gegen standardisierte Führung beim Lehren und Lernen. Gleichwohl kann ich nicht leugnen, dass mir seit meiner ersten Lehrprobe das Stufenschema von Heinrich Roth (*Pädagogische Psychologie* 1957) Richtlinie für die Planung von Unterrichtsstunden geblieben ist. In dieser Einschätzung werde ich durch den Pädagogen Hilbert Meyer bestärkt, der Roths Theorie in *Unterrichts-*

methoden I (1988, 183ff.) ausführlich zitiert und ähnlich beurteilt. Der Vorteil dieser Stufentheorie ist vor allem, dass sie in jeder Phase die Neugier, Aktivität und Eigenverantwortung der Schüler zu stärken versucht. Weniger überzeugend ist, dass ROTH das Schema sowohl für die Lösung lebensweltlicher oder in schulischen Projekten gestellter Probleme als auch für den systemorientierten Lehrplan gelten lassen möchte. Bei der Darstellung des Schemas beschränken wir uns daher auf die Nennung der sechs Stufen zur Vermittlung systematischen Wissens und Könnens ohne seine Beispiele.

Stufen des Lehrens und Lernens:

1. **Motivation**
   Ein Lernprozess wird angestoßen, eine Aufgabe gestellt, das Interesse geweckt, Wissen aktualisiert.
2. **Schwierigkeiten**
   Widerstand gegen das Neue wächst, Schwierigkeiten entmutigen, Teillösungen werden gesucht, Probleme isoliert, Wege probiert.
3. **Lösung**
   Nehmen Widerstand oder gar Aggression gegen die Aufgaben zu, gibt die Lehrperson Hinweise zur Lösung; produktiver ist es, wenn Schüler (evtl. mit Partner oder in der Gruppe) den Weg selber entdecken. Auch aus Irrtümern wird gelernt.
4. **Tun und Ausführen**
   Der nunmehr festgelegte Lösungsweg wird gegangen, die notwendigen Arbeiten werden ausgeführt. Weitere Widerstände, Risiken, Enttäuschungen entstehen, werden aber überwunden. Neue Kompetenzen wachsen.
5. **Behalten und Einüben**
   Entweder noch im Unterricht oder als Hausaufgabe werden die Elemente der Lösung sowie die Methode als Ganze wiederholt und mit veränderter Aufgabenstellung angewendet. Wissen und Können sind angeeignet.
6. **Bereitstellen, Übertragung und Integration des Gelernten**
   Die erworbene Fähigkeit wird in neuen Situationen (z.B. Satzanalyse, Argumentation, Interpretation) angewendet. Transfer findet statt – nicht nur für Aufgaben der Schule, sondern auch für das Bestehen von Herausforderungen des Alltags; denn für das Leben lernen wir in der Schule.

U-Kurve des Unterrichts

Diese Phasenfolge des Unterrichts lässt sich kritisieren, weil sie eher als idealtypisches Konstrukt denn als konkreter Lehr- und Lernprozess anzusehen ist. Keine einzige Unterrichtsstunde wird in dieser Weise ablaufen. Es gilt aber auch umgekehrt: Jede Stunde folgt einzelnen Schritten der Stufung und lenkt die methodische Aufmerksamkeit auf noch zu Leistendes. Auch in neueren Lerntheorien wird das Sechs-Stufen-Modell bekräftigt, wobei die Phase der Schwierigkeiten besonders herausgestellt ist, weil nur durch sie Lernen und Bildung initiiert werden. KARMILLOFF-SMITH spricht von der „U-shaped developmental curve“ (1992), die JAKOB OSSNER für den Erwerb von expliziter Sprachbewusstheit übersetzt (in: WILLENBERG 2007, 137):

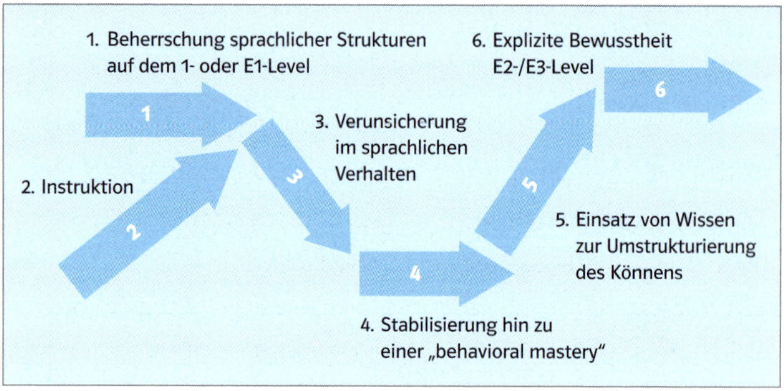

Abb. 6.2: Die U-Kurve des Lernens

Diese U-Kurve lässt sich auch auf die Schritte des Unterrichts anwenden. Erst in der Phase des „Behaltens und Einübens“ wird der Level des vorhandenen Wissens und Könnens überstiegen und auf ein höheres Niveau gehoben.

Szenen des Unterrichts

Das leitende Medium in allen Formen und Phasen von Unterricht ist die Sprache: Lehrer reden mit Schülern, die Schüler miteinander, sie schreiben für sich, sprechen mit den Eltern und diskutieren in der Öffentlichkeit. Nur im Fach Deutsch ist der Gegenstand zugleich Medium des Unterrichts; allein aus dieser Tatsache wächst seine besondere Bedeutung im Fächerkanon aller Stufen. In den Großformen der Methoden sind die Redeweisen des Unterrichts schon verborgen: referieren, Dialog führen, diskutieren, notieren, ausführen oder experimentieren. Verstehen wir die methodischen Grundformen als Akte, so die Reden und Gespräche als Szenen der Unterrichtsdramaturgie. Sie sind immer dialogisch angelegt: Lehrer fragen Schüler, die antworten oder sie fragen von sich aus, Schüler diskutieren miteinander oder vor Publikum. Selbst die Stillarbeit ist Teil des Unterrichtsgesprächs wie auch die selbständige Recherche, die in die Bearbeitung des Themas zurückgeführt wird oder die Selbstbildung für zukünftige Aufgaben bereichert. Wie bei Sprechakten folgt auf den initiativen Impuls stets eine reagierende Antwort, wobei die Initiative sowohl von den Lehrpersonen wie auch den Lernenden ausgehen kann. Oft genug ist die richtig gestellte Frage schon Ergebnis eines komplexen Lernprozesses, sodass nicht nur in den reagierenden Handlungen gelernt wird.

Methodische Sprechakte

Die Redeformen der Szenen des Unterrichts sind vielfältig, ihre Variation ist Ausdruck lebendiger und wirkungsvoller Bildungsprozesse (vgl. MEYER I, 119). Diese Kleinformen des Unterrichtsgesprächs nennen wir methodische Sprechakte und fassen sie in der Doppelstruktur von Impuls und Antwort:

Methodische Sprechakte	
referieren	verarbeiten, kritisieren, stören
Aufgaben stellen	lösen (z.B. aufschreiben, umschreiben, sammeln)
fragen	antworten, experimentieren
Fakten ermitteln, recherchieren	systematisieren, bewerten
These formulieren, behaupten	diskutieren
Beispiel geben	verallgemeinern, abstrahieren
Bild/Modell anschauen	erklären, kommentieren
Gesetzmäßigkeit/Regel aufstellen	anwenden
Texte lesen	interpretieren
analysieren	synthetisieren, gestalten
differenzieren	integrieren
vergessen	wiederholen
widersprechen	Kompromiss suchen, vermitteln
appellieren	schweigen, folgen
ermutigen, beurteilen	(sich) ändern, neu versuchen

Mischformen der Unterrichtsrede

Die 15 Sprechakte des Deutschunterrichts sind nicht vollständig und in der Aufzählung nicht trennscharf. Aus Reaktionen können Initiativen werden (und umgekehrt); sie sind auf andere Weise miteinander kombinierbar, aber sie sind ein erster Zugang zu den Mustern methodischen Sprechens und Handelns für die Förderung von Bildung und Erziehung. Sie bieten nicht nur eine Anregung für eigene Lehrversuche, sondern auch für die genaue Analyse von Unterrichtsprozessen und Profilen von Lehrerpersönlichkeiten.

3 Methodik i. e. S.

Methodische Grundformen

Grundformen und Sprechakte sind in den Fächern eingebunden in die Vermittlung konkreter Inhalte. Verfahrensfragen sind gegenüber Ziel- und Gegenstandsentscheidungen nachgeordnet; sie werden nach Gesichtspunkten von Zweckmäßigkeit, Plausibilität und Varianz eingesetzt. Verfahren, die der Vermittlung von Sprache, Literatur und Kultur in ihren

Medien dienen und die Grundformen, Abläufe und Akte in freier Variation verwenden, gibt es in unbegrenzter Zahl. Irgendwann erfindet jede Lehrperson eine neue Methode, entwickelt aber in jedem Fall ein eigenes Repertoire, das Akzente setzt. Solcherart Profilierungen helfen auch den Lernenden: zur Nachahmung oder als Anreiz für die Variation des Profils einer Methode. Nach Grad der Komplexität und Herkunft aus verschiedenen kulturellen Kontexten lassen sich drei Formen von Methoden für den Deutschunterricht unterscheiden; als Verfahren unterhalb der wissenschaftlichen Methoden bilden sie die Methodik im engen und eigentlichen Sinne:
a) operative Verfahren
b) Handlungskonzepte
c) propädeutische Methoden

a) Operative Verfahren

Proben als Verfahren

Im Unterricht werden vielerlei Arbeitsformen praktiziert, die in der langen Geschichte der Schule entstanden sind: das Extemporieren, Wiederholen, Aufsagen, Diktieren, Üben, Überprüfen etc. Außerhalb von Schule und Unterricht kommen solche Aktivitäten nicht vor. Sie dienen im Kern der Übung, Festigung und Anwendung des Gelernten. Die Tätigkeiten werden in didaktischen Diskursen im Zusammenhang von lehrerzentriertem Unterricht gesehen und nicht besonders hoch bewertet. Für die Vermittlung von Wissen und Können sind die Verfahren aber unverzichtbar – gerade für Schüler, die Schwierigkeiten haben. Neuere methodische Theorien sind daher bemüht, mehr als das schematische Lernen das Experimentieren in den Mittelpunkt zu rücken. Ein gutes Beispiel für operative Verfahren sind im Sprachunterricht die Glinzschen Proben. Die Experimente mit Umstell-, Ersatz-, Weglass- oder Klangproben fördern nicht nur auf aktive Weise das Nachdenken über Sprache und deren Leistungen, sondern auch die eigene Textproduktion. Ob die Proben aus künstlich erstellten Texten oder aus echten Situationen der Schüler stammen, ist eher zweitrangig (zur Diskussion: Hildegard Gornik in: Bredel 2, 817ff.). Überblicke über die Proben finden sich vor allem in Lehrerhandbüchern zu Lehrwerken, z.B. in *Praxis Sprache 7/8* (Ulrich 3, 41).

Clustering und Mind-Mapping

Operationale Verfahren gibt es auch in den anderen Lernbereichen des Deutschunterrichts, z.B. das Clustering oder Mind-Mapping im Zusammenhang von Wortfeldübungen oder der Phase der Konzeption von selbstgestalteten mündlichen oder schriftlichen Texten. Während die Cluster-Methode Assoziationen zu einem Kernwort hervorlockt, verbindet und ordnet, zielt das Mind-Mapping schon auf die Phase der Gliederung, indem sie sprachliche, grafische und bildliche Skizzen in einen sinnvollen Zusammenhang bringt. Das Hantieren mit Wörtern, Sätzen und Bildern wird zur Grundlage gedanklicher Arbeit.

Grammatik-Werkstatt

Wird dieser induktive Weg von der eigenen Spracherfahrung der Schüler, dem operativen Umgang mit dem Material und der systematischen Ordnung der Beobachtung konsequent gegangen, kommt man zum Konzept einer „Grammatik-Werkstatt" (Eisenberg und Menzel 1995); durchaus vergleichbar ist der Ansatz einer Sprechwerkstatt für die mündliche Kommunikation (Pabst-Weinschenk 2000). Wiederum steht der aktive Umgang mit Sprache im Mittelpunkt, der aber, den handlungstheoretischen Prämissen folgend, vor allem das Nachdenken und systematische Lernen befördern soll. Inwieweit die genauere Kenntnis einer Grammatik auch die Kompetenzen für die mündliche und schriftliche Textproduktion signifikant fördert, bleibt in der Diskussion umstritten.

Leseförderung

Auch im Leseunterricht werden vertraute Verfahren eingesetzt, um die Lektürekompetenz zu entwickeln. Cornelia Rosebrock und Daniel Nix (2008) erläutern Methoden einer systematischen Leseförderung, indem sie ihr Augenmerk besonders auf das Viertel der Schüler richten, das Schwierigkeiten beim Lesen hat. Die Einzelmaßnahmen des Unterrichts werden aus einem didaktischen Modell abgeleitet, das die Leseprozesse systematisch fasst. Demnach ist jede Leseleistung dreigeteilt zu denken: Der Leser/die Leserin ist kognitiv gefordert, die Zeichen zu entziffern und nutzt dabei Schritte der Verarbeitung, die in den Leistungstests seit PISA als Kompetenzstufen beschrieben werden. Danach versucht der Leser als Subjekt mit seinem Vorwissen, seiner Leistungsfähigkeit und dem Engagement erste Erklärungen und eine Deutung zu geben. Abschließend werden die Ergebnisse der eigenen Lektüre in den sozialen Kontext von Familie, Schule oder Peer-Group eingebracht und diskutiert.

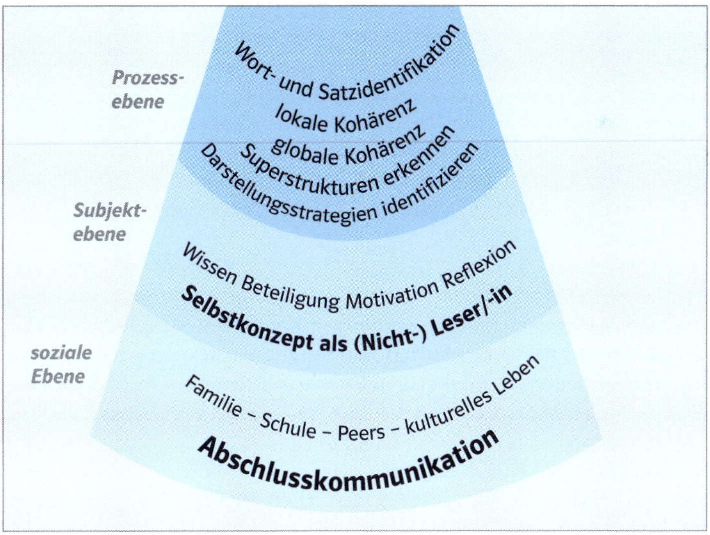

Abb. 6.3: Mehrebenenmodell des Lesens

Gleichzeitigkeit der Leseleistungen

Die Anregung für Verfahren der Leseübungen sowie der Entwicklung von Lernstrategien sind vielfältig und verweisen auf weiterführende didaktische Literatur. Dass, was im Kegel als nacheinander erscheint, immer gleichzeitig abläuft, wissen die Autoren; schon bei der ersten Wortidentifikation nutzen Schüler das Vorwissen und den sozialen Kontext. Aber es geht in den „Grundlagen der Lesedidaktik" zunächst um die systematische Beschreibung eines Prozesses, dessen Elemente sich klar identifizieren lassen. Daraus folgen variantenreiche Anregungen für Verfahren zur Förderung der definierten Anforderungen. Klare Systematik fördert Kompetenzen im Prozess: Das gilt für Didaktik wie für Unterricht.

b) Handlungsorientierung

Handeln und Denken

„Denken und Tun, Tun und Denken, das ist die Summe aller Weisheit (...). Wer sich zum Gesetz macht (...), das Tun am Denken, das Denken am Tun zu prüfen, der kann nicht irren, und irrt er, so wird er sich bald auf den rechten Weg zurückfinden", so ermutigt die Figur des Montan Wilhelm Meister in Goethes gleichnamigem Roman (*Wanderjahre* 2, Kap. 9, 263). Er spricht damit auch eine fundamentale methodische Einsicht aus, die er selber im Bergbaurevier praktiziert. Handeln und die kontinuierliche Reflexion, die wieder in Aktivitäten mündet, um erneut durchdacht zu werden, zumal Irrtum nie auszuschließen ist, sind komplementäre methodische Strategien, die Bildung fördern. Sie sind wieder neu ins Bewusstsein geraten, nachdem Anfang der siebziger Jahre mit Sprechakttheorie und Rezeptionsästhetik die Germanistik der Didaktik neue Argumente und Verfahren für eine Handlungsorientierung des Unterrichts geliefert hat. Bisher ist historisch kaum aufgearbeitet, wie die Pädagogik den Handlungsbegriff besetzt und mit eigenen Vorstellungen aufgeladen hat. In der Methodik der Allgemeinen Didaktik verbindet sich seither mit dem Terminus „Handlung" jede Utopie eines ganzheitlichen, schülerorientierten, mitbestimmten, offenen, verantwortungsvollen Unterrichts; er ist zur wohlfeilen Münze für alles Gute der Pädagogik verkommen.

Handlungsorientierung der Fachdidaktik

In den Fachdidaktiken der Sprachen hat er im Kern die Bedeutung bewahrt, die wirklich innovativ war und ist. Die Rezeptionstheorie etwa hat die Aufgaben, wie Texte systematisch oder historisch zu beschreiben sind und was sie bedeuten, zu der Frage verschoben, was mit ihnen getan werden kann. Diese Handlungsorientierung gewinnt im Kontext der Kompetenztheorie, die eher Fähigkeiten als Systeme des Wissens begründet, erneut erhöhtes Gewicht. Für uns sind daher Handlungen als Verfahren kultureller Praxis zu verstehen, durch die Schüler selbständig Ziele in Rede und Schrift erreichen.

Gemeint sind vor allem aus der Tradition der Artes liberales (freien Künste) gewachsene Formen künstlerischen Schaffens: Fabeln erfinden oder Gedichte schreiben. Deutlich ins Zentrum der Erziehung zu Rede und Schrift rücken Formen der Publizistik wie Reportage, Bericht, Nachricht, Leitartikel in pro-aut-contra oder steigernder Gliederung. Aus Psychologie und Soziologie stammen die Rollenübernahmen der Schüler, wenn sie die Perspektiven der Figuren übernehmen und selbst in ein Spiel verwandeln. Mit Anklage- und Verteidigungsreden werden Sprachformen aus dem Feld des Rechts, mit Werbung für ein gemeinsames kommunales Projekt oder mit Debatten solche aus der Politik verwendet. Auch einfache Formen wissenschaftlicher Arbeit (kommentieren, beschreiben, systematisch ordnen etc.) gehören dazu. Handlungen sind vor allem solche Aktivitäten, die in ihrer Komplexität unterhalb strenger wissenschaftlicher Methoden liegen, aber doch der Verständigung, der Reflexion von grundsätzlichen Problemen, dem mehr oder minder anspruchsvollen Spiel der Künste und der Selbstwerdung dienen.

Rezeptionshandlungen

Für den Literaturunterricht habe ich mit dem Konzept einer Rezeptionspragmatik (1974/1978) den Weg zum handelnden Umgang mit Texten konsequent beschritten, der nach 1980 zum dominanten Paradigma wurde. Der aktive Zugang zur Literatur und das ästhetische Lernen werden durch Formen **produktiver Rezeption** gefördert, die aus dem Umgang mit Kunst vertraut sind und eine unmittelbare Begegnung mit dem Werk herausfordern. Schüler antworten auf Kunst mit künstlerischen Mitteln. In meinen didaktischen Kommentaren, curricularen Entwürfen und Lesebuch-Kapiteln (Lektüre 1995ff.) finden sich u.a. folgende Rezeptionshandlungen begründet:

- Geschichten zu Ende erzählen
- Ausgespartes ausgestalten
- aus veränderter Perspektive darstellen
- eigene Erlebnisse aus Anlass des Gelesenen gestalten
- sich an früher Gelesenes erinnern
- Assoziationen spielen lassen
- Parallelformen finden
- den Stoff in ein neues Medium umschreiben
- Erinnerungen notieren
- Erwachsene befragen
- Sammlungen zusammenstellen
- Gedankenexperimente ausführen
- literarische Modelle in die eigene Lebenswelt übersetzen und umgekehrt: eigene Erfahrungen an literarisch gestaltete Vorgänge anbinden

Synthetik der Methoden

Die Rezeptionshandlungen haben sich mit vertrauten Methoden verbunden, die sich insofern als synthetisch bezeichnen lassen, als der Zugang ganzheitlich und produktiv ist. Dabei kann sich das Werk der Schüler vom Ausgangstext lösen und zum Ausdruck ihrer eigenen Erfahrungen, Phantasien, Gedanken in Geschichten, Gedichten, Sammlungen, Projektmappen, szenischen Darstellungen werden. In der Regel aber werden die Formen produktiver Rezeption in der Weise in Verstehensprozesse eingebunden, dass sie zum Thema führen, die Deutungsperspektive öffnen, Erfahrungen aktivieren, Aussagen auf die eigene Lebenswelt anwenden, Perspektiven brechen, Wahrnehmungen ermöglichen und Hypothesen prüfen. Produktive Lektüre lenkt die Deutung und sichert den Anwendungsbezug. Die ganz verschiedenen Arten des Umgangs mit Texten ein wenig systematischer zu fassen, gelingt am ehesten, wenn die Grade der Veränderung der literarischen Vorlage zum Indikator gemacht werden (etwa bei BREMERICH-VOS 1987). In meinem Konzept finde ich vier verschiedene Typen von Rezeptionshandlungen:

1. Text darstellen, rezitieren, illustrieren
2. verändern, umschreiben, Perspektive, Gattung oder Medien wechseln, Lücken füllen
3. über Texte schreiben: rezensieren, bewerben, kommentieren, Lesetagebuch führen, eigene Erfahrungen artikulieren, Sammlungen (z.B. nach Motiven) anlegen
4. in der Handlung/dem Bild mitspielen: als Briefschreiber, Akteur, Regisseur, epischer Erzähler

Produktive Rezeption als Methode

Mit der Durchsetzung der produktiven Rezeption ist es spätestens Anfang der achtziger Jahre gelungen, das geltende Monopol kritischer Lektüre zu brechen und Identifikation als Textzugang wieder zu fördern. In der Annahme der Kritischen Theorie ist der unmittelbare Zugang immer geprägt von falschem Bewusstsein (s. KREFT 1977, 379) und daher schnell zu korrigieren. Für die Hermeneutik hingegen ist Identifikation die notwendige Bedingung, um mit dem künstlerischen Werk ins Gespräch zu kommen, sich mit den Ansichten der Erzähler und Figuren auseinanderzusetzen, Verständnis für das Handeln und die Entscheidungen zu entwickeln und sich vom Glück und Leid anrühren zu lassen. Wer gelernt hat, Mitleid mit fiktiven Figuren zu empfinden, wird diese Empathie auch im alltäglichen Leben zeigen. Unmittelbarer Zugang zur Literatur, den die Formen produktiver Rezeption fördern, ist für eine ganzheitliche Bildung unverzichtbar.

Anthropologie

Um identifikatorische Lektüre und Mitleiderregung zu fördern, war es auch konsequent, solche Literatur auszuwählen, in der menschliche Angelegenheiten verhandelt werden. So wurde der Schwerpunkt der Kanon-Auswahl von den großen sozialgeschichtlichen Themen (Krieg und Frieden, Freiheit und Gesetz, Überwachen und Strafen, Herrschen und Mitbestimmen) zu den anthropologischen Grundfragen der Menschen, der jungen allemal, verschoben: Liebe, Leben in den Altersstufen bis zum Tod, Streben und Gewalt (MÜLLER-MICHAELS 1998). Der Zusammenhang zwischen Anthropologie und Rezeptionsästhetik ist evident, aber nicht in jeder Übernahme der Theoriebausteine verstanden worden. Wenn die Schüler erfahren haben, auf welche Weise Literatur mit ihrem Leben zu tun hat, dann sind sie vorbereitet, die großen sozialen Probleme in der Kunst für sich zu entdecken, für die Schärfung des eigenen

Problembewusstseins zu nutzen und die Lösungen auf der Ebene der Entstehungszeit sowie der der jeweiligen Gegenwart zu diskutieren.

c) **Propädeutische Methoden**

Im Vorfeld der wissenschaftlichen Methoden

Mit den Operationen und Handlungen im eigensprachlichen Unterricht bewegen wir uns schon im Vorraum wissenschaftlicher Methoden. Der tätige Umgang mit Sprache und Literatur steht im Kontext von Modellen und Methoden des Erklärens und Verstehens, denn die Umstellprobe bereitet z.B. auf eine Syntax-Theorie vor oder ein gestalteter Perspektivenwechsel (z.B. vom Ich- zum Er-Erzähler) mündet in die Erläuterung der Erzähltheorie.

Beispiel der Erzählanalyse

Unmittelbar zu den wissenschaftlichen Verfahren führt die Verwendung von Begriffen und Modellen der Linguistik und Literaturwissenschaft. Bei der **Analyse** von Texten kommen u.a. folgende Kategorien der Beschreibung in den Blick:

- Erzähler, seine Perspektive und Interessen bestimmen
- Figuren charakterisieren
- Raum und Zeit benennen
- Gliederung versuchen
- Handlung nacherzählen
- Elemente des Komischen nachweisen
- Gedichtform beschreiben
- sprachliche Merkmale erläutern
- Versmaß und Rhythmus überprüfen
- Motive, Metaphern vergleichen
- Dialogstrukturen entdecken
- Ursachen von Spannungen ergründen
- Modelle erklären
- historischen Ort ermitteln
- Aktualität verteidigen oder verwerfen
- Anlässe und Absichten für literarische Äußerungen rekonstruieren
- Mittel elektronischer Medien aufzeigen
- Wertungen begründen

Spirale des Verstehens

Die Kategorien der Literaturanalyse sollten aber nicht nur zur einfachen Beschreibung von Texten verwendet, sondern für mehr oder minder komplexe Verstehensprozesse genutzt werden. In einem Grundkurs der Jahrgangsstufe 12 haben wir aus den während der Schulzeit gesammelten Aspekten eine einfache hermeneutische Spirale entwickelt, die gerade für die Standardisierung von Lernprozessen neue Aktualität gewinnen kann. So bauen offensichtlich die Beschreibungen von Kompetenzstufen in jüngster Zeit auf diesem Verstehensmodell auf (SPINNER 2006, KAMMLER 2006). Die Versuche einer Deutung beginnen mit der Artikulation eines Vorverständnisses, eines ersten Eindrucks oder eines Deutungsansatzes, vielleicht auch einer Abwehr, sich einzulassen, werden fortgesetzt mit der

Suche nach Befunden in genauer Analyse mit Hilfe der einschlägigen Kategorien und münden schließlich in einer Gesamtinterpretation, bei der Widersprüche stehen bleiben sollten und für eine kritische Bewertung benutzt werden können.

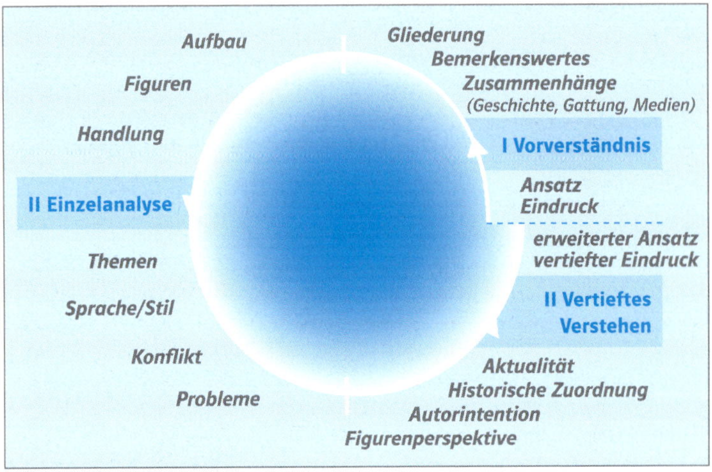

Abb. 6.4: Spirale des Verstehens

Werden die analytischen Schritte stärker mit Erwartungen, Erfahrungen und Assoziationen der Rezipienten verbunden und zielen eher auf ganzheitliches Verstehen denn auf Detailbeobachtungen, sprechen wir von **synthetischer Interpretation**. Auch wenn der Literaturwissenschaftler JOST HERMAND den Begriff früh für eine gesellschaftskritische Gesamtschau auf die Texte besetzt hat, ist es sinnvoll, ihn im didaktischen Kontext als komplementär zu **analytischer Deutung** zu verwenden. Zwar wird für den deutlich identifikatorischen statt kritischen Zugang zur Literatur, in Analogie zu den produktionsorientierten Verfahren, häufiger von „produktiver Interpretation" gesprochen, aber zum einen ist das ein Pleonasmus und zum anderen wird die Komplementarität der Deutungswege nicht so recht deutlich. V.a. in den Phasen vor und nach der Auslegung regen Rezeptionshandlungen die Begegnung oder Konfrontation mit den Texten an: Assoziationen zum Titel, Fortdenken der Exposition, Mutmaßungen über Alternativen des Handlungsverlaufs, Personenkonstellationen, Differenz der Erfahrungen etc. Die Schüler als Leser lassen sich ein auf den Text, beginnen in seiner Logik zu denken und die Situationen in Text und eigener Gegenwart zu vergleichen. In dieser Phase der Wahrnehmung lassen die Leser den Text unmittelbar wirken, zeigen sich bewegt (movere!) und antworten mit einem eigenen Text auf die Herausforderung. Der direkte Zugang lenkt manchmal schon zur These, die den Deutungsversuch steuert.

Applikation

Nach der Entfaltung des Vorverständnisses und der Auslegung wird in der dritten Phase, der Applikation, nach dem Erkenntniswert der Aussagen, Bilder und Modelle des Lebens gefragt, z.B.:

- Lassen sich die Erfahrungen noch heute machen?
- Kann die Figur ein Leitbild sein?
- Erzähle eine eigene Geschichte zu der Aussage/Sentenz.
- Schreibe einen Brief an die Person XY des Romans.
- Was müsste sich ändern, um Glück zu ermöglichen?

Die Fragen und Aufgaben machen deutlich, dass es niemals um identische Erfahrungen gehen kann, denn Kunst ist auf doppelte Weise verfremdet: über die historische Distanz und die literarische Form. Erst die Differenzen öffnen Horizonte für neue Erfahrungen und beschränken sich nicht auf die Bekräftigung der vertrauten.

Leben verstehen

Wer auf diesem Weg Verständnis für Situationen, Mitleid mit Figuren und Begründungen für Ursachen von Katastrophen entwickelt, wird Deutung mehr als die Sinnzuschreibung für ein literarisches Werk begreifen; sie wird ein Beispiel für menschliches Verständnis im eigenen Leben. Wer literarische Werke zu verstehen gelernt hat, hat mehr verstanden als Literatur.

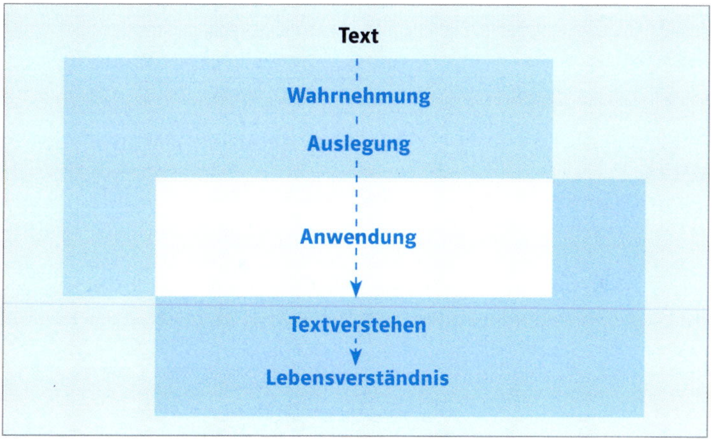

Abb. 6.5: Verstehensprozess

Andere Methoden der Literaturinterpretation

Neben den methodischen Wegen der Hermeneutik in der eher analytischen oder eher gestaltenden Interpretation gibt es andere Verfahren für das Erklären von Literatur. Empfohlen und durch Beispiele plausibilisiert sind vor allem Methoden der Psychoanalyse und Diskurstheorien. Psychoanalytische Verfahren sind bei Texten geeignet, in denen es um das Verdrängte, das Unheimliche, das Unfassbare geht, z.B. im Fall von Traum und Trauma (vgl. das Heft über „Träume“: *DE* 6/2001). Unter dem Stichwort „Poststrukturalismus“ wurden diskursanalytische Methoden vor allem mit der Absicht erläutert, eine (bewusst verengte) Vorstellung von Hermeneutik zu kritisieren (Förster in: Bogdal u.a., 231ff.). Demnach seien hermeneutische Verfahren immer darauf aus, Sinn zu ermitteln, ihn fortzuschreiben, dem Horizont zu verfallen, der dringend der Kritik bedarf, nach der Intention des Autors zu fragen und Machtverhältnisse unhinterfragt zu stabilisieren.

Kritik der postmodernen Theorien

Diese Kritik ist nicht haltbar, weil gerade die produktiven Zugänge zur Kunst Differenzen in den Deutungsansätzen erzeugen, die von Schülern auch durchgehalten werden: Innstetten als die eigentlich tragische Figur in Fontanes *Effi Briest* zu verstehen, *Faust I* von der Faszination des Bösen aus anzugehen oder Kafkas Urteil vom Skandal des Strafens aus. Gleichwohl können von den diskursanalytischen Verfahren Anregungen für den Unterricht ausgehen: den Text konsequent als autonom anzusehen, ihn vom Leben des Autors zu trennen, das „Spiel der Signifikanten" nachzuzeichnen und damit die ständige Verschiebung von Sinn und Bedeutung, sich nicht nur analytisch, sondern künstlerisch im Textgefüge zu bewegen, den Deutungsansatz immer neu zu hinterfragen und zu revidieren, die Diskurse zu untersuchen, die auf Eindeutigkeit aus waren und sind. Die Methode ist besonders für hermetische Texte geeignet (z.B. Rilke, Kafka, Celan), bei denen das unabschließbare Spiel mit Deutungen ertragreicher ist als vorschnelle Sinnfestlegung. Sie kann aber immer nur eine Ergänzung zu hermeneutischen Verfahren sein, weil andernfalls die Arbeit in der Schule wieder auf rationale und kritische Verfahren verkürzt würde, die unmittelbare Zugänge versperrt, ästhetische Erfahrung durch Diskurse ersetzt und damit ganzheitliche Bildung behindert. Diskursanalyse bedarf genau genommen nicht der Kunst, sie kann aber hin und wieder helfen, das Formenspiel der Literatur besser zu verstehen. Sollen Varianten der Interpretation geübt werden, ist es sinnvoll, an die vielfältigen Wirkungen von Kunst und die Begegnungen mit ihr zu erinnern, wie Thomas Zabka (DD 15/2003, 18ff.) vorgeschlagen hat. Ausgehend von den dominanten Funktionen der Kunst unterscheidet er vier Formen der Deutung:

1. Expressives Interpretieren als unmittelbare Rezeption oder Darstellung von Kunst.
2. Behauptendes Interpretieren als eine feststellende Deutung über den Gegenstand.
3. Erklärendes Interpretieren, durch das allgemeines Kontextwissen auf Einzelheiten sowie auf das Ganze des Werks nachvollziehbar bezogen wird.
4. Erörterndes Interpretieren, durch das verschiedene Verstehensmöglichkeiten diskursiv gegeneinander abgewogen werden; Mehrfachdeutungen bleiben möglich.

Die einmal eher ästhetischen, dann primär diskursiven Zugänge erinnern an die von mir vorgeschlagene Unterscheidung von analytischer und synthetischer Interpretation. Nur die zweite Methode sichert den Kunstcharakter der Werke in den Akten des Verstehens, auch wenn beide Formen gleichermaßen geübt werden müssen.

4 Projekte

Lernen aus Verfahren

Jeder erfolgreiche systematische Unterricht mündet in Versuche der Anwendung des Gelernten, der Aneignung des Wissens und Könnens als Gewinn von zusätzlichen Kompetenzen sowie in die Frage nach dem Sitz der Erkenntnisse im Leben. Verläuft der Lernplan umgekehrt und beginnt mit aktuellen oder wiederkehrenden Fragen der Gegenwart in der Gesellschaft, dann sprechen wir von der problemorientierten Methode. Sie wird realisiert in Konzepten des Gesamt-, Epochal-, fächerverbindenden oder fächerübergreifenden Unterrichts (vgl. PETERSSEN 2000). Wir fassen all diese Formen eines Praxiskonzepts, das von Lebensfragen statt von Wissensfeldern ausgeht, unter dem Begriff der Projektmethode zusammen. Dabei ist selbstverständlich, dass Problem- und Systemorientierung keine Gegensätze sind, sondern sich sinnvoll ergänzen. Auch in den Projektunterricht sind Phasen des systematischen Lernens eingebaut, ohne die keine Lösung der Fragestellungen erreicht wird.

Projektmethode

„Das Wort Projekt ist vielleicht der letzte Ankömmling, der an die Tür der pädagogischen Terminologie klopft, um hereingelassen zu werden." Mit diesen Worten eröffnete im September 1918 WILLIAM H. KILPATRICK (1871–1965) seine Ausführungen über die *Projektmethode. Die Anwendung des zweckvollen Handelns im pädagogischen Prozeß*. Er bezeichnet damit zugleich einen Begriff, der im 20. Jahrhundert als Neuerung gegen die herrschende pädagogische Praxis ins Feld geführt wurde, wenn diese Praxis in Wissensanhäufung, Lehrerzentrierung, Fächerabgrenzung, Lehrbuchdominanz oder Lebensferne des Stoffes bestand. So hat der Begriff immer wieder an die Tür der pädagogischen Terminologie geklopft und ist auch hereingelassen worden. KILPATRICK hatte das Projekt als „planvolles Handeln aus ganzem Herzen" näher bestimmt, wobei das Wort „Plan" ein besonderes Gewicht erhält und den Gebrauch des Wortes „Pro-jekt" (iactus), der Ausführung von etwas Vorentworfenem, rechtfertigt. Zwar ist der Projekt-Gedanke, wie die Beispiele zeigen, aus den Bedürfnissen der Landschulen und der landwirtschaftlichen Berufsschulen in den USA entstanden, ist aber alsbald in die Arbeitsschulbewegung in Deutschland und schließlich, nach 1970, in die Gesamtschultheorie und Wissenschaftsdidaktik gewandert. Als dritte Quelle für die Verwendung des Handlungsbegriffs ist also die Erziehungswissenschaft auf der Suche nach alternativen Organisationsstrukturen für den Unterricht auszumachen. Handeln in Projekten wird zu einer modernen Form selbstbestimmten, planvollen und fächerübergreifenden Lernens.

Problemorientierung

Meines Wissens war es Hartmut v. Hentig, der den Projektgedanken im Zusammenhang mit der Neugestaltung der gymnasialen Oberstufe wieder zur Tür hineingeschoben hat. Zwei Wege sah er für die Stoffbegrenzung:

- „Entweder man wählt die Sachbereiche, die einem am bedeutendsten erscheinen und lernt an ihnen die für sie besonders zuständigen Verfahren
- oder man wählt die Verfahren aus, die zur geistigen Bewältigung der Wirklichkeit am nötigsten sind, und lernt an ihnen die Sachgebiete, die durch sie am besten zugänglich werden.“ (Hentig 1973, 326)

Während sich etwa Flitner für die erste Lösung entschied, plädiert von Hentig für die zweite. Bei der Erläuterung der Verfahren für einen Gesamtunterricht werden wesentliche Bestimmungen des Projekts als neue Organisationsform sichtbar:

- Problemorientierung des Lernens anstelle von Systemorientierung
- interdisziplinäre statt einzeldisziplinäre Fragestellungen
- kooperatives und arbeitsteiliges Vorgehen statt Einzelarbeit
- selbstbestimmtes Tun statt Übung von Lösungsmustern

Aus solchen Einzelelementen lässt sich diese Definition ableiten:

DEFINITION

Projekte sind Unterrichtseinheiten, in denen praxisrelevante Probleme aktiv und kooperativ mit Hilfe wissenschaftlicher Erkenntnisse von einer Lerngruppe gelöst werden, sodass mit den Kenntnissen zugleich Problemlösungsmethoden erworben werden.

Ernstfall Projekt

Im Gefolge der allgemeinen Diskussion wanderte der Projektgedanke auch in den Deutschunterricht. Lernen durch Erfahrung anstelle von Lernen durch Wissensvermittlung sollte das neue Ziel auch in den Fächern sein. Am konsequentesten wurde der Projektgedanke im 700-seitigen Lüneburger Folgekurs für Deutschlehrer: *Didaktik und Methodik der sprachlichen Kommunikation. Begründung und Beschreibung des projektorientierten Deutschunterrichts* (1975) für unser Fach umgesetzt:

> „Das projekt gilt der erreichung eines konkreten ziels in der gesellschaftlichen wirklichkeit: der beschaffung eines spielplatzes, der einrichtung einer klassenbücherei, der herstellung einer klassenzeitung, der herbeiführung eines konferenzbeschlusses über die veränderung der hausaufgaben. Die in projekten organisierte tätigkeit der schüler ist auf ein praktisches ergebnis gerichtet.“ (Behr u.a. 1975, 69)

Handeln im Sinne des Projektgedankens ist Problemlösung mit Ernstfallcharakter. Drei Typen von Projekten werden unterschieden:

- **Veränderungsprojekte**, z.B. zu versuchen, interessierende Unterrichtsinhalte durchzusetzen, Benachteiligten zu helfen.
- **Forschungsprojekte**, z.B. Gründe für Schulunlust, Soziolekte der Altersgruppe, Freizeitverhalten erforschen.

- **Kontakt- und Unterhaltungsprojekte**, z.B. Klassenfeste vorbereiten, Vorlesebuch machen, Schulzeitung erstellen.

Kritik des Projektunterrichts

Auch wenn sich die Fragen des Lebens nur schwer systematisch fassen lassen, geben die drei Projekttypen dominante Zielrichtungen der gemeinsamen Vorhaben an. Die Beispiele selbst verraten die Probleme vom Anfang der siebziger Jahre und wären weitgehend neu zu fassen. Höchst problematisch ist die Orientierung an Problemen, die durch die Schule selber entstehen. Auch im Projektunterricht sollte es eher um Fragen der Zukunft der jungen Menschen als um gegenwärtige Probleme gehen. Wenn Schule nur noch Fragen behandelt, die sie selber aufwirft, sollte man sie besser abschaffen und wieder, wie die Lehrlinge, im Leben selber lernen. Schule ist eine Institution, in der, frei von den Zwängen gesellschaftlichen Alltags, Wissen ohne unmittelbare Verwertung erworben und mit Lösungen experimentiert werden kann, die Zukunft bewältigen helfen; denn für das Leben, nicht für die Schule lernen wir. In seiner ursprünglichen Bedeutung hat „Scola“ einmal „Muße“ geheißen.

Themenwahl

Nimmt man die Idee der Projektmethode ernst, so widerspricht jede Empfehlung für eine Themenwahl dem Grundgedanken, dass die Problemstellungen aus den aktuellen Fragen, Erfahrungen oder konkreten gesellschaftlichen Debatten erwachsen sollten. Gleichwohl gibt es wiederkehrende Probleme, mit denen umzugehen jede Generation neu lernen muss. Außerdem sind die Fragen von unterschiedlicher Reichweite und Komplexität: Viele sind in den Fächern oder mit den Fächerkombinationen der jeweiligen Lehrperson, manche im fächerverbindenden Unterricht über einen überschaubaren Zeitabschnitt hinweg (z.B. eine Projektwoche für einen Jahrgang) und einzelne als längerfristig angelegte Vorhaben einer Jahrgangsstufe zu behandeln, bei denen der Fachunterricht durch einen Gesamtunterricht über einen längeren Zeitraum hinweg ersetzt wird.

Beispielprojekte

Vom muttersprachlichen Unterricht aus, der ohnehin bei der größten Zahl der Projekte mit der Sprache der Verständigung eine zentrale Rolle einnimmt, lassen sich folgende Beispiele nennen:
Unterrichtseinheit (4–12 Stunden): zu Problemen des Alltags; bevorzugt werden anthropologische Kernthemen wie z.B. Liebe, Familie, Arbeit, Klima, Wohnen, Kultur, Konflikte, Traum, Tabu (vgl. die Themenvorschläge der Fachzeitschriften).
Quartalthemen: als stärker vernetzte Problemstellungen, die bis zu einem Vierteljahr im Mittelpunkt stehen und möglichst viele Fachfragen berühren, wie z.B.:

- Lesen oder Sehen? Freizeit zwischen Lektüre, Theater, Fernsehen und Internet – Statistik, Leistungen, Erfahrungen
- Gerechtigkeit – soziales Leben zwischen Recht und Moral (vgl. *DE* 5/2007)

- Orte – des Lebens, der Erinnerung, der Phantasie, der Kultur, des Bösen etc. (vgl. *DE* 6/2006).

Epochenschwerpunkt: für ein komplexes Vorhaben, das Unterricht über einen längeren Zeitabschnitt bestimmt und zu einem späteren Zeitpunkt wieder aufgenommen werden kann. Den Fachunterricht für mehrere Wochen durch große Themen aufzugeben ist nur vertretbar, wenn der Gewinn an Kompetenzen so erheblich ist, dass sich am Ende Erfolg, Erschöpfung und Zufriedenheit einstellen. Dann allerdings wird auch sichtbar, dass problematisches Lernen der Artikulation und Lösung komplexer Probleme dient, die am Anfang und Ende allen Forschens stehen, z.B.:

- Jung und Alt – Generationen: Abfolge, Gemeinsamkeiten, Autonomie und Heteronomie der Kohorten, Alimentationen, Hierarchien, Konflikte, Desaster
- Stadtteil – Geschichte, Kultur, Wohnen, Arbeiten, Haushalt, Zukunft
- Energie – zwischen Semantik und Technik: menschliche Kraft, Ressourcen, Gewinnung, Technik, Gefahren, Kosten, Debatten, Erzählungen, Perspektiven

Erfahrung mit Projektunterricht

In jeder Schule gibt es bei allen Lehrpersonen wichtige Erfahrungen in der Planung und Durchführung von Projekten, über die wir alle mehr wissen müssten (vgl. FRITZSCHE u.a. 1992). Es sind nicht nur Dokumente gelingenden (oder scheiternden) Deutschunterrichts, sondern vor allem Exempel für das Zusammenspiel von problematischem und systematischem Lernen, das auch die Wissenschaften antreibt. Auch wenn jedes Projekt von der ersten Fragestellung bis zu einer vorläufigen Lösung oder dem Abschluss anders verlaufen muss, gibt es einen prototypischen Weg mit durchaus vergleichbaren Stationen. Der Pädagoge KARL FREY hat ein sehr engagiertes und verbreitetes Buch über die Projektmethode vorgelegt, das zwar die Ergebnisse fachdidaktischer Studien nicht immer souverän überblickt, aber allgemeindidaktisch zuverlässig informiert. Obwohl er den Widerspruch zwischen der offenen Methode und einem schematischen Ablauf sieht, stellt er ein Grundmuster von Projektverläufen vor, das an manchen Punkten an die Methode von HEINRICH ROTH erinnert, der Problemlösungen in sein System einbezogen hatte (FREY 2007, 77).
Stärker noch als in systematischen Lehrgängen ist Projektarbeit darauf angewiesen, sich gemeinsam laufend über Ziele, einzelne Schritte, Revisionen des Plans, notwendige Recherchen und Reichweite der (Zwischen-) Ergebnisse zu verständigen. Das soll bei FREY unter den Komponenten „Fixpunkte“ und „Metainteraktionen“ geschehen. Die Projektmethode schafft kontinuierlich Situationen für verständigungsbezogenes Sprechen und damit ein humanes Lernklima, das verlangsamte Wege und Irrtümer mehr als kompensiert.

5 Methoden der Wissenschaften

Wissenschaftsmethodische Bildung

Ziel eines Schulkonzepts, das möglichst viele Jugendliche eines Jahrgangs zur Hochschulreife bringen möchte, muss es sein, sie früh und konsequent mit Prinzipien und Verfahren der Wissenschaften vertraut zu machen. Im Unterschied zu den weniger komplexen Aufgaben des Deutschunterrichts (z.B. Erwerb der Lese- und Rechtschreibkompetenz) sind Untersuchungen zur Vermittlung von Methodologie in der Didaktik höchst selten. Bei der Beschreibung der Lernbereiche (s. Kap. 3), der Erläuterung der Verfahren der Wissenschaftspropädeutik und in meinen eigenen Versuchen (*Deutschkurse*, 1987/1994) haben sich folgende Schwerpunkte einer wissenschaftsmethodischen Bildung als produktiv erwiesen:

- Historisches Verstehen mit Beispielen der Sprach- und Literaturgeschichte. Im Unterschied zu didaktischen Versuchen ist philologische Kommentierung und Deutung durch Absehen von der Gegenwart und den eigenen Interessen der Interpreten gekennzeichnet.
- Modelle der Linguistik (z.B. Dependenzgrammatik) und Methoden der Beschreibung (z.B. Jugendsprache).
- Methoden der Interpretation von Literatur: Hermeneutik und andere Verfahren (sozialgeschichtliches Kontextuieren, Diskurstheorie etc.).
- Traumdeutungen und Psychoanalyse (z.B. bei Mythen-Interpretationen, dem Unheimlichen oder Traumatischen).
- Rechtsfälle in der Literatur und vor Gericht: Normen des Rechts und Auslegung der Gesetze.
- Empirische Erhebungen, etwa zu Leseinteressen und/oder Mediengebrauch in der Altersstufe.

Deutschunterricht und allgemeine Bildung

Die ausgewählten Beispiele lassen unmittelbar einsichtig werden, dass der eigensprachliche Unterricht den Auftrag für eine allgemeine Bildung hat, die auf jedes Studium vorbereitet und nicht etwa auf Germanistik oder Publizistik alleine. Wenn der Deutschunterricht dieser Verpflichtung nachkommt, ist es unnötig, die Disziplinen der Wissenschaften als Fächer der Schule zu etablieren. Es ist die Aufgabe der Freien Künste und Wissenschaften, auf das Studium der vielen verschiedenen Disziplinen vorzubereiten. Eine Schule, die die methodische Grundbildung sichert, trägt Sorge dafür, dass Studierende nicht schon am Anfang des Studiums überfordert sind und abbrechen. **Ars** und **Scientia** zugleich zu sein, ist die besondere Chance jeden eigensprachlichen Unterrichts.

6 Zusammenfassung

Wie gestalte ich den Unterricht? Das ist die zentrale Frage jeder Unterrichtsplanung, wenn über die Inhalte entschieden ist. Methodische Bildung kann aber auch selbst zum Ziel des Lehrens und Lernens werden, wenn Kompetenzen des Gestaltens, Analysierens und Urteilens entwickelt werden sollen.

Wege des Lehrens und Lernens

Entsprechend der Grundkonzepte der Sequenzierung werden Verfahren im problem- wie systemorientierten Unterricht unterschieden. Die favorisierten Formen sind: freie Vorhaben und Projekte im problematischen sowie Lehrgänge und Wissenschaftspropädeutik im systematischen Konzept. Mit den Inszenierungen im Klassenraum lässt sich von einer Dramaturgie des Unterrichts sprechen: Personen mit ihrem Rollenverständnis behandeln ein Thema in geplanten Stufen mit unvorhersehbaren Schwierigkeiten oder Konflikten bis zu einem erwarteten oder überraschenden Ziel. Die drei Elemente der Inszenierung von Unterricht: Grundakte (vom Vortrag bis zur Exkursion), Phasen der Vermittlung (von der Motivation zum Transfer des Gelernten) und methodische Sprechakte (vom Aufgaben Stellen bis erneut Versuchen) schaffen in ihrer Kombination eine Vielfalt von anregenden Lernsituationen.
Im Deutschunterricht haben sich Verfahren herausgebildet, mit deren Hilfe Gelerntes geübt, Entdeckungen gemacht, Wissen geordnet und bewertet werden kann. Die Methodik i.e.S. nutzt vor allem die drei Varianten: operative Verfahren, Handlungsformen und propädeutische Zugänge für den Erwerb sowie den Gebrauch des Wissens und Könnens.
Während in Lehrgängen Akte, Stufen und Verfahren der Vermittlung vorab festgelegt sind, werden sie in Projekten im Verlauf gemeinsam bestimmt: Learning by Doing. Der Einsatz der Projektmethode ist der immer neue Versuch, den lehrerzentrierten, standardisierten Unterricht durch schülerzentrierte, offene Lernformen abzulösen. Mehr als sinnvolle und notwendige Ergänzung kann die Methode aber nicht sein.
In einer allgemeinbildenden Schule, die Kinder zu intelligenten Fragen anregen und Jugendliche zur Hochschulreife führen will, müssen auch Forschungsmethoden eingeführt werden. Es geht um rational gesteuerte, in jedem Schritt nachvollziehbare, von Zweifel getragene und durch Bekräftigung einer Hypothese ergebnisoffene Verfahren, die wiederum neue Fragen auslösen. Zwischen empirischen Untersuchungen und hermeneutischen Interpretationen sind einige Methoden vermittelbar, die auf das Studium generell und nicht nur auf das eines Faches vorbereiten.

7 Fragen und Aufgaben

1. Dramaturgie des Unterrichts? Erläutern Sie Parallelen von Drama und Methodik.
2. Definieren Sie den Begriff Methode und erläutern Sie zwei typische Verfahren für den Deutschunterricht.
3. Grundakte, Handlungsphasen und Sprechakte von Lehrgängen: Erläutern Sie je ein für Sie wichtiges Beispiel.

4. Erläutern Sie eines der vier genannten Prinzipien für die Entwicklung von curricularen Einheiten, indem Sie auf ein selbst gewähltes Beispiel eingehen.
5. Experimente mit Sprache: Was leisten operative Verfahren?
6. Rezeptionshandlungen: Erläutern Sie zwei Wege, die Sie für besonders produktiv halten.
7. Kommentieren Sie die Spirale des Verstehens, indem Sie zwei besonders wichtige Schritte für die Bedeutungssuche auswählen und eine Lücke füllen, die für den Kompetenzerwerb ebenfalls nötig wäre.
8. Nennen Sie ein Projektthema sowie einige Stufen mutmaßlicher Lösungsschritte.
9. Suchen Sie eine Fragestellung, zu deren Bearbeitung sich eine Forschungsmethode eignet. Denken Sie dabei auch an das Experiment mit der Kinderuniversität.

1 Leistungen beurteilen

Routine

Beurteilungen und Benotungen gehören zum Alltagshandeln der Lehrerinnen und Lehrer, die keiner besonderen Aufmerksamkeit bedürfen. Sie scheinen auch keine außergewöhnlichen psychischen Belastungen darzustellen, wenn man Äußerungen in Lehrerzimmern glauben darf. Selbst jüngere Lehrer, die angeben, in ihrer Ausbildung wenig bis gar nichts über die Beurteilungspraxis erfahren zu haben, entwickeln für sich ein System von Benotung, das ihnen plausibel erscheint, durch Arbeit in der Klasse in Routine überführt wird und keiner besonderen Rechtfertigung mehr bedarf. Praktische Brauchbarkeit legitimiert jedes aus Versatzstücken von eigener und fremder Erfahrung, normativen Vorgaben der Richtlinien sowie angelesenen Vorschlägen entwickelte Konzept.

Guter Unterricht als wichtigster Aspekt

Für etwa zwei Drittel der befragten Lehrer gehört „die formale Notenvergabe nicht zwingend zu den persönlich wichtigen Tätigkeiten ihrer beruflichen Arbeit“. Das ist eines der Ergebnisse der von TERHART u.a. in der Studie *Selektionsentscheidungen als Problembereich professionellen Lehrerhandelns* (1999a, 96) vorgestellten Auswertung von Lehrerinterviews. Wichtiger seien etwa soziales Lernen (31 %), Wertevermittlung (22 %) und Wissensvermittlung (42 %). „Der wichtigste Aspekt ist sicherlich, guten Unterricht zu machen“ (ebd., 92), bringt ein Lehrer die Antwort auf die Frage nach der Bedeutung der verschiedenen Formen des Lehrerhandelns für sich auf den Punkt.

Benotung als Problem

Die Befunde können die Vermutung nahe legen, dass Beurteilung und Notengebung kein besonderes Problem darstellen, das weiterer Erörterung bedürfe. Fragt man aber nach, so stellt sich heraus, dass es eher umgekehrt ist: Weil die Benotung von Schülern ein so heikles didaktisches Unterfangen ist, wird es hinter routinierter Praxis versteckt und keiner Diskussion ausgeliefert. Auch aus den Lehrerinterviews ergibt sich als Befund: „Eine Art kollektives Beschweigen dieser Problematik – zumindest aber ein nur sehr vorsichtiges Hantieren mit dieser Thematik in der ‚Öffentlichkeit' des Kollegiums“ (TERHART 1999a, 43). Die Tabuisierung einer der zentralen Aufgaben von Lehrern ist umso erstaunlicher, als beinahe 85 % von ihnen angeben, in der Ausbildung auf das Problem nicht vorbereitet worden zu sein. Austausch von Erfahrungen, Klärung von Standards, Diskussion über Aufgabenarten und leitende Kriterien lägen also nahe. Es hat ganz verschiedene Gründe, warum dieser Diskurs dennoch nicht stattfindet: Zum einen sucht man nicht gerne Risikodiskussionen, die auch die eigene bewährte Praxis gefährden, zum anderen macht man nicht leichtfertig öffentlich, was vom System her persönliche Angelegenheit der Lehrer-Schüler-(allenfalls-Eltern-)Kommunikation ist. Die Situation ändert sich gegenwärtig: Zentrale Prüfungen, Lernstandserhebungen sowie Festlegungen von Leistungsanforderungen für die Aufgabenarten erhöhen den Druck, Bewertungsraster zu akzeptieren und die eigene Praxis zu rechtfertigen.

Zensuren abschaffen?

Anders als die Praxis tut sich die Theorie mit dem Thema Leistungsbeurteilung immer noch schwer. Zwar sind in den letzen Jahren immer wieder Bücher und Aufsätze zu dem Thema erschienen, aber doch in der überwiegenden Zahl mit dem Bild einer Schule, das ausschließlich der Förderung des einzelnen Schülers zu dienen und daher tendenziell Beurteilungen und Zensuren abzuschaffen habe. Das pädagogische, lautere Plädoyer für eine Neuauflage der Schülerschule aus den siebziger Jahren erhöht das schlechte Gewissen der Lehrer, die immer noch Leistungen beurteilen und damit an der „Selektion“ von jungen Menschen mitwirken. Aber in einer hoch komplexen, in ihren Ansprüchen an die jungen Menschen herausfordernden Gesellschaft ist das Bild falsch – von dem fatalen Begriff „Selektion“ gar nicht zu reden. Schule kann nur verstanden werden als eine Institution, in der die Erwachsenen der kommenden Generation das nach ihrer Erkenntnis notwendige Wissen auf eine Weise vermitteln, die den jungen Menschen erlaubt, es selbständig anzueignen und fortzuentwickeln. Der Stand der Aneignung kann nach überprüfbaren Kriterien bemessen und beurteilt werden. Diese Kriterien sind offen zu legen, nach Aufgabentypen zu differenzieren, stets neu zu überprüfen, zu revidieren und den Schülern so vertraut zu machen, dass sie immer stärker zur Selbstbeurteilung befähigt werden. Die Aufklärung über das Geltende sollte Ziel didaktischer Diskussion sein, nicht der Entwurf von Utopien, die sich fern von der Praxis bewegen und allenfalls als Fixstern zur groben Orientierung taugen. Mehr Aufrichtigkeit tut Not, um die Diskussion über die wirklich wichtigen didaktischen Angelegenheiten zu ermöglichen und sie nicht durch idealische Wunschprojektionen weiter zu verdecken oder gar zu tabuisieren. Die Debatte über Ziele, Formen und Verfahren gerechter Beurteilung und Chancenverteilung mit konkreten Vorschlägen fortzusetzen, ist Aufgabe didaktischer Forschung.

2 Linien der Diskussion

Fachdidaktische Forschung

Die fachdidaktische Diskussion war also durchaus mit Fragen von Benotungen und Beurteilungen befasst. Dabei ist aber auffällig, dass die Vorschläge selten unmittelbar auf die praktischen Probleme antworteten, sondern Entwürfe darstellten, die zunächst einmal theoretisch plausibel, innovativ und regulativ (im Sinne von Eingriff und Veränderung des Geltenden) sein wollten und selten unmittelbar anwendbar. Dort aber, wo radikale Positionen verlassen und Beispiele für Demonstration und Prüfung der Thesen gewählt wurden, lassen sich Impulse für Verbesserungen der Beurteilungspraxis erkennen. Es können an dieser Stelle nicht alle Beiträge zu dem Thema referiert werden, zumal sie weitgehend Variation der immer gleichen These sind, wohl aber sollen einige Linien sichtbar gemacht werden, die den heutigen Stand der Diskussion erklären und ihn weiterentwickeln helfen können.

Normorientiert

Trotz der kommunikativen Wende in der Didaktik war der Aufsatzunterricht in den siebziger Jahren noch weitgehend normorientiert: Es gab Textsorten, Stilmerkmale, rhetorische Muster, Elemente der Narration, Regeln des Sprachgebrauchs, auf die hin die fertigen Schülertexte geprüft werden konnten (vgl. zusammenfassend BECK 1979).

Prozessorientiert

Gegen die Produktorientierung des Aufsatzunterrichts erschienen Anfang der achtziger Jahre zwei Studien, die man demgegenüber als prozessorientiert bezeichnen darf: HUBERT IVOS „mäeutische" (1982) und VALENTIN MERKELBACHS „dialogische" Korrektur (1986). Beiden geht es darum, nicht mehr einen fertigen Aufsatz zu benoten, sondern den Prozess der Produktion beratend zu begleiten und allenfalls die abschließende Version zu bewerten. In seiner umfangreichen Abhandlung erläutert IVO als die zentrale Absicht seiner Arbeit, den Schülern zu helfen, ihren Text angemessen gedanklich und sprachlich zu verfassen. Sinn und Zweck der Korrektur kann nur sein, die Mitteilungs-, Darstellungs- und Ausdrucksabsichten jedes einzelnen Schülers zu verstehen und ihm zur bestmöglichen Ausführung zu verhelfen. MERKELBACH hatte seine ursprüngliche Empfehlung, in der Schule ganz auf Noten zu verzichten, in der Weise revidiert, dass er eine Methode in fünf Schritten entwickelte, in der die Schüler durch angeleitete Überarbeitungen zu ihrer endgültigen Version geführt werden. Diese Idee der Prozessorientierung ist in den achtziger Jahren vielfach aufgegriffen, erprobt und reflexiv begleitet worden (vgl. BAURMANN 1985 mit Auswahlbibliographie). Gleichwohl hat sie sich in der Praxis nicht auf breiter Front durchsetzen können, weil sie offenbar zu zeitaufwändig ist, für alle Lerner einer Klasse Lernvorgänge radikal verlangsamt und erste Schüleräußerungen nicht ernst genug nimmt. Dennoch wird heute jeder schriftsprachliche Unterricht, besonders die Arbeit an Texten, reflexiv begleiten, die Schritte kommentieren, über die Wahl der geeigneten Mittel für die kommunikativen Absichten nachdenken und hin und wieder Überarbeitungen erproben. Insofern ist jeder Aufsatzunterricht ein Stück prozessorientiert.

Kriterienorientiert

Wenn Lehrer beurteilen, tun sie das nach ihren Vorstellungen eines gelungenen Textes. Dieses Gelingen drückt sich in der Einlösung differenzierter Kriterien aus, die zum einen für die einzelnen Textmuster, zum anderen aber für schriftsprachliche Äußerungen generell gelten. Zentrale Bemühungen der Didaktik waren in den beiden vergangenen Jahrzehnten darauf gerichtet, Kategorien gelingender Textproduktion zu beschreiben, für die Korrektur zu nutzen und sie den Schülern im Vorfeld der ersten Niederschrift zu vermitteln. Jenseits der Idealvorstellungen von Unterricht und Erziehung arbeiten die kriterienorientierten Konzepte an den wirklichen Problemen von Aufgabenanalyse, Prinzipien der

Texterstellung, Kategorien der Überarbeitung und Kriterien der Überprüfung. Dies geschieht auf die Weise, dass die Kriterien definiert, in ihrer Leistung kommentiert und nach jeder Arbeit überprüft, ergänzt oder gar revidiert werden. Die kriteriengestützte Beurteilung und Benotung wurde in meinem dreijährigen Schulversuch Anfang der achtziger Jahre erprobt und der Diskussion zugänglich gemacht (*Deutschkurse* 1987, [2]1994).

Zürcher Textanalyseraster

Die Ausdifferenzierung der Kriterien für die Beschreibung und Beurteilung von Texten aller Art und Kunst wurde vor allem durch Markus Nussbaumer vorangetrieben (1991). Das auf Anregung seiner Studie entwickelte *Zürcher Textanalyseraster* dient heute als Grundlage für angemessene Korrektur und Bewertung von Schülerarbeiten. Ulf Abraham u.a. (1998) geben eine anschauliche, wenn auch verkürzte, Übersicht.

Zürcher Textanalyseraster

0 Bezugsgrößen/Korrelate
Hier werden Textlänge, Wortschatz und grammatische Struktur gemessen und charakterisiert.

A. Sprachsystematische (Semantik, Syntax, Textverknüpfung) und orthographische Richtigkeit

B. 1 Funktionale Angemessenheit: Verständlichkeit/Kohärenz
- 1.1 Gesamtidee, Thema, Absicht des Textes
- 1.2 Aufbau, Gliederung (Textmakrostruktur)
- 1.3 Thematische Entfaltung
- 1.4 Grad an Implizität/Explizität
- 1.5 Ausdrückliche Rezipientenführung
- 1.6 Angemessenheit der Sprachmittel
- 1.7 Erfüllung von Textmusternormen

B. 2 Ästhetische Angemessenheit: Besondere formale Qualitäten
- 2.1 Sprachlich-formales Wagnis
- 2.2 Qualität der Sprachmittel (Attraktivität/Repulsivität)

B. 3 Inhaltliche Relevanz: Besondere inhaltliche Qualitäten
- 3.1 Inhaltliches Wagnis
- 3.2 Inhaltliche Wegqualität (Attraktivität/Repulsivität)

Abb. 7.1: Zürcher Textanalyseraster

Mit den Kriterien ist aber noch nicht alles gewonnen: Zum einen können und sollen sie nicht operationalisierbar gemacht werden und zum anderen ist nicht sicher zu stellen, dass Schüler auch das darunter verstehen, was gemeint war. Im Übrigen zeigen neuere Untersuchungen, dass, selbst wenn Lehrer über die Kategorien und ihre Bedeutungen Einigkeit erzielt haben, sie den nachgewiesenen Kriterien unterschiedliche Zensuren zuordnen (Florian Frankenfeld, *DE* 2000, 405ff.). Kriterien können also nur Beurteilungen transparent und plausibel machen, aber keine absolute Gerechtigkeit herstellen.

Förderungsorientierte Konzepte

Die Kriterienfundierung ist denn auch in die Kritik geraten, weil sie zu sehr am Lehrer und den von ihm vertretenen Sachen und nicht an den Möglichkeiten des einzelnen Schülers orientiert ist. Dagegen wird ein Konzept gesetzt, das in der Alternative von Forderung und Förderung ganz auf die Förderung der individuellen Möglichkeiten der einzelnen Schüler, nicht aber auf einen wie auch immer begründeten Anspruch der Gegenstände oder gar Standard der Leistungen setzt. Die Korrektur dient ausschließlich der Lernerfolgsrückmeldung und Anregung von Lernentwicklungen. Im Blick auf das Konzept des „Offenen Unterrichts“ hat HAAS diese Position einer förderungsorientierten Beurteilung erläutert. Für ihn ist Leistung „nur im Rahmen der individuellen Möglichkeiten – nie also quasi an sich und gleichmacherisch-generell“ bewertbar (HAAS 1999, 14). Also wird sich auch die Beurteilung ausschließlich an den Fähigkeiten des je einzelnen Schülers, niemals aber an den Möglichkeiten einer Lerngruppe zu orientieren haben. Die Nähe zur Prozessorientierung ist offenkundig, insgesamt aber wird die Individualisierung gegenüber dem Lernen in der Gruppe und damit einer Vergleichung favorisiert.

„Neue Lernkultur“

Die Idee einer anderen Leistungsbewertung ist, vor allem durch die Allgemeine Didaktik, weiter verfolgt und zu einer „Neuen Lernkultur“ ausgebaut worden. FELIX WINTER (2008) charakterisiert das Reformkonzept durch folgende Merkmale:

- höhere Selbständigkeit der Lernenden
- stärkere Orientierung auf die Lernprozesse
- verstärkte Hinwendung zu komplexen, alltagsnahen Aufgaben
- Anspruch auf Partizipation der Schüler und Demokratisierung des Lehrens und Lernens

So unstrittig die pädagogischen Ziele im Detail sein mögen, so vermessen ist der Versuch, zum wiederholten Male den problemorientierten gegen den systematischen Unterricht auszuspielen und als „Neue Lernkultur“ zu propagieren. Schule ist ein Element der Kultur, aber nicht diese selber. Außerdem ist die Behauptung zurückzuweisen, dass ein unterkomplexer Unterricht, in dem die Schüler Themen ihres Alltags auswählen und sich an den Bewertungsakten beteiligen, mehr zur Demokratiefähigkeit beitragen soll, als einer, der die jungen Menschen durch Wissen und Können zur Mitsprache in der Zukunft ausstattet. Bestreitet man dem Konzept einer „Reform“ der Leistungsbewertung seinen Alleinvertretungsanspruch und nimmt es als Anregung für ein erweitertes Repertoire von Schülerleistungen, dann kann es einem zeitgemäßen Unterricht, der vor allem Selbständigkeit der Schüler fördern will, einzelne Impulse geben. Vor allem der Gedanke, dass Leistungsüberprüfungen niemals den Abschluss von Lerneinheiten bilden dürfen, sondern Element sowohl der

Planung des gemeinsamen Unterrichts wie auch der individuellen Lernwege sein müssen, verdient unterstrichen zu werden. Unbestreitbar richtig ist auch die These, dass Schüler so an Bewertungsprozessen beteiligt werden müssen, dass sie Bedingungen und Elemente gelingender Leistungen verstehen und selbständig anzuwenden lernen. Anders als FELIX WINTER gehen wir aber davon aus, dass das in einem systematischen Unterricht besser gelingt als mit problemorientiertem Lernen.

Leistungsmappen

Die Anregung (für den Deutschunterricht zuerst GERD BRÄUER 1996), die Schüler Leistungsmappen anlegen zu lassen, sie regelmäßig zu kontrollieren und Gespräche über ihre gesammelten Arbeiten zu suchen, setzt sich immer mehr durch. An der Idee ist eigentlich nur der Begriff „Portfolio“ falsch, denn was haben Dokumente gedanklicher Arbeit der Schüler mit Wertpapieren im Tresor einer Bank zu tun? Zutreffender ist wohl von Kurs- bzw. Leistungsmappen oder Arbeitsjournalen zu sprechen.
Lange bevor die Diskussion über „Portfolios“ begann, habe ich in dem von mir dokumentierten Unterricht die Einführung von Kursmappen angeregt. Meinen Vorschlag, sie mit G. C. LICHTENBERG *Sudelbücher* zu nennen, hat kein Schüler aufgegriffen. Die Kursteilnehmer konnten selbst entscheiden, welche der Aufgaben sie einmal im Monat lösen, ob sie ganz darauf verzichten und selbständig Material mit Kommentaren einlegen; sie haben Dokumente zu den besprochenen Texten und Problemen gesammelt, Reportagen und Rezensionen geschrieben, Fernsehtagebuch geführt, Fragebogen beantwortet oder Geschichten erfunden. Anfangs konnten sie durch die Arbeitsjournale ihre Beurteilungen ausschließlich verbessern (vgl. *Deutschkurse* 1987, jeweils unter „Methodisches“).

Einlagetypen der Mappen

Systematisch gesehen lassen sich vier Typen von Einlagen unterscheiden (vgl. auch WINTER, 191):
- Ergebnisse von Schul- und Hausaufgaben
- Dokumente eigenständiger Recherchen zu besprochenen oder gewünschten Themen
- Rückmeldungen, Kommentare von Lehrpersonen oder Mitschülern; eigene Stellungnahmen, Diskussion der Beobachtungen und Urteile
- eigene publizistische (Interview, Reportage, Rezension) und künstlerische Versuche (Skript für einen Film, Geschichte, Diaschau)

Wichtig ist, die Anlagen in den Mappen zu kommentieren: Auswahl, Leistung, eigene Arbeitsweise, Ergebnisse etc.
Vorschläge solcher Art zu Formen und Leistungserbringung sowie Beurteilungen finden sich in allen Abschnitten des Kapitels „Neue Methoden des Leistungsbewertung“ (WINTER, 185ff.). Vielfach sind sie aber weder neu noch können sie den überhöhten Anspruch, mit einem problemorientierten Unterricht eine „tiefgreifende“ Reform zu begründen, einlösen.

Kritik des Ansatzes

Einzelne Verfahren sind aber durchaus geeignet, die Beurteilung der Schüler auf eine breitere Basis zu stellen, die metatheoretische Erörterung und damit das verständigungsbezogene Sprechen zu befördern und das Vertrauensverhältnis zwischen Lehrern und Schülern zu festigen. Sie sind aber weniger geeignet, die zentralen Aufträge von Schule und Bildung einzulösen und angemessen vorzubereiten auf:

- erhöhte Ansprüche in den Berufsfeldern,
- das Studium komplexer Wissenschaften und interdisziplinärer Projekte,
- die Herausforderungen eines neuen Weltbürgertums.

Die Schüler mit ihren Fähigkeiten und Urteilen ernst zu nehmen, bedeutet nicht, darauf zu verzichten, ihre Kompetenzen zu erhöhen und Mündigkeit kontinuierlich weiterzuentwickeln. Lehrpersonen können sich nicht zu „Lernbegleitern“ degradieren, sondern tragen Verantwortung für die Bildung der jungen Generation. Um dieses Ziel zu erreichen, bedarf es mehr, als die Schüler mit ihren aktuellen Problemen zu langweilen: der Beschäftigung mit der eigenen und den fremden Kulturen, den Künsten und Wissenschaften, den Werten und Normen der Gesellschaft vor Ort und in der Welt. Um die Zukunft auf diese komplexe Weise meistern zu lernen, ist ein konsequent systematischer Unterricht in den Fächern und Projekten, einschließlich von Erfolgsprüfungen, erforderlich.

Verantwortung

Höchst problematisch ist das Plädoyer für eine ständige Selbstprüfung der Schüler (Winter, 92ff.). Man muss nicht den Philosophen Michel Foucault bemühen, um den Zwang zu Selbstentblößung, Selbstkritik, ständiger Rechtfertigung und Eigenlob als fragwürdige pädagogische Maßnahmen anzusehen, die dem Ziel von Selbstbewusstsein widersprechen. Warum sollen Schüler nicht etwas schreiben, ohne es zu kommentieren, warum können sie das Urteil nicht anderen überlassen, warum sollen sie nicht Auffassungen vertreten, ohne einzulenken, warum dürfen sie einen Irrtum nicht zu Ende denken, warum sollen sie nicht lernen, auch mit Ungerechtigkeiten angemessen umzugehen? Man muss nur Appellationsinstanzen für das Austragen von Konflikten schaffen, und die gibt es in gut geführten Schulen allemal. Ist Verantwortlichkeit für Bildungsprozesse klar geregelt, können und sollen junge Menschen auch an Widersprüchen wachsen.

3 Zwei didaktische Positionen

Konstruktivismus

Die angedeuteten Argumentationslinien lassen sich auf zwei widersprüchliche didaktische Positionen zurückführen, die unausgesprochen im Hintergrund der verschiedenen Ausführungen stehen. Besonderer Beachtung erfreut sich die Auffassung, dass entscheidendes Element des Lernens die Aktivität des Schülers ist, der sich in Lernsituationen selbständig Wissen verschafft und ein Netzwerk konstruiert, das mit anderen nicht verglichen, schon gar nicht bewertet werden kann. Für eine solche Lerntheorie wird seit Mitte der neunziger Jahre vor allem der von der Didaktik rezipierte Konstruktivismus benutzt. Prämisse dieser Erkenntnistheorie ist, dass alles, was wir wissen können, Konstruktionen von Beobachtern sind. Die Realität selbst ist den Menschen verschlossen, sie können nur Bilder von ihr herstellen: Die Summe aller Konstruktionen ist die Wirklichkeit, in der wir leben. Hierarchien des Wissens (und damit einen Kanon) kann es ebenso wenig geben wie den Unterschied von virtueller und realer Wirklichkeit; auch die „Realitäten" sind Konstrukte. Die Konsequenzen für die Lerntheorie liegen auf der Hand und sind von TERHART übersichtlich zusammengefasst worden (1999 b): „Demzufolge ist Lernen ein selbständig zu vollziehender Akt mit starker Situationsbindung, in dessen Verlauf Wissen, Inhalte, Fähigkeiten etc. nicht eingearbeitet oder ‚absorbiert', sondern konstruiert werden. Dieser Konstruktionsprozeß beginnt jedoch nie bei Null, sondern hat als Basis immer die bereits vorhandene (Wissens-)Struktur. Dieses vorhandene Wissen, i.w.S.: Erfahrung, ist immer der Ausgangspunkt für die Interpretation von Informationen, die zu Lernen als Konstruktion von Wissen führen können" (ebd., 635).

Lernen als Konstruieren

In einer solchen Vorstellung von Lernen haben Lehrer im Unterricht nur Situationen bereit zu stellen, in denen das notwendige Wissen angeeignet werden kann, das zur Lösung des Problems gebraucht wird. Lernen bedeutet ständiges Konstruieren und Umstrukturieren des Wissens und der Erfahrung, wofür der Lehrer nur Anstöße geben kann. Daher werden in Theorien, die diesem Konzept folgen, die Handlungsorientierung, das entdeckende Lernen, die Gruppenarbeit und die Prozesshaftigkeit so stark betont.

Abschaffung der Noten?

Wenn auf die angedeutete Weise Wirklichkeit als ein Konstrukt von Individuen wahrgenommen wird und es keine Instanz gibt, die die wahre oder richtige Konstruktion identifizieren kann, entfällt auch eine Bewertung; jeder Entwurf ist gleich gültig. Damit verlieren Noten und Beurteilungen ihre Funktion; sie sollen tendenziell abgeschafft werden. Wie solche Überlegungen auch praktische Konsequenzen haben können, zeigt die Entwicklung der Grundschule, in der es keine Leistungsvergleiche und Noten, sondern nur noch ermutigende Beurteilungen geben soll. Die Apologeten begreifen Schule als Schonraum, in dem Gesetze des Lebens und der Gesellschaft nicht gelten dürfen, in dem Schüler nur auf der Grundlage ihrer eigenen Möglichkeiten gefördert werden, die Langsamen des Tempo bestimmen und Ansprüche der Sachen nicht geltend gemacht werden dürfen, weil es Objektivität gar nicht gibt.

Standards des Wissens

Damit ist die Gegenposition schon angeklungen, wie sie hier vertreten wird. Auch für sie gilt allerdings, dass es in Lernprozessen entscheidend auf die Aktivitäten der Schüler ankommt, mit denen sie sich die fremden

Gegenstände erarbeiten und aneignen; die Ergebnisse sollen durchaus verschieden, aber gleichermaßen plausibel sein. Der Unterschied liegt vor allem darin, dass nicht so sehr die Methoden der Konstruktion von Wissen aus zufälligen Kontexten, sondern notwendige Inhalte gelernt werden. Gerade die Fachdidaktiken sollten Anwälte der von ihnen vertretenen Wissensgebiete sein. Es wird also davon ausgegangen, dass es für jede nachwachsende Generation eine immer größere Menge an Wissen gibt, die die jungen Menschen für die eigene Entwicklung, das Leben in der Gesellschaft, die politische Mitbestimmung, die Berufsausbildung und ihre künftige Verantwortung dringend benötigen. Vor allem der schöpferische Gebrauch der Sprachen, die Freiheit der Rede, der Umgang mit den Künsten und das Wissen um die Geschichte helfen, erfülltes und selbstbestimmtes Leben zu sichern. Möglichst viele Schüler an die Standards der komplexen Systeme des Wissens heranzuführen, bedeutet, Chancengleichheit herzustellen.

„Spielraum" und „Ernstfall"

Schule wird, um auf ein Begriffspaar HENTIGS anzuspielen, als „Spielraum" verstanden, in dem das notwendige Wissen, die wirksamen Methoden der Erkenntnisgewinnung vermittelt werden und auf das Leben in der Gesellschaft vorbereitet wird, ohne dass die harten Sanktionen der Alltagswirklichkeit treffen. Gleichwohl gibt es den „Ernstfall" des Schulalltags, mit dem der Fortschritt auf dem Weg zur Selbständigkeit, Berufstätigkeit, Lebensreife und Mündigkeit geprüft wird. Dabei wirken Lehrer als Vermittler der Ansprüche der Gesellschaft und Förderer der intellektuellen, emotionalen wie auch sozialen Fähigkeiten der ihnen anvertrauten jungen Leute.

MERKSATZ

Schule wird verstanden als Ort des Dialogs zwischen den Generationen, in dem die ältere auf Grund ihrer Einsichten und Erfahrungen der jüngeren einen Wissenskanon anbietet, an den diese sich auf eine Weise heran arbeitet, dass mit dem Verständnis für die Sachen auch die Fähigkeit wächst, ihre Geltung zu prüfen und an der Weiterentwicklung mitzuwirken.

Schon jetzt führt der Dialog zu kontinuierlichen Revisionen des zu vermittelnden Wissensstandes in den Fächern und über Fächergrenzen hinaus.

Theorie des kommunikativen Handelns

Diese didaktische Position gründet auf der Theorie des kommunikativen Handelns, die eine Antwort auf die Frage zu geben versucht, wie trotz der Pluralität von Geltungsansprüchen und Ausdrucksformen eine Gemeinsamkeit in Auffassung und Urteil hergestellt werden kann. HABERMAS verweist auf HUMBOLDTS Idee des Gesprächs und die dort entwickelte dialogische Vernunft:

> „Das *objektiv,* d.h. in seiner Geltung bestreitbare Einverständnis über etwas in der Welt ist nämlich angewiesen auf die Herstellung einer *intersubjektiven* Beziehung zwischen dem Sprecher und mindestens einem Hörer, der zur kritischen Stellungnahme fähig ist." (HABERMAS 1986, 311).

Die Pointe besteht nun darin, dass, indem nach intersubjektivem Einverständnis gesucht wird, sich die einzelne Auffassung am allgemeinen Standard bricht, zugleich aber als individueller Ausdruck erkennbar bleibt: Die Sprache „verbindet, indem sie vereinzelt" (ebd.). Damit bringt HUMBOLDT für HABERMAS „die gebrochene Intersubjektivität einer Verständigung ins Spiel" (ebd.), die rational immer wieder neu auszuhandeln ist. In dem ständigen Ringen um intersubjektive Verständigung ereignet sich Bildung.

Dialoge über Geltungsansprüche

Der Dialog über die Geltungsansprüche von Normen sprachlicher Verständigung verläuft in mindestens zwei Koordinaten. Zum einen gibt es den laufenden Diskurs in der Gesellschaft über das, was in der Schule an die nächste Generation vermittelt werden soll. In den Richtlinien wird festgeschrieben, welcher Konsens auf kurze Zeit gelten soll; prinzipiell ist er jederzeit widerrufbar. Zum anderen vereinbaren Lehrer die konkreten Inhalte und prüfen mit den Schülern die Bedeutung und Wirksamkeit der vorgeschlagenen Inhalte und Verfahren. Dabei zählt die Stimme eines jeden Schülers; ebenso aber gilt der normative Anspruch der „gebrochenen Intersubjektivität", die wiederum den Einzelnen über die engen Grenzen der vorhandenen Fähigkeiten hinausführt und zu neuen Möglichkeiten befreit. Dies ist der Kerngedanke der von uns vertretenen **perspektivischen Bildung**, durch die Schüler im Dialog mit Lehrern und Mitschülern Kategorien des Wissens erwerben, die ihnen zugleich neue Wahrnehmungen eröffnen. Intersubjektive Verständigung ist die Bedingung der weiteren Entfaltung von Subjektivität.

Pädagogische Noten

In einem solchen Verständnis von Schule als Spielraum des Austauschs von notwendigem Wissen und als Ernstfall der Bewährung in der Aneignung kann allein die Leistung zählen, wenn es um die weitere Lernbiografie oder den erfolgreichen Schulabschluss geht. Es wäre romantische Verklärung, mit Hinweis auf erschwerte Bedingungen Schon-Ansprüche aufzubauen; das würde nur zu neuen Privilegierungen führen. Vielmehr muss es darum gehen, die Lernvoraussetzungen durch Differenzierung so gleich zu machen, dass Vergleich möglich wird. Wenn die Schule keine Leistungsprofile der jungen Menschen mehr erstellt, werden sie später im Leben umso härter bestraft und können nicht einmal die Prinzipien durchschauen, nach denen gegen sie entschieden wurde.

MERKSATZ

Die Beurteilung der Leistungsfähigkeit der Schüler sollte sich daher von Aufrichtigkeit (über Stärken und Schwächen) und Gerechtigkeit gegenüber jedem Einzelnen leiten lassen.

Im Sinne nicht nur von gerecht sein, sondern von gerecht werden, muss es die pädagogischen Noten im Blick auf die unterschiedlichen Startchancen geben, aber doch mit der Tendenz, sie allmählich zurückzunehmen, um die Abschlüsse der verschiedenen Schulstufen vergleichbar zu machen. Benotung zur bestimmenden Maßnahme zu erheben, bedeutet nicht nur, die Ungleichheit der jungen Menschen fortzuschreiben, die angeblich besiegt werden soll, sondern mangelndes Zutrauen in die Fähigkeiten der Schüler, Schwierigkeiten als Herausforderungen zu begreifen, an denen sie wachsen. Lernen bedeutet immer, unter Anstrengung Grenzen zu überschreiten und neue Perspektiven zu gewinnen.

Anspruch auf Beratung

Beurteilung ist nichts anderes, als den Zugewinn an Wissen, Können und Urteilen zu bewerten – und zwar zum einen im Blick auf Leistungsstandard und -vermögen des einzelnen Schülers, zum anderen aber auch in Relation zu der Lerngruppe, die an dem Unterrichtsprozess beteiligt ist. Die Schüler haben ein Recht darauf, im Blick auf Breite und Tiefe des Lerngewinns beurteilt zu werden. Zugleich werden sie damit auf Auswahlprozesse beim Einstieg in den Beruf, in den ersten vier Semestern des Studiums und im internationalen Wettbewerb um Ausbildung und Stellen vorbereitet. Darüber hinaus gibt es einen Anspruch der Gegenstände (z.B. Literatur früherer Epochen, Texte zu heiklen moralischen Themen, Argumentationen, analytische und synthetische Kompetenzen) und Standards für alle Abschlüsse. Wer über diese Standards nicht verfügt, kann im Studium nur scheitern. Gerade Lehrer, die ihre Schüler drei Jahre lang in der gymnasialen Oberstufe in ihrem Leistungsvermögen kennengelernt haben, sollten sie aufrichtig beraten. Schließlich dienen die Beurteilungen auch der Evaluation des Unterrichts, denn wenn mehr als die Hälfte der Schüler an dem Anspruch der gestellten Aufgabe scheitert, war entweder die Komplexität der Sache zu hoch oder die Vorbereitung im Unterricht nicht wirkungsvoll genug.

4 Kriteriendiskussion

Kriterienraster

Wenn nach Kategorien, die aus den Sachansprüchen und den Leistungserwartungen einer komplexen, auf Wissen basierenden und Mitsprache fordernden Gesellschaft erwachsen, Leistungen beurteilt werden, müssen sie bei der Arbeit an den Inhalten transparent werden und vor den Prüfungen explizit besprochen sein. Dabei gilt es, die Elemente der vier wichtigen Aufgabenarten (Beschreiben, Erzählen, Argumentieren/Erörtern, Analysieren) von den generellen Prinzipien schriftsprachlicher Äußerungen zu unterscheiden. Auf der Grundlage langer vorausgehender Debatten wurden vor allem für die zentralen Aufgaben analytischer und synthetischer Interpretationen Kriterienraster entwickelt, die sich für eine angemessene Beschreibung der Schülertexte und eine gerechte Beurteilung der mit der Aufgabenstellung geforderten Leistung als besonders geeignet erwiesen haben. Dieser Nutzen gilt nicht nur für die Beurteilungspraxis der Lehrpersonen, sondern auch für die Verfertigung von Texten durch die Lernenden, die ein Instrument für die Planung und Überarbeitung ihrer Aufsätze bekommen.

Jentzschs Modell

Für die Textanalyse vor allem der gymnasialen Oberstufe hat Peter Jentzsch die Kriterienfelder in fünf Punkten ausführlich beschrieben und in einer Kugelform anschaulich zusammengefasst. Das Modell soll „die Mehrdimensionalität einer differenzierten Gesamtleistung zeigen" (DE 1993, 365). Der Mantel steht für Textoberfläche der sprachlichen und formalen Präsentation; die Prüfung der Leistungsbereiche erfolgt durch Schnitte im Inneren der Kugel und führt zur gedanklichen Substanz sowie zu stilistischer Kunst der Aufsätze:

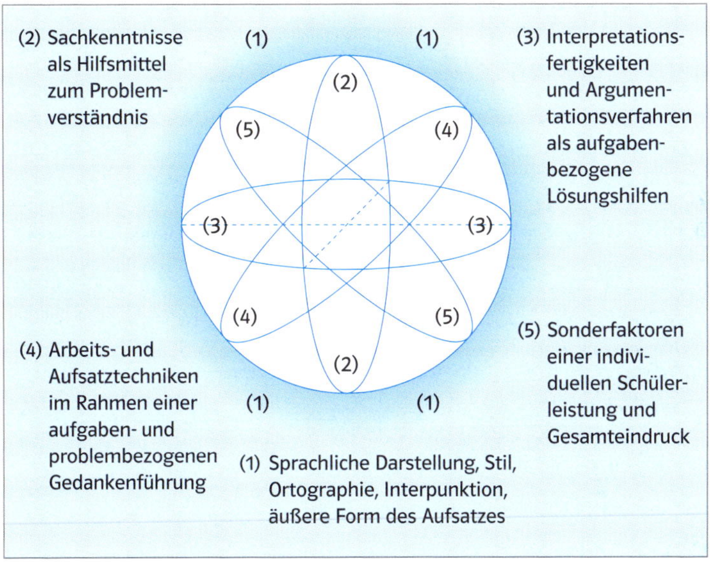

Abb. 7.2: Die Kriterienbereiche einer textanalytischen Aufsatzbewertung in der schematischen Darstellung eines Kugelmodells

Die Kriterienfelder werden im Folgenden von Jentzsch weiter spezifiziert und auf Beispiele angewendet. Durch den Gebrauch der Kategorien wird nicht nur das Beurteilungsverfahren transparent, sondern auch das Gespräch über die Leistungen erleichtert und schließlich die Entwicklung von Sprachkompetenz und Reflexionsfähigkeit gefördert.

Drei Grundformen produktiver Leistungen

Diese Leistung für einen höheren Grad von Sprachbewusstheit gilt auch für die produktionsorientierten Aufgabenstellungen. In der Terminologie der Ministerien heißt die synthetische noch gestaltende Interpretation. Mit der Textdeutung werden Formen künstlerischen Eingriffs in die

Werke verbunden und fördern neben der analytisch-kritischen die identifikatorische Lektüre. Drei Grundformen produktiver Leistungen in den Aufgabenstellungen können unterschieden werden:

Rollenspiele

- Literarische Rollenspiele, z.B. Briefe, Tagebücher, Plädoyers, Berichte von ausgelassenen Episoden. Leser/Interpreten werden zu Mitspielern in den fiktionalen Situationen, indem sie in die Rolle einer Figur schlüpfen.

Verfremdung

- Verfremdungen durch Akzentuierung der historischen Distanz, z.B. Schüler sprechen aus ihrer Gegenwart zu den fiktiven Figuren, halten eine Verteidigungs- oder Anklagerede, schreiben einen Brief in die Vergangenheit, denken über Handlungsalternativen nach, führen ein detailliertes Lektüretagebuch mit Verständnis und Kritik.

Konjekturen

- Konjekturen mit Formen der Erweiterung des Textes, z.B. ein Epilog zum Drama, Füllen von Leerstellen, Mauerschau, Einspielen von Dokumenten etc. Schüler werden zu Ko-Autoren, die das Werk im Stil des Originals erweitern.

Kreative Leistungen dieser Art werden als Teil der Aufgabenstellung für „gestaltende Interpretation" angeregt und lassen sich auch beurteilen. Der Kriterienkatalog wurde von mir gegenüber der Fassung von 1993 deutlicher strukturiert (*DE* 2005, 24). Die Verbindungslinien sollen signalisieren, dass es mancherlei Zusammenhänge gibt, die in der systematischen Reihung nicht sichtbar werden:

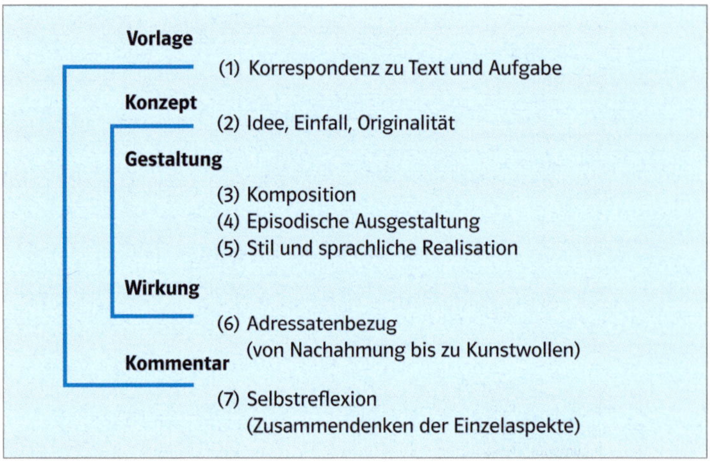

Abb. 7.3: Sieben wichtige Kriterien zur Beurteilung produktiver Aufgabenlösungen

Diskursive Leistungsbeurteilung

Werden den Schülern die Kriterien bei der Bearbeitung ihrer produktiven und synthetischen Aufgaben nach und nach vertraut, entwickeln sie sich zu einem Instrument der allmählichen Verfertigung der Texte. Wir sprechen von diskursiver Leistungsbeurteilung, weil das Handeln und Nachdenken zu einem Wechselspiel wird, in dem die Textbausteine im Prozess des Schreibens laufend auf ihre Qualität geprüft werden. Die vom Lehrer angeleitete, später vom Schüler selbst ausgeführte Überarbeitung der ersten Fassungen zielt dabei mindestens in vier Richtungen:

- Sie fördet die in jedem einzelnen Schüler angelegten Stärken (ist also mäeutisch im Sinne Ivos).
- Sie nimmt die Spezifik der Aufgabenarten in den Blick (Sachanspruch).
- Sie misst den Entwurf/das Ergebnis an der Leistungserwartung, die die Jahrgangsstufe eröffnet, und
- vergleicht die Fassungen mit den anderen Entwürfen der Lerngruppe; eine Besprechung verschiedener Ansätze wird sowohl für die Stärkung des eigenen Konzepts wie auch für die Einschätzung seiner Qualität hilfreich sein.

Die Beurteilung sollte sowohl auf den individuellen Lernzuwachs als auch auf die generellen Leistungserwartungen Bezug nehmen. Das Gespräch über die Leistungen der Schüler wird zu einem mehrstrahligen Diskurs über allgemeine Ansprüche an Kommunikation (einschließlich der ethischen), über die besonderen Anforderungen der einzelnen Textmuster sowie über die Eigenwilligkeit des Ausdrucks der einzelnen Schüler. Der Diskurs erreicht auf diese Weise die Qualität, die er vermitteln will.

Prozess und Kriterien des Schreibens

Betrachten wir Produkt und Prozess gleichzeitig, dann entfaltet sich die Arbeit im Schreibunterricht in zwei Dimensionen, die man graphisch in horizontaler und vertikaler Ebene vereinfacht darstellen kann (*DE* 2000, 12).

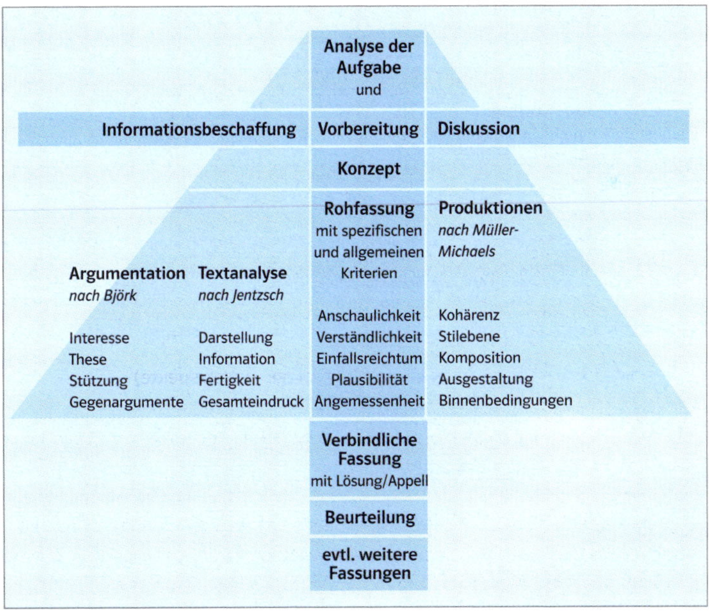

Abb. 7.4: Prozess und Kriterien des Schreibens

In der vertikalen Ebene werden die Stufen der Arbeit an den verschiedenen Aufgabenarten sichtbar, die in Einzel-, Gruppen- oder Klassenarbeit teilweise oder ganz beschritten werden. Auf jeder der Stufen ist Verlangsamung und Intensivierung des Schreibprozesses möglich (z.B. Materialbeschaffung, Diskussion über das Thema, Arbeitshilfen).Von der Ebene des Konzeptes bis zur ersten verbindlichen Fassung sind Überarbeitungen angezeigt. Der Ort der mäeutischen Korrektur liegt am günstigsten wohl zwischen roher und verbindlicher Fassung, denn die Schüler verlieren nach der ersten Beurteilung das Interesse an dem eigenen Text. Die unterrichtliche Arbeit an Aufsätzen sollte von dem Prinzip bestimmt sein, die Verantwortung für die Überarbeitung allmählich vom Lehrer-Schüler- und/oder Schüler-Schüler-Bezug auf den einzelnen Schüler und die Schülerin zu übertragen. Nur so wächst die Selbständigkeit der Leistung, die sowohl die Vielschichtigkeit des Inhalts, die ansprechende Darstellungsform als auch die metareflexive Bewertung des eigenen Entwurfs betrifft. Selbständigkeit bedeutet immer auch die Fähigkeit zu angemessener Einschätzung der eigenen Leistung.

Kriterien der Textherstellung und -bewertung

Diese Einschätzung wird erheblich erleichtert durch Kategorien des Gegenstandes sowie des methodischen Umgangs mit ihm: Sie werden zum Maßstab der Überarbeitungen und zur Anregung, mehr von den Sachen und ihrer Darstellung zu begreifen. In der Übersicht werden die Kriterien der Textherstellung und -bewertung einmal als allgemein gültige, zum anderen als aufgabenspezifische Indikatoren unterschieden. Die Merkmale der Textmuster Argumentation, Analyse und freie Produktion sind aus vorliegenden Vorschlägen übernommen und hier noch nicht miteinander kompatibel gemacht worden. So wechseln auch bei den Begriffen die Ebenen des Bezeichneten: Einmal sind es tatsächlich Kriterien für die Beurteilung (z.B. These), dann aber Voraussetzungen des Schreibens (z.B. Interesse), Merkmale von Texten (z.B. Stilebene) oder Erläuterungen des Schreibprozesses (z.B. Information). Aber zunächst kommt es darauf an, die verschiedenen Aspekte der Kriterienwahl sichtbar zu machen und sie auf praxiserprobte Modelle zu beziehen. Die Aufgabe, sie zu ordnen, zu definieren (d.h. gegeneinander abzugrenzen) sowie die Gemeinsamkeiten und Differenzen von allgemeinen und speziellen Merkmalen zu bezeichnen, steht noch aus; wenn denn soviel Systematik überhaupt nötig ist.

„Chaos"

Gemessen an der besonderen Aufgabenstellung, an den Möglichkeiten der Lerngruppe und den Prioritäten des Lehrers für sein Curriculum sind die Kriterien immer wieder neu zu applizieren und auf ihre Gültigkeit und Wirksamkeit zu überprüfen. Dass an diesem Prozess der Evaluation auch die Schüler zu beteiligen sind, ist eine didaktische Selbstverständlichkeit. Nur sie befinden darüber, was verstehbar und annehmbar ist. Bei den von mir entwickelten Kriterien für kreative Aufgaben hat sich immer noch das Merkmal „Chaos“ erhalten, das von einem Schüler stammte, der damit den Gegenbegriff zu „geschlossener Komposition" in essayistischen Texten charakterisiert hat. Aber der Lehrer als Anwalt der Sachen entscheidet, was an Inhalt, Verfahren und Kriterien angeboten wird, um den Horizont der Lernenden auch zu erweitern und nicht nur in seiner Begrenzung neu abzubilden. Damit wird das Bild von Schule bestätigt, das bestimmt ist von einem Ringen der Generationen um traditionelles und neues Wissen, bestimmt von seiner Bedeutung für Gegenwart und Zukunft, seiner bildenden Kraft, geleitet von Lehrern, die im Rahmen der Richtlinien ihre Prioritäten setzen und erklären, für Schüler, die nicht nur längst Bekanntes neu erfinden dürfen, sondern sich Horizonte erobern und im Dialog Selbständigkeit und Urteilskraft gewinnen.

5 Zusammenfassung

Prüfung von Leistungsprofilen

Allein die letzten Sätze lassen erkennen, wie komplex das Problem der Leistungsbeurteilung ist. Einerseits ist das Ziel aller Urteilsfindung einfach: Gerechtigkeit gegenüber jedermann zu üben. Da mit dieser konsequenten individuellen Förderung aber zugleich die Leistungsunterschiede vergrößert werden, gilt es andererseits, Chancengleichheit möglichst lange für alle zu erhalten. Diesen Konflikt erfährt jede Lehrperson in jeder Leistungsfeststellung. Da aber kein Schüler von den Lernprozessen abgehängt werden darf, geht im Konfliktfall Gleichheit vor Gerechtigkeit. Wie die gegenwärtige Debatte um Standardisierung des Wissens zeigt, ist das politisch auch gewollt. Nebenbei ist die geübte Solidarität mit den von Exklusion bedrohten Schülern Gewinn an Bildung für die Mehrheit.

Von den vier theoretischen Ansätzen für eine Leistungsbeurteilung ist das kriterienorientierte Konzept am besten für eine differenzierte Bewertung von Schülerarbeiten geeignet. Dadurch wird zwar keine Objektivität, wohl aber eine gebrochene Intersubjektivität des Urteils erreicht, in der für Lehrer und Schüler der allgemeine Standard ebenso anerkannt ist wie die individuelle Lösung.

Die Kriterien lassen sich für die Beurteilung analytischer Aufgaben im Modell mit den fünf Schnitten durch eine Kugel anschaulich fassen. Für synthetische Aufgaben bietet die Sequenz von sieben aufeinander bezogenen Kriterien einen hilfreichen Zugriff.

Aus den Plädoyers für eine stärkere Prozessorientierung der Leistungsprüfungen gewinnen die Übungen zur kontinuierlichen Überarbeitung im reflektierten Handeln, der Selbstbeobachtung, der Führung von Leistungsmappen („Portfolios") und der Präsentation der Arbeiten ein besonderes Gewicht. Mit dem Vertrauen in die gemeinsame Leistungsbeurteilung wächst das Zutrauen des Einzelnen zu sich selbst.

Prozess und Produkte des Schreibens und Sprechens steuern sich gegenseitig, indem Reflexion und Anwendung der Kriterien für gelingende Arbeiten die Äußerungen immer komplexer werden lassen und zugleich die gültigen Kategorien für die Beurteilungen bewusst halten.

6 Fragen und Aufgaben

1. Erläutern Sie kurz die Ansätze einer norm-, prozess-, kriterien- und förderungsorientierten Beurteilung.
2. Bestimmen Sie zwei Vorzüge der förderungsorientierten Beurteilung und zeigen Sie Grenzen der „neuen Lernkultur" auf.
3. Welchen Wert gewinnen Leistungsmappen („Portfolios") für eine gerechte Beurteilung der Leistungen?
4. Sollten Noten abgeschafft oder klüger eingesetzt werden? Worin bestünde die didaktische Klugheit?
5. Kommentieren Sie, wie Sie die „gebrochene Intersubjektivität" einer dialogischen Leistungsbeurteilung verstehen.
6. Beschreiben Sie die fünf Kriterienfelder im Kugelmodell, indem Sie jeweils zwei Beispiele für die Leistungsdimensionen nennen.
7. In synthetischen („gestaltenden") Interpretationen werden identifikatorische Lektüren verlangt. Erläutern Sie die drei Grundformen des produktiven Mitspielens, bestimmen Sie den Eigenwert der Übungen sowie die Leistungen für ein besseres Verstehen.
8. Beschreiben Sie die sieben Kriterien für gestaltende Aufgaben, geben Sie je ein Beispiel für den Aufgabentyp und bestimmen Sie die zwei für Sie besonders wichtigen Kriterien.
9. Erläutern Sie die wichtigsten Schritte im Prozess des Schreibens und zeigen Sie, auf welcher Stufe welche Kriterien des gewählten Aufgabentyps die weitere Abfassung leiten.

1 Interessen der Forschung

Leitende Forschungsinteressen

Zwei leitende Interessen bestimmen den professionellen Blick auf den Deutschunterricht: zu erkennen, was ist, und zu entwickeln, was sein soll. So bewegt sich die didaktische Forschung zwischen Analysen von Unterricht und Konstruktionen von Curricula. Das Doppelgesicht der Forschungsinteressen entspricht dem von Diagnose und Therapie in den medizinischen Wissenschaften. Folgestudien zu PISA, die ein differenziertes Bild von Leistungen und Defiziten primärsprachlichen Unterrichts vermitteln, sowie die Diskussionen um die notwendigen Standards von Wissen und Können, lassen erkennen, dass in den beiden Grundrichtungen gegenwärtig gleichermaßen intensiv geforscht und diskutiert wird.

Historische Voraussetzungen

Neben und zwischen den leitenden Fragestellungen nach dem Geltenden und dem Notwendigen haben sich im Laufe der Jahrzehnte weitere Forschungsmethoden ausgeprägt, die das Erkenntnisinteresse verlagern und anders akzentuieren. Vor allem in den Geisteswissenschaften führt eine Analyse des Gegenwärtigen notwendig zu der Frage nach den historischen Voraussetzungen: Wie ist in der Vergangenheit geworden, was heute ist? Die Didaktik hat sich immer auch als historische Wissenschaft verstanden, die sich mit der eigenen Geschichte, der Verwicklung in jeweils veränderte politische Verhältnisse (vor allem nach 1933 und 1945) sowie mit der aktiven Rolle in Transformationsprozessen befasst hat. Wer Schüler zu historischem Bewusstsein führen möchte, sollte es auch auf die eigenen Gegenstände sowie den Rahmen ihrer Vermittlung richten.

Quantitative und qualitative Methoden

Wie die hermeneutischen sind auch die empirischen Methoden weiter ausdifferenziert worden. Zwar sind in der Aneignung empirischer Verfahren in der Nachfolge der PISA-Studien die quantitativen Untersuchungen zum Deutschunterricht gegenwärtig ein dominantes Paradigma, aber noch wichtiger werden qualitative Methoden, die nicht nur Ergebnisse von Unterricht („Outcome") untersuchen, sondern den Prozess des Lernens selbst zum Gegenstand von Fallstudien machen. Mindestens vier Methoden wissenschaftlicher Untersuchungen zum primärsprachlichen Unterricht gilt es heute zu unterscheiden.

2 Historische Studien

Bildungsgeschichten

Auch ohne sich gezielt mit der Geschichte der Didaktik zu beschäftigen, fällt bei der Lektüre von Literatur der Blick auf Erziehung und Schule; denn im Mittelpunkt der Handlungen stehen immer wieder junge Menschen auf ihrem konfliktreichen Weg durch die Gesellschaft. Von Karl Philipp Moritz' Roman *Anton Reiser* über Robert Musils Novelle *Törless*, Heinrich Manns *Professor Unrat* bis zu Günter Grass' *Katz und*

Maus und Juli Zehs *Spieltrieb* gibt es manche Beispiele, in denen Schule eine maßgebliche Rolle für die Lebenswege der Protagonisten spielt. Lehramtsstudierende können die Betrachtung der Schulzeiten systematisch ausbauen, indem sie sich aus Anlass der Fiktionen mit der Realgeschichte von Bildung und Unterricht beschäftigen.

Geschichte des Deutschunterrichts

Das Interesse an wissenschaftlichen Studien zur Geschichte des Deutschunterrichts ist aus verschiedenen Gründen nach wie vor ungebrochen. Zum einen ist Schule unmittelbarer mit geschichtlichen Umbrüchen verbunden als Kunst und Kultur, insofern veränderter politischer Gestaltungswille sich einer „neuen" Erziehung der Jugend bemächtigt. Zum anderen ist offensichtlich, dass bestimmte Kernfragen der Didaktik mit immer neuen Begründungen wiederkehren: Wozu muttersprachliche Grammatik, welcher Kanon, systematisches oder problematisches Lernen, ästhetische (Kreativität) oder wissenschaftliche (Analyse) Bildung, „führen oder wachsen lassen" (Theodor Litt)? Es ist wichtig, die historischen Argumente zu kennen, um das gegenwärtige Interesse zu verstehen. Schließlich ist es notwendig, von den Irrtümern der Didaktik zu erfahren, von ihrer widerstandslosen Unterwerfung unter totalitäre Zumutungen und die Verführung der jungen Menschen zu menschenverachtender und mitleidloser Ideologie. In jeder Hinsicht wird die Betrachtung von Geschichte das Problembewusstsein für die Gegenwart schärfen.

Gesamtdarstellungen

Eine Fundgrube für historische Studien zum Deutschunterricht bis 1945 ist nach wie vor Horst Joachim Franks *Dichtung, Sprache, Menschenbildung* (1973). Niemand wird am Anfang des Studiums dazu kommen, die neun Kapitel auf insgesamt 900 Seiten genau zu lesen. Aber es ist angezeigt, Passagen über Zeitabschnitte, für die das Interesse geweckt wurde, zu studieren, in den angegebenen Quellen nachzuschlagen, Kommentare zu Rate zu ziehen, vielleicht weitere Quellen zu entdecken und in jedem Fall Verbindungen zu Darstellungen in Literaturgeschichte, Philosophie und Pädagogik herzustellen. Wer einen direkten Zugang zu Franks *Geschichte des Deutschunterrichts* sucht, kann mit drei Abschnitten aus verschiedenen Kapiteln beginnen:

- II Stilbildung: Von Gottscheds *Vorübungen der Beredsamkeit* (1754) bis zu Niemeyers *Grundsätzen* (1796) einer selbstbildenden Sprachlehre (90–115).
- V Bildung durch Dichtung: Von Humboldts *Über das Studium des Altertums* (1793), die Gründung des humanistischen Gymnasiums bis zu Kobersteins *erster Literaturgeschichte* (1827, 243–277).
- VIII Weimarer Republik: Von Walter Schönbrunns *Not des Literaturunterrichts* (1929) bis zur drohenden Katastrophe 1933 (729–752).

Einen Gesamtüberblick über die Paradigmenwechsel in der Literaturdidaktik von 1912 bis zur Gegenwart habe ich versucht und dabei konsequent nach der Fortgeltung von Ideen der Bildung und der Praxis von Unterricht gefragt (in: Bogdal u.a. 2002, 30–48). Mehr noch als die ausführlichere Darstellung bei FRANK verlangt diese Zusammenfassung vielfältiger Entwicklungen nach begleitender Lektüre.

Kanoninstanz Schule

Ausführlicher und regional eingegrenzt sind die Studien zum Deutschunterricht von 1820–1918 in dem von HERMANN KORTE geleiteten Siegener Forschungsprojekt „Der Literaturkanon an höheren Schulen Westfalens". Inzwischen sind mehrere Bände der Reihe *Siegener Schriften zur Kanonforschung* erschienen, in denen Quellen unterschiedlichen Typs (Abhandlungen, Lektürelisten, Auszüge aus Schulprogrammen, Lesebuchtexte etc.), diskursive Beiträge mit Auswertungen der Quellen sowie Interpretationen zu deren Verständnis zusammengetragen sind. Um zu erkennen, wie ähnlich und doch so verschieden die Fragen sind, die seit fast 200 Jahren gestellt werden, und wie fremd die Antworten anmuten, lohnen die Studien von Quellen zum Literaturkanon in ausgewählten Schulprogrammen. Das groß angelegte Projekt eines Lektüreplans von AUGUST ARNOLD (1842) etwa vermittelt den Rahmen, den die einzelnen Schulen auszufüllen trachteten.

Teile 1–5	Zeitraum und Auswahl
1.	„von dem Anfange der Literatur bis zum Anfange des 18ten Jahrhunderts" (Q 4, S. 179): „schwäbisch[e] Zeit"; Reformation, Erste schlesische Schule; Leibniz; Thomasius; Wolff
2.	Das 18.Jahrhundert: „alles bis auf Göthe" (Q 4, S. 179), in folgenden Größenverhältnissen: Zeit vor Klopstock: 4; Klopstock: 5; Lessing: 12; sächsische Schule: 5; preußische Schule: 7; „der göttinger Verein (bis auf die nach Göthe Gebornen)": 6; Wieland: 5, Herder: 8
3.	„zu gleichen Theilen die Auswahl aus Göthe und Schiller" (Q 4, S. 179); „einen kleineren Antheil nähmen noch die zwischen beiden geborenen Schriftsteller ein, zunächst Voß (dessen Uebersetzungen aber erst im 5ten Theile Platz fanden)" (ebd.)
4.	Die nachklassische Zeit „bis zur Gegenwart" (Q 4, S. 179)
5.	Weltliteratur in „Uebersetzungen" (Q 4, S. 179)

Abb. 8.1: Kanoninstanz Schule

Der Kanon in Preußen

Der Plan wird mit Variationen in den Schulen Preußens immer neu ausgestaltet, wobei Lektüre der Klassiker und die Methode der Interpretation deutlicher ins Zentrum treten. Der von HERMANN KORTE herausgegebene Band (Frankfurt 2005) lädt dazu ein, Spuren der Kanonentwicklung über die Quellen zu verfolgen. So begründet z.B. AUGUST ARNOLD seinen Plan zu dem Didaktikhandbuch (177–179); wenige Jahre später (1848) wird von F. A. Gotthold ein Stoffplan für das Gymnasium in Königsberg erläutert: *Ideal des Gymnasiums* (203–205) und in biographischen Notizen kann man über die beiden Autoren Näheres erfahren (358, 360). In dem Folgeband *Der deutsche Lektürekanon in höheren Schulen Westfalens von 1820 bis 1870* (Frankfurt 2007) werden die Lektürepläne über die Schulprogramme für jedes einzelne Gymnasium in Westfalen dokumentiert und führen die Lesespur bis zu den einzelnen behandelten Werken.

Geschichtliche Selbstreflexion des Deutschunterrichts

Die Auseinandersetzung mit der Geschichte ist stets ertragreich, weil sie bei allen Innovationen in jeder Gegenwart erkennen lässt, wie politische und didaktische Entscheidungen auf Traditionszusammenhänge treffen, die fortwirken, selbst wenn sie argumentativ überwunden wurden. So konnte gezeigt werden, wie ausgerechnet die DDR-Didaktik zur rettenden Instanz des „bürgerlichen Erbes" geworden ist (Müller-Michaels 2001, 228).

Wiederkehr der Problemkonstellationen

So verschieden die Ansätze historischer Forschung in der Didaktik auch sein mögen, sie führen doch immer wieder zu Kernfragen des Faches. Vieles von dem, was Ende des 18. und Anfang des 19. Jahrhunderts zur Lesesuchtdebatte geschrieben wurde, taucht heute in veränderter Form zu dem Problem eines übertriebenen Medienkonsums wieder auf. Ähnlich ist es mit Fragen der Stoffe und Methoden. Wer an einer Stelle in die Geschichte von Bildung und Schule einsteigt, erkennt schnell das Netz, mit dem die didaktischen Probleme verbunden sind und das zu anderen Epochen und Themen führt. Literaturverzeichnisse in den Studien leiten den Weg zu Stationen der Geschichte (z.B. Korte 2007, 163–173).

Vom Nutzen der Historie

Auch ohne eine explizite Beschäftigung mit der Geschichte des Unterrichts sollte das Studium von Philosophie, Ästhetik, Literatur und Sprache anregen, auf viel diskutierte Theorien von Bildung und Vermittlung zu schauen. Jedes Lehramtsstudium kann nur gewinnen, wenn man sich mit bildungstheoretischen Schriften bedeutender Autoren befasst; dazu gehören u.a.: Herders *Vom Erkennen und Empfinden der menschlichen Seele* (1778) mit der Beschreibung des Wechselspiels von rationalen und emotionalen Kräften für den Gewinn von Wissen und Bildung; Schillers *Briefe über die ästhetische Erziehung des Menschen* (1793) mit den Beweisen für die besondere Bedeutung der Kunst für Bildung und Freiheit des Menschen; Nietzsches *Vom Nutzen und Nachteil der Historie für das Leben* (1874) mit der begründeten Forderung, historische Bildung mit den Problemen der Gegenwart zu verbinden, um aus ihr wirkliche Erkenntnisse zu gewinnen. V.a. die Jugend soll fordern, „dass der Mensch vor allem zu leben lerne und nur im Dienste des erlernten Lebens [also auch für Studium und Lehre, d.Verf.] die Historie gebrauchen" (ebd., 325).

3 Curriculare Entwürfe

Modelle für die Bildung

Einer der gewichtigsten Gründe, meine Profession nicht der reinen Philologie mit den zentralen Aufgaben von Textedition, Kommentierungen und Interpretationen, sondern der angewandten Geisteswissenschaft zu widmen, war das besondere Interesse an der Konstruktion von Modellen für die Bildung zukünftiger Generationen in Schule und Hochschule sowie deren Evaluation. Die begründeten Entwürfe zum Dramencurriculum, zur produktiven Rezeption von Mythen, zu anthropologischen Grundfragen von Liebe, Familie, Traum, Tabu oder Gerechtigkeit, zu Epochen der Literatur und zu Medien (z.B. Fernsehtagebuch, vom Brief zur E-Mail) sind noch immer in Lehrbüchern und Lehrplänen zu finden. Das aber sind nur wenige Beispiele eines großen Fundus von curricularen Entwürfen, die ihre Wirkungskraft in der Praxis bewiesen haben und jederzeit, aktualisiert und methodisch erweitert, wieder im Unterricht eingesetzt werden können. Einheiten aus alten Lehrbüchern, die ich gerne verwendet habe, sind z.B. der „Sechste Kurs: Redelehre (Rhetorik)" aus *Lesen Darstellen Begreifen* (10/1976), „Selbstdarstellung in Texten" aus dem Grundband *Text + Dialog* (1979) oder „Fremde Räume entdecken – (und vernichten?)" aus *Lektüre* (7/1992). Es lohnt sich, rechtzeitig im Studium ein Corpus von Unterrichtsmodellen für die verschiedenen Jahrgangsstufen aufzubauen, das für eigene Modellbildungen und Erprobungen bereit liegt. Auswahlkriterien dürfen durchaus ganz subjektiv sein, weil nur auf diesem Wege einer allzu frühen und gedankenlosen Standardisierung des Lernens entgegen gewirkt wird.

Wissenschaftlichkeit curricularer Entwürfe

Gerade an dieser Stelle lässt sich nun einwenden, dass Konstruktion von curricularen Einheiten eher freier redaktioneller Schöpfung als wissenschaftlicher Arbeit entspricht. Deshalb spreche ich selber auch gerne kritisch von einer Konjunktiv-Didaktik des „Man sollte, könnte, müsste mal ...". Andere, gerade überzeugte Philologen, halten Curriculum-Konstruktionen für blanken Dezisionismus. Modelle, die Ansprüchen der Wissenschaften genügen sollen, müssen also den wichtigsten Prüfkriterien genügen:

- argumentative Begründung von Thema, Stoff und Methode
- Plausibilität der Sequenz sowie der einzelnen Schritte
- Varianz der Medien und der Präsentation
- intersubjektive Geltung
- Prüfung in der Praxis
- Vorschläge für Revisionen

Vom Thema zum Unterricht

Ein Dafürhalten ersetzt keine Plausibilität im Detail und keine tatsächliche Wirkung auf Schüler. Eine Erprobung in der Hochschule mit Studierenden der Disziplin ersetzt nicht die Prüfung im allgemeinbildenden Unterricht des Faches. Beispiele für curriculare Entwürfe brauchen an dieser Stelle nicht ausführlich kommentiert zu werden, denn kontinuierlich werden in den Fachzeitschriften, neuen Lehrbüchern oder Unterrichtsmaterialien der Verlage sowie den Lehrplänen der Ministerien neue Modelle empfohlen oder gar verpflichtend gemacht (z.B. für zentrale Prüfungen). Man kann sich also von den Vorschlägen leiten lassen, sie analysieren und erproben, bevor man selbst zu Werke geht. Um zu verstehen, wie Themen in den Blickpunkt geraten, zu didaktischer Modell-Bildung herausfordern, durch bildungspolitische und theoretische Diskussion akzentuiert werden, als Innovation die Praxis bereichern und der Theorie wiederum neue Argumente zu liefern, ist es doch angezeigt, auf ein aktuelles Beispiel zu verweisen.

Beispiel „Topographical Turn"

In den Kulturwissenschaften werden seit 2003 wieder die Räume als Kategorie menschlicher Erfahrungen entdeckt. Seither spricht man vom „Topographical Turn", der den „Pictorial Turn" (ab 1992) ablöst. Nicht mehr den Bildern der neuen Medien gilt die besondere Aufmerksamkeit, sondern den Orten der Geschichte, der persönlichen Erinnerung oder der Phantasie. Der Fall der Mauer in Berlin und der Angriff auf die Türme des WTC in New York (11/9 und 9/11) haben das Augenmerk auf die Bedeutung von Räumen für menschliche Erfahrungen gerichtet. Seither werden Orte als zentrale Kategorien von Wahrnehmung und Verstehen beschrieben; das gilt für reale Räume des sozialen Lebens ebenso wie für die fiktiven Orte der Literatur. Auf die kulturwissenschaftliche Herausforderung hat die Didaktik mit der Entwicklung von curricularen Einheiten geantwortet: „Stadt Land Fluss. Orte in der Literatur" (*DE* 6/2006). Vier Dimensionen von Raum-Erfahrungen sind zu unterscheiden:

1. Räume des wirklichen Lebens
2. Vermessene Räume in Karten und Beschreibungen: Kartierungen
3. Orte der Erinnerungen
4. Imaginäre Räume der Kunst und Phantasie

Wirkliche Räume

Der erste didaktische Zugriff auf das Thema macht aufs Neue die wunderbare Vielfalt der alten poetologischen Kategorie deutlich. Es ist nicht besonders schwer vorherzusagen, dass Räume besondere Bedeutung für die Planung von Unterricht in Lehrplänen und Lehrbüchern gewinnen werden. Absehbar ist, dass die Zeit der Dominanz der Stubenhocker vor dem PC zu Ende geht und junge Menschen ermutigt werden, ihre Erfahrungen wieder unmittelbar in nahen und fernen Räumen zu sammeln.

4 Empirisch-analytische Forschung

PISA

Die *PISA*-Studie hat nicht nur bildungspolitisch die Aufmerksamkeit neu auf Leistung, Standards, Gleichheitschancen, Wissenskanon und individuelles Recht auf Bildung justiert, sondern auch auf die Methoden didaktischer Forschung. Empirische Untersuchungen richten sich vor allem auf Sprachentwicklung, Kompetenzerwerb und Mediengebrauch der Jugendlichen. Verfahren wie Befunde sind dringend erforderlich, um die Voraussetzungen zu kennen, auf denen Lehr- und Lernprozesse aufbauen können. Wie eine Therapie nur auf der Grundlage einer genauen Diagnose entwickelt werden kann, sind Entscheidungen über Maßnahmen von Bildung und Erziehung abhängig von Bedingungen in dem Feld, für das sie geplant sind. Empirische Erkenntnisse sind Grundlagen didaktischer Entscheidungen, können sie aber selbst nicht liefern.

Empirisierung der Pädagogik

Das Interesse an erfahrungswissenschaftlichen Studien ist in den letzten Jahrzehnten kontinuierlich gewachsen. Grob gesehen lassen sich drei Phasen identifizieren (ausführlicher: BECKER-MROTZEK 1997). In den siebziger Jahren klärten Einzelstudien zu Sprachleistungen (MESSELKEN), zur Aufsatzkorrektur (IVO) oder zu typischen Formen der Textrezeption (GRZESIK u.a.) auf. In den achtziger Jahren kamen Fallstudien zu komplexen Unterrichtsprozessen nach dem Modell der teilnehmenden Beobachtung hinzu (EGGERT u.a., MÜLLER-MICHAELS, RUPP). Internationale Vergleichsstudien zum Leistungsstand der Schüler in verschiedenen Jahrgangsstufen (TIMSS, PISA u.a.) leiteten dann die Wende zu groß angelegten Untersuchungen über Wissensstand und Fähigkeitsentwicklung ein, die auch Stärken und Schwächen von Lehr- und Lernkonzepten in Deutschland belegen. Eine der maßgeblichen empirischen Studien in der Nachfolge der *PISA*-Erhebungen zu sprachlichen und analytischen Kompetenzen ist zweifellos das *DESI*-Projekt (Deutsch Englisch Schülerleistungen International). BÄRBEL BECK und ECKHARD KLIEME (2007) erläutern die beiden wichtigsten Ziele der Untersuchung:

- Gewinnung von Einsichten über die tatsächliche Leistungsfähigkeit von Schülern allgemeinbildender Schulen mit Hilfe von Kompetenzmodellen, durch die Dimensionen von Wissen und Können dargestellt werden.
- Aufklärung über Zusammenhänge von unterrichtlichen und familiären Anregungen für die Fähigkeitsentwicklungen durch Befragung von Schülern, Lehrern und Eltern.

Sprachkompetenz messen

Für die vier grundlegenden Teilfähigkeiten einer Sprachkompetenz: Sprechen, Schreiben (produktiv), Hörverstehen und Lesen (rezeptiv) werden in den einzelnen Kapiteln Modelle beschrieben, mit deren Hilfe die Teilkompetenzen gemessen und die Niveaus der Leistungen klar abgebildet werden können. Besonders aufschlussreich für Messkonzept, Aufgabenmerkmale und Skalenbeschreibung ist das Kapitel über Lesen von HEINER WILLENBERG (107ff.), auf das wir schon in anderem Zusammenhang hingewiesen haben (S. 49/50). Sehr schlüssig sind die Bestimmungen der vier Kompetenzstufen, die mit je einem Beispiel aus den Genres Sachtext und literarischer Prosa erläutert werden. Die Skalierung der Niveaus ist auch für die Feststellung der Kompetenzstufen in informellen Analysen des Leistungsspektrums in einer Klasse geeignet.

Grenzen der Empirie

Bei aller Notwendigkeit empirischer Untersuchungen von Sprachfähigkeiten für eine realistische Einschätzung der Schüler und den daraus folgenden didaktischen Entscheidungen muss klar sein, dass nur gemessen werden kann, was auch operationalisierbar ist. Das ist in dem Anforderungsprofil des Erklärens und Argumentierens mehr als man gemeinhin für möglich hält, aber kann doch Verstehensprozesse nicht erfassen, die durch den unerwarteten Einfall, Widerspruch gegen das Erwartete, verblüffende Hypothese oder ungewöhnliche Verknüpfungen bestimmt sind. Ohne analytische Kompetenz ist diese schöpferische Deutungskraft allerdings nicht zu haben. Sprachliche und intellektuelle Fähigkeiten sind die Bedingungen produktiver Vernunft. Sie systematisch zu prüfen, ist Aufgabe quantitativer didaktischer Forschung.

Leseforschung

Die Ansätze und Ergebnisse der Leseforschung von 1918 bis 2008 finden sich sehr übersichtlich zusammengefasst bei Dieter Wrobel (2008, 37–57). Diese Studie bietet zugleich eine ausführliche Darstellung qualitativer Unterrichtsforschung zur entschiedenen und nachhaltigen Förderung individualisierten Lesens im nichtgymnasialen Deutschunterricht. Von den durch Wrobel kommentierten Arbeiten verdient die Untersuchung von Andrea Bertschi-Kaufmann (2000) besondere Aufmerksamkeit, weil sie in Schweizer Schulen (Klasse 5 und 6) erhoben wurde, methodisch differenziert vorgeht und mit dem Konzept des offenen Unterrichts didaktische Vorschläge für eine Verbesserung der Leseleistungen verbindet.

Empirische Unterrichtsforschung

Eine anregende Einführung in das Gesamtfeld der empirischen Unterrichtsforschung haben der Psychologe Norbert Groeben und die Didaktikerin Bettina Hurrelmann vorgelegt (2006). Der Anspruch, in der didaktischen Forschung einen Paradigmenwechsel eingeleitet zu haben, ist zwar überspannt, denn Lehrpersonen wussten immer, auf welchem Bedingungsgefüge ihr Unterricht aufbaut, aber dennoch werden in dem „Weiterbildungsprogramm" manche wichtigen Hinweise zu Anlage, Durchführung und Diskussion der Ergebnisse erfahrungswissenschaftlicher Untersuchungen gegeben. Zentral für das Verständnis von Zielen und Leistungen der quantitativen Verfahren sind die einführenden Beiträge zum Teil II „Methodische Perspektiven" von Norbert Groeben und Margit Schreier (287–340). Groeben macht die Differenz der hermeneutischen und szientifischen Verfahren an dem Unterschied von Verstehen und Erklären deutlich, deren Antinomie er zusätzlich durch die Kategorien des Beschreibens und Beobachtens unterstreicht:

> „Dann ist das hermeneutisch-geisteswissenschaftliche Paradigma auf verstehendes Beschreiben konzentriert, das szientifisch-naturwissenschaftliche auf beobachtendes Erklären" (ebd., 289).

Anders als die Behauptung eines Paradigmenwechsels vermuten lässt, ist Groeben bei der differenzierten Darstellung darum bemüht, die strenge Dichotomie von Verstehen und Erklären zu einer sich gegenseitig beeinflussenden Komplementarität weiterzuentwickeln.

Prinzipien der empirischen Forschung

Für die empirischen Erhebungen nach dem quantitativen Ansatz gelten Prinzipien wie allgemein für die Forschung:
- Widerspruchsfreiheit
- Stringenz der Beweisführung und Argumentation
- deutliche Trennung von Gegenstands- und Theorieebene (und deren Sprachen)
- Hypothesenbildung und Kategorien ihrer Prüfung bzw. Falsifikation
- intersubjektive Geltung der Erkenntnis sowie der Schritte, die zu ihr führen.

Gütekriterien

Margit Schreier präzisiert die allgemeinen Prinzipien mit explizitem Blick auf experimentelle Untersuchungsplanung. Besonders die Erläuterung der Gütekriterien für quantitative Erhebungen: Objektivität, Reliabilität und Validität macht den hohen Selbstanspruch der Forschung sichtbar (364–366):
- **Objektivität** ist gegeben, wenn die Ergebnisse eines Erhebungsverfahrens unabhängig von der Person sind, die die Untersuchung durchführt.
- **Reliabilität** bedeutet, dass das Verfahren zuverlässige Ergebnisse bringt, dass Schüler also nicht zu verschiedenen Zeiten unterschiedliche Punktwerte erreichen.
- **Validität** meint die Zuverlässigkeit eines Verfahrens, das mit den Aufgaben auch tatsächlich misst, was es messen soll (z.B. Leseleistung).

Um noch tiefer in die Verfahren quantitativer Datenerhebung einzudringen, sind auch die Abschnitte über Testtheorie und Befragung (368–394) lehrreich. Insgesamt verwehren die Beiträge sich aber einem Blick auf vorhandene qualitative Studien zum Deutschunterricht und sind auch im Feld der Hermeneutik nicht auf der Höhe didaktischer Diskussionen, wenn etwa die Differenz von identifikatorischer und kritischer Lektüre oder synthetischer und analytischer Interpretation nicht erkannt wird. Aber das „Weiterbildungsprogramm“ soll in Methoden der Diagnostik einführen, nicht Verfahren beschreiben, die den Prozess der Bildung selber in den Blick nehmen. Das gelingt nur mit qualitativen Forschungsmethoden.

Verbindung von quantitativer und qualitativer Forschung

Eine Studie, die sich den methodischen Herausforderungen quantitativer und qualitativer Verfahren stellt, ist die Untersuchung von Gerhard Rupp u.a. zu *Lesen und Medienkonsum* (2004). Ausgehend von der Hypothese, dass die neuen Medien die Dominanz des Buches in jeder Hinsicht (Information, Unterhaltung, Konstruktion von Wirklichkeit, soziale Identität) abgelöst haben, wird die Mediennutzung in Interviews, durch Fragebogenerhebung sowie durch Kommentierung von Eigenproduktionen der Schüler mehrperspektivisch untersucht. Mögen die Einzelbefunde, gemessen an den Vorgänger-Ergebnissen, auch nicht überraschend sein, so lassen vor allem die Antworten in den Interviews und den eigenen produktiven Versuchen beim Schreiben von Texten und Drehen von Clips erkennen, dass weniger die starke Ausdifferenzierung der Mediennutzung und deren Abhängigkeit von sozialen Milieus das Problem ist, als vielmehr die Entdifferenzierung kultureller Praktiken. Die Schüler erkennen immer weniger die spezifischen Formen und Leistungen traditioneller und neuer Medien und können sie daher auch nicht angemessen für die Gewinnung von Weltverständnis und die Entwürfe des Selbst nutzen. Alles Wissen bleibt unspezifisch, oberflächlich und gleichgültig. Man darf also schlussfolgern, dass, um unbedenklichem Mediengebrauch entgegenzusteuern, mehr Beschäftigung mit den Medien und ihren speziellen Möglichkeiten wie Grenzen im Unterricht nötig ist. Die Kenntnis der differenten Formensprache der Medien führt zur avancierten Literatur und deren Leistungen zurück. In diese Richtung gehen dann auch die Empfehlungen für ein neues Lernen in einer medialen Zukunft (ebd., 217–240).

5 Qualitative Unterrichtsforschung

Neuere Entwicklungen

Auch wenn inzwischen die Frontstellung von quantitativer und qualitativer Schulforschung überwunden ist, wie die Studie von Gerhard Rupp u.a. gezeigt hat, haben sich die Methoden in den vergangenen Jahren nebeneinander und ohne Einfluss aufeinander entwickelt; keine der einschlägigen Fall-Studien verdient in dem umfangreichen Band zur Empirischen Unterrichtsforschung (Groeben u.a. 2006) überhaupt eine Erwähnung. Daher soll der Unterschied in Ansatz, Verfahren und Auswertung deutlich gemacht werden. Die zentrale Differenz zwischen den feststellenden und verstehenden Methoden liegt vor allem in zwei Punkten: In qualitativen Untersuchungen wird zum einen die Trennung von Forschern und Erforschten aufgehoben zugunsten einer **mitwirkenden Beobachtung** im Feld. Was an Objektivität der Ergebnisse beim lernenden Forschen verloren geht, wird an Plausibilität des Denkens und Handelns aller Beteiligten gewonnen. Zum anderen wird ein offenes, exploratives Untersuchungsverfahren angestrebt, in dem Prozesse analysiert und Lernimpulse gegeben werden, um eine Veränderung im Feld einzuleiten. Nicht „Outcome“, Ergebnisse eines Unterrichts, den der Forscher gar nicht kennt, werden untersucht, sondern Prozesse des Lernens mit ihren „fruchtbaren Momenten“ werden gedeutet und weiter entwickelt. Aus Objekten fremdgesteuerter Forschung werden Lehrer und Schüler zu Subjekten des Handelns im Schulfeld.

Merkmale von Fallstudien

In meiner immer noch unwiederholten Langzeitstudie über den Grundkurs in der gymnasialen Oberstufe 1980–1983 (1987/1994) werden drei Merkmale von Fallstudien als Form qualitativer Forschung erläutert:

1. Teilnehmende Beobachtung als Mitwirkung im Feld.
2. Perspektivität, die subjektive Beobachtung und Einwirkung durch alle Beteiligten an die Stelle von „objektivem“ Gesamtblick setzt und zugleich metatheoretisch erklärt.

3. Sprachliche Darstellungen: resümierender Bericht (als Form „dichter Beschreibung" nach GEERTZ), Protokolle von Stundenverläufen, Transkriptionen von Unterrichtsgesprächen, Videodokumentationen, Schülerarbeiten in Kursmappen (heute: Portfolios) und Aufsätzen, Lehrertagebücher mit Interpretationen. Schüler werden zu aktiv Mitwirkenden im Forschungsprojekt.

Ausführlicher erklärt FREDERIKE GRUBER in ihrer Dissertation *Interaktive Lektüre. Fallstudien zu neuen Methoden des Literaturunterrichts* (2000) die Merkmale des qualitativen Ansatzes in der Unterrichtsforschung in sieben Punkten, setzt sich anschließend mit der Kritik an dem Fallstudienkonzept ebenfalls in sieben Einwänden auseinander und fasst abschließend in acht Thesen, mit Blick auf die internationale Forschung, die besondere Leistung der qualitativen Forschung für Interpretationen und Innovationen von und für Unterricht zusammen (11–45). Die Ergebnisse der drei Fallstudien zu konkreter Poesie, zum autobiografischen Schreiben und zur Behandlung von ELFRIEDE JELINEKS *Die Ausgesperrten* lassen sich nicht verkürzt referieren, weil es auf die einzelnen Momente des Unterrichts, die detaillierten Interpretationen und Begründungen methodischer Impulse ebenso ankommt wie auf die Systematisierungen und Deutungen der Schülerdokumente. Besser als jede andere Methode machen qualitative Untersuchungen Stärken und Schwächen von Bildungsprozessen in heterogenen Lernklassen verständlich.

Eine studienfreundliche Einführung in „qualitative Methoden in der Erziehungswissenschaft", ohne allerdings auf fachdidaktische Studien einzugehen, hat BURKHARD FUHS vorgelegt (2007). Er bekräftigt noch einmal das Ziel der anderen Empirie:

> „Überall dort, wo es für Menschen um Bedeutungen geht, wo Kräfte am Werk sind (Emotionen, Erfahrungen oder ästhetische Wahrnehmungen), die nicht dem klaren Verlauf der Rationalität folgen, gilt es, die Qualität der Welt mit eigenen Zugängen zu beschreiben." (ebd., 11)

Maßstäbe wissenschaftlichen Arbeitens

Niemand wird behaupten wollen, dass Fragen von Common Sense, Einfühlung, ästhetischer Erfahrung oder moralischer Urteilskraft statistischen Erhebungen so zugänglich sind, dass Argumente und Einschätzungen gewichtet werden könnten. Sie sind aber Herzstück allgemeiner Bildung und müssen daher wissenschaftlichen Untersuchungen jenseits von Quantitäten zugänglich bleiben. Die Gütekriterien der qualitativen Forschung jedoch sind andere als die quantitativer Datenerhebung. FUHS zitiert mit MAYRING (1996) sechs Maßstäbe wissenschaftlichen Arbeitens (2007, 53):

1. Das Verfahren wird dokumentiert,
2. durch argumentative Interpretationsabsicherung nachvollziehbar gemacht,
3. die Forschung erfolgt nach Regeln, die systematisch abgesichert sind,
4. die Methode hat eine Nähe zum Gegenstand, der untersucht werden soll,

5. die Ergebnisse werden kommunikativ validiert sowohl im laufenden Forschungsprozess als auch nach Vorlage der Ergebnisse,
6. in Triangulation werden unterschiedliche Zugänge und Analyseformen gewählt (also auch quantitative).

Prozess-Analyse

Objektivität der Aussagen kann also nicht erreicht werden, wohl aber ein genaueres Verständnis von Prozessen des Lernens und der Wirksamkeit von innovativen Inhalten, Methoden oder Medien. Wenn es in der Bildung darum geht, Wissen und Können kontinuierlich zu fördern, können diese Lernprozesse für außer ihnen liegende Zwecke der Forschung nicht ständig still gestellt werden; die Prozesse selbst müssen wissenschaftlich beobachtet, ausgewertet und gefördert werden. Einsichten und Empfehlungen sind zwar nicht von allgemeiner Gültigkeit und eignen sich daher weniger für öffentliche Dispute, aber sind doch von einer Feld-Repräsentanz, die für ähnliche Fälle spezielle Gültigkeit erlangt: „Der Fall steht exemplarisch für ein Problemfeld, aber seine Eigenschaften sind nicht unbedingt typisch für alle Fälle“ (FUHS, 64).
Um noch einmal auf meine Langzeitstudie in der gymnasialen Oberstufe zurückzukommen, so hat sie in einer Schule stattgefunden, in deren Einzugsbereich bildungsbürgerliche Schichten weniger zuhause, die Lehrpersonen aber dafür besonders engagiert waren, die Differenzen gegenüber den Innenstadtgymnasien zu kompensieren. Die Befunde dürften exemplarisch für die vielen ähnlichen Fälle in den achtziger Jahren sein, aber nicht unbedingt typisch für die Institution Gymnasium insgesamt.

Fall-Repräsentanz

Die Fall-Repräsentanz lässt sich nach der Kategorie der Verifikation bemessen: die Studie ist in zwei Auflagen relativ bekannt geworden, Begriffe und Einsichten sind nach 1987 vielfach aufgegriffen und verstärkt worden. Das betrifft z.B. die neuen Ziele des allgemeinbildenden Unterrichts: Rezeptionshandlungen als Variation des Methodenrepertoires, produktive Vernunft als konsequente Art, sich allseitig im Denken zu orientieren, Verstehen als Applikation in der Form synthetischer (oder: „produktiver“) Interpretation und Literatur wie alle Kunst als Erkenntnisform neben den Wissenschaften. Ob die Wirkung auf die fachdidaktische Diskussion und Übernahme in Lehrpläne explizit oder implizit erfolgt ist, bleibt ohne Belang, denn die Studie selbst geht von Prämissen aus, die durch geistes- und sozialwissenschaftliche Arbeiten inspiriert worden sind. Qualitative Forschung kann also weniger Paradigmenwechsel (oder „Turns“) auslösen, als vielmehr Tendenzen stärken, Verständnis erweitern und Mut zu Innovationen machen.

Kleine Fallbeschreibungen

Mit kleinen Fallbeschreibungen, in denen der doppelte Blick des zugleich Handelnden und Interpretierenden praktiziert wird, lässt sich schon im Studium beginnen. FUHS schreibt daher zu Recht: „Qualitative Interviews, geschulte Beobachtungen und lebensweltliche Beschreibungen ermöglichen einen Zugang zu Praxis, der auch Problemen und Konfliktfeldern nicht ausweicht, sondern in qualifiziertem Umgang mit Nähe und Distanz hilft, inne zu halten und ‚neu' hinzuschauen" (FUHS, 120). Der doppelte Blick gilt sowohl dem beobachteten Unterricht Anderer als auch den ersten Schritten einer Selbsterprobung. Aufgaben sind z.B.: Lässt die Stoffwahl sich begründen, ist der Methodenwechsel plausibel, wer und wie viele Schüler beteiligen sich am Unterricht, gibt es gruppendynamische Prozesse, wie wird das Ergebnis gesichert, welche Sprachformen oder methodischen Sprechakte dominieren?

Entwicklung in anderen Disziplinen

Auch in den anderen humanen Handlungswissenschaften findet die engagierte Diskussion über die Leistungen der quantitativen und qualitativen Forschungen statt. In der Medizin läuft die Debatte unter dem Stichwort der „Evidenzbasierten Medizin (EBM)". Evidenz meint dabei zunächst den nachweisgestützten Erfolg einer therapeutischen Maßnahme. Zunehmend werden aber darunter empirisch gesicherte, randomisierte klinische Studien (RCTs) sowie deren Metaanalyse verstanden. Die Ergebnisse dieser externen Untersuchungen werden den Praktikern, ohne dass sie Zweifel haben dürfen, zum unmittelbaren Gebrauch empfohlen. GUNVER SOPHIA KIENLE nennt das „*Top-Down*-EBM, deren explizites Ziel die Einschränkungen der Therapiefreiheit ist" (2008, 1161). Demgegenüber steht die *Bottom-Up*-EBM, die ärztliche Befunde und Entscheidungen nicht ersetzt, sondern sie unterstützt und stärkt. Nur sie kann dem Einzelfall gerecht werden, nicht aber einem Durchschnitt oder Median, die als Personen gar nicht existieren. Von den Einwänden gegen mathematisierte empirische Erhebungen wird zu Recht als Argument besonders geltend gemacht, dass von den Teilnehmern an einer RCT nur ein ganz geringer Teil profitiert; der große Rest werde ohne Anlass und Erfolg therapiert. Erkenntnisse aus quantitativen Untersuchungen können nur als (hin und wieder gewichtiges) Element eine therapeutische Entscheidung stützen, sie aber niemals ersetzen.

Evidenz in der Pädagogik

Nichts anderes gilt auch für die „Behandlungen" im Unterricht. Befunde quantitativer Untersuchungen können Aktivitäten von Lehrpersonen neu ausrichten, ihnen Argumente für eine andere Praxis liefern und den eigenen Blick schärfen, aber sie können sie nicht dirigieren. Wie in der Medizin oder Psychologie geht es immer um Entscheidungen zugunsten einzelner Personen – ihrer Gesundheit oder Bildung. Damit soll nichts gegen statistische Erhebungen gesagt sein; wir brauchen auch im Bildungssektor viel mehr als bisher. Nur auf diese Weise gewinnen Lehrpersonen die notwendigen Daten für ihre Entscheidungen und Politiker die Argumente für Reformulierungen von Lehrplänen und Richtlinien. Außerdem schützen empirisch abgesicherte Befunde davor, Routinen des Alltags, bewährte Muster, „Didaktisches Brauchtum" (IVO) als Ergebnisse qualitativer Beobachtungen auszugeben. Evident ist im pädagogischen Feld nicht das fraglos Geltende, sondern das Innovative, das sich kontrolliert und nachweisgestützt gegen die Routine bewährt.

6 Zusammenfassung

Erforschung der Lehre

Immer wieder ist im Verlauf der Darstellung sichtbar geworden, dass die Didaktik im Schnittfeld verschiedener Disziplinen operiert. Mit der Analyse der gesellschaftlichen und individuellen Bedingungen von Erziehung und Unterricht nutzt sie die Methoden der empirischen Sozial- und Humanwissenschaften. Die überprüfbaren Verfahren der Sprach-, Text- und Kulturinterpretationen in den Philologien werden in curriculare Modelle eingebaut, um damit spezielle und allgemeine Bildung zu fördern. Analyse, Konstruktion und Evaluation von Lernprozessen markieren die Interessen fachdidaktischer Forschung.

Die Untersuchungen zur Geschichte von Germanistik und Deutschunterricht gehören zu den ältesten Forschungsvorhaben. Sie sind eng mit der allgemeinen Geschichte Mitteleuropas verbunden, insofern politische Veränderungen immer auch Auswirkungen auf Reformulierungen von Bildungszielen und Lehrplänen haben. Die Folgen für Schule und Unterricht sind nicht nur in Dokumenten, sondern auch in Geschichten von Autoren aufbewahrt, die an die Schulzeit als prägende Lebensphase erinnern.

Genuines Geschäft der Didaktik ist die Konstruktion von Curricula für erfolgreichen Unterricht. Die Modellbildungen reichen von den groß angelegten Lehrplänen der Ministerien über Sequenzvorschläge in Lehrbüchern und Fachzeitschriften bis hin zur Unterrichtsplanung der einzelnen Lehrpersonen. Wissenschaftlich werden die Curricula erst durch nachvollziehbare Begründungen für den Gesamtentwurf und seine Schrittfolge sowie durch ihre Prüfung in der Praxis. Didaktische Entscheidungen bedürfen der Begründung.

Bei der empirischen Forschung im Handlungsfeld Schule sind quantitative wie qualitative Studien gleichermaßen wichtig. Während die empirisch-analytische Forschung Leistungen der Schüler (und Lehrer) objektiv, reliabel sowie valide beschreibt und erklärt, sind qualitative Verfahren geeignet, Lernprozesse gleichzeitig zu verstehen und produktiv zu beeinflussen. Was in den Fallstudien an Objektivität verloren geht, wird an Plausibilität gewonnen. Beide Verfahren sind wichtig, denn nur wer die Bedingungen des Unterrichts und die Voraussetzungen bei den Schülern kennt, kann Bildungsprozesse erfolgreich einleiten und kontinuierlich kritisch überprüfen.

7 Fragen und Aufgaben

1. Analyse und Konstruktion – Geben Sie je ein Beispiel für ein deutschdidaktisches Forschungsvorhaben.
2. Kommentieren Sie eine Episode aus einem literarischen Werk, in der von der Schulzeit erzählt wird, und markieren Sie die historische Differenz zu Ihrer Erfahrung.

3. Suchen Sie aus einem Lehrbuch ein Unterrichtsmodell und begründen Sie, wodurch es Sie überzeugt.
4. Vergleichen Sie je ein Heft des jüngsten Jahrgangs zweier Zeitschriften für den Deutschunterricht (z. B. PD und DE) und kommentieren Sie die Bedeutung des Themas sowie zwei der vorgeschlagenen Unterrichtseinheiten.
5. Erläutern Sie einzelne Prinzipien empirisch-analytischer Forschung, indem Sie auch auf ein Beispiel eingehen.
6. Versuchen Sie eine kleine Fallbeschreibung bei einem Unterrichtsbesuch (oder im Hochschulunterricht); z. B. Sequenzierung, Methodenwahl, Sprechakte, Beteiligung, Frageform und Fragefolgen.
7. Erläutern Sie einige Prinzipien qualitativer Forschung und begründen Sie das Thema für eine vorliegende oder neue Untersuchung.

1 Leistungsbereitschaft

Reflexion und Erfahrung

Lehramtsstudierende sehen Prüfungen mit doppeltem Blick: Was Gegenstand didaktischer Reflexion ist, erfahren sie zugleich im Hochschulunterricht selber. Auch wenn Ablauf wie Kriterien von Prüfungen im allgemeinbildenden Unterricht anders sind als im Fachstudium, sind Situation für jeden Einzelnen und Ziel der Leistungsprüfungen durchaus vergleichbar. Aus guten Vorbildern einer fairen Beurteilung mit weiterführender Beratung kann jeder und jede Studierende genauso viel für sich selber lernen wie aus ungerechten und schnellen Urteilen.

Selbstprüfung

Wichtig ist, Prüfungen als elementaren Teil des Studiums zu begreifen: Alle Bemühungen um die Aneignung eines fremden Stoffes und jedes Experimentieren mit neuen Methoden sollte der kritischen Selbstprüfung unterzogen werden. Einsichten in Sachverhalte oder Interpretationen von Texten können mit Kommilitonen diskutiert und bewertet werden. Für Sportler sind kontinuierliche Leistungsüberprüfungen genauso selbstverständlich wie für Kunststudierende kritische Analysen ihrer Werke. Machen Sie die Selbstprüfung zum Habitus, dann werden auch institutionelle Prüfungen leichter.

2 Hausarbeiten

Probleme der Forschung

Bei den ersten Arbeiten ist es gut, sich an die Vorschläge der Dozenten zu halten, um die Themenstellung nicht zu eng oder zu weit zu fassen. Im Unterschied zur Arbeit in der Schule ist es im Studium wichtig, sich einen Überblick über die Forschungsliteratur zu verschaffen sowie wichtige Positionen zu bestimmen. Aus der Kontroverse wird die eigene Fragestellung abgeleitet und im Verlauf der Ausführungen überprüft. Zur Stützung der Argumentation oder bei der Beispielwahl dürfen und sollen die vorliegenden Studien zu Rate gezogen werden. Am Schluss wird die Ausgangsfrage beantwortet oder die Hypothese bekräftigt bzw. modifiziert.

Thesen finden

Ein kluger Hochschullehrer hat einmal gesagt, dass er sein Ziel erreicht habe, wenn seine Studenten gelernt hätten, eine einzige gute Frage zu stellen. Das ist zwar eine zugespitzte Feststellung, denn auf schlüssige Argumentation und verständnisvolle Detailbeobachtungen kommt es ebenso an, aber sie macht deutlich, wie wichtig aufschlussreiche Hypothesen für das Studium der Sachen sind. V.a. für die Abschlussarbeit im B.A.- oder M.Ed.-Studiengang gilt es, richtig bemessene Fragen zu finden, die eine Bearbeitung in engem Zeitrahmen und mit Erkenntnisgewinn erlauben.

3 Mündliche Prüfungen

Themen mittlerer Reichweite

Auch für die mündlichen Abschlussprüfungen (zu Seminaren oder von Studienabschnitten) sind Themenstellungen mittlerer Reichweite zu finden. Sie sollten einerseits offen legen, wie präzise die Kenntnisse in dem gewählten Spezialgebiet sind, wie sicher der Gebrauch geeigneter Methoden ist, andererseits erkennen lassen, in welchen größeren Kontext die Detailbefunde gehören. Die Kontexte können sich auf die historischen Zusammenhänge, systematischen Ordnungen oder Wissensgebiete bzw. Problemfelder der Didaktik beziehen. Im Themenfeld „Romane im Unterricht“ wird z.B. über Erzähler- und Figurenrede gesprochen; Beobachtungen zur erlebten Rede werden in Kontexte zurückgeführt, etwa als typische Form des Erzählens um 1900, als Indikator personalen Erzählens oder als Mittel anschaulicher Darstellung beim Abfassen eigener Erzählungen durch die Schüler.

Präsentation

Unabhängig vom erwarteten konkreten Ablauf der Prüfung sollte jedes Thema wie ein Kurzreferat vorbereitet sein, um keine Gelegenheit zu umfassender und detailfreudiger Darstellung in der Prüfung ungenutzt zu lassen. Auch bei dieser Präsentation ist es für das Ergebnis entscheidend, Positionen der Forschungsliteratur vorzutragen, sich für eine These stark zu machen und eigene Beobachtungen einzuschließen. Kritische Einschätzungen und Selbstzweifel führen zu weiterführenden Fragen und ziehen den Prüfer aus der Fragehaltung in eine Fachdiskussion.

Form der Antworten

Bei der Darstellung von Sachverhalten gibt es im Grunde nur zwei gedankliche Bewegungen:

- die schlüssige Argumentation, durch die unterschiedliche Positionen zu eigener (oder übernommener) Beweisführung vertikal verengt werden und zu nachvollziehbarem Ergebnis führen;
- die reihende Präsentation von Beobachtungen, die sich horizontal von Beispiel zu Abstraktion und nächstem Beispiel fortbewegen und sich voreiligen Ordnungsversuchen widersetzen.

Fragetypen

Die Art der Antwort hängt von den Fragen ab, die Prüfende stellen. Wenn Sie sich die Fragen vergegenwärtigen, die im Kapitel „Leistungsbeurteilung“ gestellt wurden, dann können Sie vier Typen identifizieren:

- **Wissensprüfungen**, durch die Kenntnisse, Definitionen und Kontextwissen festgestellt werden, z.B. in Frage (1) nach den Ansätzen der Beurteilungspraxis, (6) nach den Kriterien oder (9) nach den Schritten der Korrekturen.
- **Verständnisfragen**, die über die Kenntnisse hinaus Analyse- und Interpretationskompetenz zeigen; z.B. der Impuls (2) Vor- und Nachteile eines der Konzepte zu erläutern, (4) die Argumentation pro et contra Noten oder (5) die zentrale Frage nach der „gebrochenen Intersubjektivität“ von Urteilen.

- **Anwendungsfall** für Forschungsbefunde, abstrakte Einsichten oder überraschende Thesen; z.B. (8) die Suche nach Beispielen für den Gebrauch der Kriterien für eine synthetische Interpretation. Die Argumentation kann auch umgekehrt von einem Beispiel (Auszug aus einem Aufsatz) zur Abstraktion mit der Kategorienbestimmung führen.
- **Einschätzungen** von Befunden oder Thesen, die Urteilskompetenz verraten; z.B. (8) die zwei wichtigsten Kriterien oder (3) der Wert von „Portfolios". Behutsame Abwägung von Argumenten soll sich mit dem Mut zu eigenständigem Urteil verbinden.

Mehr noch als die Fähigkeit, selbständig Fragen stellen zu lernen, ist die Urteilskompetenz auf der Grundlage profunder Kenntnisse und nachvollziehbarer Beweisführung das Ziel akademischer Bildung.

Der Anhang enthält nur die zitierte Literatur, die für das Weiterstudium einschlägig ist. An den Anfang werden die Einführungswerke gestellt, auf die in den verschiedenen Kapiteln immer wieder Bezug genommen wird. In diesen Handbüchern werden allerdings, der Systematik der Teildisziplinen der Germanistik folgend, Sprach-, Literatur- und Mediendidaktik getrennt behandelt. Die Lexika vermitteln einen schnellen Zugang zu den Themen und Begriffen des Faches. In den Heften der Zeitschriften finden sich aktuelle Debatten, didaktische Analysen und Vorschläge sowie Hinweise auf die neueste Forschung.

1 Literaturverzeichnis

1 Handbücher und Zeitschriften

1 Einführungen

ABRAHAM, ULF/BEISBART, ORTWIN/KOSS, GERHARD/MARENBACH, DIETER: *Praxis des Deutschunterrichts.* Donauwörth 1998. (zitiert: ABRAHAM 1998)

BREDEL, URSULA/GÜNTHER, HARTMUT/KLOTZ, PETER/OSSNER, JAKOB/SIEBERT-OTT, GESA (Hg.): *Didaktik der deutschen Sprache.* 2 Bde. Paderborn 2003. (= BREDEL 1, 2, 2003)

FREDERKING, VOLKER/KROMMER, AXEL/MAIWALD, KLAUS: *Mediendidaktik Deutsch. Eine Einführung.* Berlin 2008.

PAEFGEN, ELISABETH K.: *Einführung in die Literaturdidaktik.* Stuttgart, Weimar 1999.

STEINIG, WOLFGANG/HUNEKE, HANS-WERNER: *Sprachdidaktik Deutsch. Eine Einführung.* 3. Aufl. Berlin 2007. (= STEINIG 2007)

ULRICH, WINFRIED: *Didaktik der deutschen Sprache. Ein Arbeits- und Studienbuch in drei Bänden.* Stuttgart 2001. (= ULRICH 1, 2, 3, 2001)

2 Lexika

HOMBERGER, DIETRICH: *Lexikon Deutschunterricht. Sprache – Literatur – Didaktik und Methodik.* Stuttgart 2002.

KLIEWER, HEINZ-JÜRGEN/POHL, INGE (Hg.): *Lexikon Deutschdidaktik.* Baltmannsweiler 2006.

3 Zeitschriften

Der Deutschunterricht. Beiträge zu seiner Praxis und wissenschaftlichen Grundlegung (= *DU*). Velber: Friedrich-Verlag.

Deutschunterricht (= *DE*). Braunschweig: Westermann.

Didaktik Deutsch. Halbjahresschrift für die Didaktik der deutschen Sprache und Literatur (= *DD*). Hohengehren: Schneider-Verlag.

Praxis Deutsch (= *PD*). Velber: Friedrich-Verlag.

2 Literatur zu den einzelnen Kapiteln

Kapitel 2: Theorie und Praxis

GÜNTHER, HARTMUT u. a.: „Didaktik der deutschen Sprache. Ein Handbuch. Diskussionsvorschlag." In: *Didaktik Deutsch* 7 (1999), 87ff.

HOHENDAHL, PETER UWE: „Humboldt in Amerika? Zur Genese der amerikanischen Forschungsuniversität." In: *Leviathan* 6 (2004), 225–249.

MÜLLER-MICHAELS, HARRO: Positionen der Deutschdidaktik seit 1949. Königstein 1980; Fortsetzung: „Konzepte des Deutschunterrichts nach 1968." In: Franz, Kurt/Pointner, Horst (Hg.): *Interkulturalität und Deutschunterricht.* Neuried 1994, 179–194.

Kapitel 3: Schule vor Ort und Netzwerk weltweit

BUDE, HEINZ: *Die Ausgeschlossenen. Das Ende vom Traum einer gerechten Gesellschaft.* München 2008.

CASTEL, ROBERT: „Die Fallstricke des Exklusionsbegriffs." In: Bude, Heinz/ Willisch, Andreas (Hg.): *Exklusion. Die Debatte über die „Überflüssigen"*. Frankfurt 2008, 69–86.

FUHS, BURKHARD: *Qualitative Methoden in der Erziehungswissenschaft*. Darmstadt 2007.

KEPSER, MATTHIS: „Sprachunterricht und neue Medien." In: Bredel 2, 2003, 854–865.

SCHMITZ, ULRICH: „Schreiben und neue Medien." In: Ebd., Bd. 1, 249–260.

SEYDEL, OTTO: „Die gute Schule der Zukunft." In: *Wüstenrot* 2004, 122–139.

WÜSTENROT-STIFTUNG (Hg.): *Schulen in Deutschland. Neubau und Revitalisierung*. Stuttgart, Zürich 2004. (= *Wüstenrot* 2004)

Kapitel 4: Bildung und Kompetenzen
Quellen:

ADORNO, THEODOR W.: *Erziehung zur Mündigkeit*. Frankfurt a.M. 2000.

GOETHE, JOHANN W.: „Wilhelm Meisters Lehrjahre." In: *Goethes Werke, Hamburger Ausgabe*. Bd. VII, Hamburg 1959.

HERDER, JOHANN G.: „Schulrede vom Juli 1794." In: *FHA* 9/2, 699 ff.

HUMBOLDT, WILHELM V.: „Bericht der Sektion des Kultus und Unterrichts an den König, Dezember 1809." In: *Werke IV*. Darmstadt 1996, 210ff.

KANT, IMMANUEL: „Beantwortung der Frage: Was ist Aufklärung?" In: *Was ist Aufklärung?* Reclam (9714), 1978.

Literatur:

BACHELARD, GASTON: *Die Bildung des wissenschaftlichen Geistes*. Frankfurt 1978.

BAUMERT, JÜRGEN u.a. (DEUTSCHES PISA-KONSORTIUM): *PISA 2000. Basiskompetenzen von Schülerinnen und Schülern im internationalen Vergleich*. Opladen 2001.

BECK, BÄRBEL/KLIEME, ECKHARD (Hg.): *Sprachliche Kompetenzen. Konzepte und Messung*. Weinheim, Basel 2007.

BOLLENBECK, GEORG: *Bildung und Kultur. Glanz und Elend eines deutschen Deutungsmusters*. Frankfurt 1994.

BUDE, HEINZ: *Die Ausgeschlossenen*. (s. Kap. 3)

HELMERS, HERMANN: *Didaktik der deutschen Sprache. Einführung in die Theorie der muttersprachlichen literarischen Bildung*. 10. Aufl. Stuttgart 1979.

HENTIG, HARTMUT VON: *Bildung*. München 1996.

KLAFKI, WOLFGANG: *Studien zur Bildungstheorie und Didaktik*. 4. Aufl. Weinheim 1964, 25–45.

KLIEME, ECKHARD u.a.: *Zur Entwicklung nationaler Bildungsstandards. Eine Expertise*. Berlin 2003.

MITTELSTRASS, JÜRGEN: „Was heißt: sich im Denken orientieren?" In: Ders.: *Wissenschaft als Lebensform*. Frankfurt a.M. 1982.

MÜLLER-MICHAELS, HARRO: *Deutschkurse. Modell und Erprobung angewandter Germanistik in der gymnasialen Oberstufe*. Weinheim 1987, 2. Aufl.1994. (= *Deutschkurse*)

MÜLLER-MICHAELS, HARRO: „Humanitas ist unsere res publica – Konzepte der Humanität in einer Reihe von Reden und Briefen." In: *Herder-Jahrbuch IX* (2008), 99–107.

NIDA-RÜMELIN, JULIAN: *Humanismus als Leitkultur. Ein Perspektivenwechsel*. München 2006.

OSSNER, JAKOB: „Kompetenzen und Kompetenzmodelle im Deutschunterricht." In: *Didaktik Deutsch 21* (2006), 5–19. Zur Debatte: Hefte 22 und 23/2007 mit den Beiträgen von Ina Karg, Ulf Abraham, Heiner Willenberg, Juliane Köster und Marcus Steinbrenner.

TENORTH, HEINZ-ELMAR: *„Alle alles zu lehren". Möglichkeiten und Perspektiven allgemeiner Bildung.* Darmstadt 1994.

WILLENBERG, HEINER (Hg.): *Kompetenzhandbuch für den Deutschunterricht. Auf der empirischen Basis des DESI-Projekts.* Baltmannsweiler 2007.

WUNDERLICH, DIETER: *Grundlagen der Linguistik.* Reinbek 1973.

Kapitel 5: Inhalt und Sequenz

ABRAHAM, ULF/KEPSER, MATTHIS: *Literaturdidaktik Deutsch. Eine Einführung.* Berlin 2005.

ANDRESEN, HELGA/FUNKE REINHOLD: „Entwicklung sprachlichen Wissens und sprachlicher Bewusstheit." In: Bredel 1, 2003, 438ff.

AUGST, GERHARD/FAIGEL, PETER: *Von der Reihung zur Gestaltung. Untersuchungen zur Ontogenese der schrift-sprachlichen Fähigkeiten von 13–23 Jahren.* Frankfurt 1986.

AUGST, GERHARD: „Rechtschreibung und Rechtschreibunterricht – Aufbruch zu neuen Ufern oder alter Wein in neuen Schläuchen?" In: *DU 6* (1989).

AUGST, GERHARD/DEHN, MECHTHILD: *Rechtschreibung und Rechtschreibunterricht.* Stuttgart 1998.

BAURMANN, JÜRGEN: „Aufsatzunterricht und Schreibforschung." In: Ulonska, Herbert u.a. (Hg.): *Lernforschung in der Grundschule.* Bad Heilbronn 1996, 243 ff.

BLATTMANN, EKKEHARD/KOTTKE, EDITH: „Der Satzfächer im Grammatikunterricht der Grundschule." In: Blattmann, Ekkehard u.a.: *Deutschunterricht konkret. Bd. 2,* Baltmannsweiler 2002, 163ff.

BOGDAL, KLAUS-MICHAEL/KORTE, HERMANN: *Grundzüge der Literaturdidaktik.* 3. Aufl. München 2004. Darin: Karlheinz Fingerhut, Clemens Kammler, Hermann Korte.

BÜNTING, KARL-DIETER/EICHLER, WOLFGANG: *Grammatiklexikon. Kompaktwissen für Schule, Ausbildung, Beruf.* Berlin 1999, 208.

COPEI, FRIEDRICH: *Der fruchtbare Moment im Bildungsprozess.* 7. Aufl. Heidelberg 1963.

DOLCH, JOSEF: *Lehrplan des Abendlandes. Zweieinhalb Jahrtausende seiner Geschichte.* 3. Aufl. Ratingen 1971.

FEILKE, HELMUT: „Die Entwicklung der Schreibfähigkeit." In: Günter, Hartmut/ Ludwig, Otto (Hg.): *Schrift und Schriftlichkeit. Ein interdisziplinäres Handbuch internationaler Forschung.* 2. Halbbd. Berlin 1996, 1178–1191.

FIX, MARTIN: *Textrevisionen in der Schule. Empirische Untersuchungen in achten Klassen.* Baltmannsweiler 2000.

FRITZSCHE, JOACHIM: *Zur Didaktik und Methodik des Deutschunterrichts.* 3 Bde. Stuttgart 1994.

GEISSNER, HELLMUT: „Der Fünfsatz. Ein Kapitel Redetheorie und Redepädaogik." In: *Wirkendes Wort 18,* H. 4 (1968), 258–278.

GLINZ, HANS: „Geschichte der Didaktik der Grammatik." In: Bredel 1, 2003, 123ff.

HURRELMANN, BETTINA (Hg.): *Klassiker der Kinder- und Jugendliteratur.* Frankfurt a.M. 1995.

ISER, WOLFGANG: *Die Appellstruktur der Texte.* Konstanz 1971.

JESSING, BENEDIKT/KÖHNEN, RALPH: *Einführung in die Neuere deutsche Literaturwissenschaft.* Stuttgart, Weimar 2003.

KÄMPER-VAN DEN BOOGAART, MICHAEL (Hg.): *Deutschunterricht nach der PISA-Studie.* Frankfurt a.M. 2004.

KLOTZ, PETER: *Grammatische Wege zur Textgestaltungskompetenz. Theorie und Empirie.* Tübingen 1996.

LAUSBERG, HEINRICH: *Elemente der literarischen Rhetorik.* 3. Aufl. München 1967.

LEJEUNE, PHILIPPE: „Der autobiographische Pakt." In: Niggl, Günter: *Die Autobio-*

graphie. Zu Form und Geschichte einer literarischen Gattung. Darmstadt 1989, 214ff.

MÜLLER-MICHAELS, HARRO: *Dramatische Werke im Deutschunterricht.* 2. Aufl. Stuttgart 1975.

MÜLLER-MICHAELS, HARRO: „Literaturgeschichten. Aspekte und Ziele eines literaturhistorischen Unterrichts." In: Seifert, Walter (Hg.): *Literatur und Medien in Wissenschaft und Unterricht.* Köln 1987, 1ff.

MÜLLER-MICHAELS, HARRO: „Kanon – Denkbilder für das Gespräch zwischen Generationen und Kulturen." In: *Mitteilungen des Deutschen Germanistenverbandes 3* (1996), 44ff.

MÜLLER-MICHAELS, HARRO: „Familiendesaster in der Literatur. Zur anthropologischen Grundlegung des Literaturunterrichts." In: Köppert, Christine u.a. (Hg.): *„Entfaltung innerer Kräfte". Blickpunkte der Deutschdidaktik.* Velber 2001, 34ff.

MOSER, HUGO: *Analen der deutschen Sprache.* 2. Aufl. Stuttgart 1963.

NEULAND, EVA: „Sprachvarietäten – Fachsprachen – Sprachnormen." In: Bredel 1, 2003, 52ff.

RASCH, WOLF DIETRICH: *Die literarische Décadence um 1900.* München 1986.

SCHERNER, MAXIMILIAN: „Grammatik und Textualität". In: Bredel 1, 2003, 476ff.

SCHRIMPF, HANS JOACHIM: *Karl Philipp Moritz.* Stuttgart 1980.

SIEBER, PETER: *Parlando in Texten. Zur Veränderung kommunikativer Grundmuster in der Schriftlichkeit.* Tübingen 1998.

UEDING, GERT: *Rhetorik des Schreibens. Eine Einführung.* 4. Aufl. Weinheim 1996.

WAGNER-EGELHAAF, MARTINA: *Autobiographie.* Stuttgart, Weimar 2000.

WUNDERLICH, DIETER: *Studien zur Sprechakttheorie.* Frankfurt a.M. 1976.

Kapitel 6: Methoden des Unterrichts

BEHR, KLAUS u.a.: *Folgekurs für Deutschlehrer: Didaktik und Methodik der sprachlichen Kommunikation. Begründung und Beschreibung des projektorientierten Deutschunterrichts.* Weinheim 1975.

BREMERICH-VOS, ALBERT: „Notizen zum eingreifenden Umgang mit Texten." In: *Diskussion Deutsch 98* (1987), 611–615.

EISENBERG, PETER/MENZEL, WOLFGANG: „Grammatikwerkstatt." In: *PD 22*, H. 129 (1995), 14–23.

FÖRSTER, JÜRGEN: „Analyse und Interpretation. Hermeneutische und poststrukturalistische Tendenzen." In: Bogdal, Klaus-Michael u.a.: *Grundzüge der Literaturdidaktik.* München 3. Aufl. 2004, 231ff.

FREY, KARL: *Die Projektmethode. Der Weg zum bildenden Tun.* Weinheim 2007.

FRITZSCHE, JOACHIM u.a.: *Projekte im Deutschunterricht.* Stuttgart 1992.

FÜLLER, CHRISTIAN: *Schlaue Kinder, schlechte Schulen: Wie unfähige Politiker unser Bildungssystem ruinieren – und warum es trotzdem gute Schulen gibt.* München 2008.

GORNIK, HILDEGARD: „Methoden des Grammatikunterrichts." In: Bredel 2, 2003, 814ff.

HAUSMANN, GOTTFRIED: *Didaktik als Dramaturgie des Unterrichts.* Heidelberg 1959.

HENTIG, HARTMUT VON: *Schule als Erfahrungsraum.* Stuttgart 1973.

KAMMLER, CLEMENS (Hg.): *Literarische Kompetenzen – Standards im Literaturunterricht.* Seelze 2006.

KREFT, JÜRGEN: *Grundprobleme der Literaturdidaktik.* Heidelberg 1977.

MEYER, HILBERT: *Unterrichts-Methoden I: Theorieband.* 2. Aufl. Berlin 1988.

MÜLLER-MICHAELS, HARRO: *Literatur im Alltag und Unterricht. Ansätze zu einer*

Rezeptionspragmatik. Mit einem Beitrag von Barbara Rupp. Kronberg 1978.

MÜLLER-MICHAELS, HARRO: „Literarische Anthropologie in didaktischer Absicht." In: *DE* 52, H. 3 (1999), 164–174.

NEILL, ALEXANDER S.: *Theorie und Praxis der antiautoritären Erziehung. Das Beispiel Summerhill*. Reinbek 1969.

OSSNER, JAKOB: „Sprachbewusstheit: Anregung des inneren Monitors." In: Willenberg, Heiner (Hg.): *Kompetenzhandbuch für den Deutschunterricht*. Baltmannsweiler 2007, 134 ff.

PABST-WEINSCHENK, MARITA: *Die Sprachwerkstatt. Sprech- und Stimmbildung in der Schule*. Braunschweig 2000.

PETERSSEN, WILHELM H.: *Fächerverbindender Unterricht. Ein Lehrbuch*. München 2000.

ROSEBROCK, CORNELIA/NIX, DANIEL: *Grundlagen der Lesedidaktik und der systematischen schulischen Leseförderung*. Baltmannsweiler 2008.

ROTH, HEINRICH: *Pädagogische Psychologie des Lehrens und Lernens*. 7. Aufl. Hannover 1963.

SPINNER, KASPAR: „Literarisches Lernen. Basisartikel." In: *PD 200*, 6 (2006), 6–16.

TERHART, EWALD: *Lehr-Lernmethoden. Eine Einführung in Probleme der methodischen Organisation von Lehren und Lernen*. 4. Aufl. Weinheim, München 2005.

WERMKE, JUTTA: „Die Kunst zu finden ohne zu suchen." In: *Diskussion Deutsch* (1993), 88ff.

ZABKA, THOMAS: „Interpretationskompetenz als Ziel der ästhetischen Bildung." In: *DD 15* (2003), 18–32.

Kapitel 7: Leistungsbeurteilung als Diskurs

BAURMANN, JÜRGEN/GIER, EVA-MARIA: „Zur Aufsatzbeurteilung. Eine Auswahlbibliographie." In: *PD 72* (1985), 10ff.

BECK, OSWALD: *Theorie und Praxis der Aufsatzbeurteilung. Ein Handbuch für Lehrende und Studierende*. Bochum 1979.

BJÖRK, LENNART: „Über Textmuster und Schreibprozesse in der Oberstufe." In: *DE 53*, H. 1 (2000), 33ff.

BRÄUER, GERD: *Warum schreiben? Schreiben in den USA*. Frankfurt a.M. 1996.

GRZESIK, JÜRGEN/FISCHER, MICHAEL: *„Was leisten Kriterien für die Aufsatzbeurteilung?" Theoretische, empirische und praktische Aspekte des Gebrauchs von Kriterien und der Mehrfachbeurteilung nach globalem Ersteindruck*. Opladen 1985.

HAAS, GERHARD: „In der Schule Leistungen bewerten, ohne pädagogische Prinzipien außer Kraft zu setzen. Bewerten und Benoten im Offenen Unterricht." In: *PD 155* (1999), 10–19.

HABERMAS, JÜRGEN: „Entgegnung". In: Honneth, Axel/Joas, Hans (Hg.): *Kommunikatives Handeln. Beiträge zu Jürgen Habermas' „Theorie des kommunikativen Handelns."* Frankfurt a. M. 1986, 331.

HENTIG, HARTMUT VON: *Spielraum und Ernstfall*. Stuttgart 1973.

IVO, HUBERT: *Lehrer korrigieren Aufsätze. Beschreibung eines Zustandes und Überlegungen zu Alternativen*. Frankfurt a. M. 1982.

JENTZSCH, PETER: „Aufsatzkorrektur und Leistungsbewertung. Zur Methodik der Aufsatzbeurteilung an der Oberstufe." In: *DE 46*, H. 7–8 (1993), 357ff.

KÖSTER, JULIANE/LÜTGERT, WILL/CREUTZBURG, JÖRG (Hg.): *Aufgabenkultur und Lesekompetenz. Deutschdidaktische Positionen*. Frankfurt a. M. 2004.

MERKELBACH, VALENTIN: *Korrektur und Bewertung im Aufsatzunterricht. Wissenschaftliche Erkenntnis und didaktische Konzepte*. Frankfurt a.M. 1986.

MÜLLER-MICHAELS, HARRO: „Noten für Kreativität? Zum Problem der Beurteilung produktiver Arbeiten im Literaturunterricht." In: *DE 46*, H. 7/8 (1993), 338ff.

MÜLLER-MICHAELS, HARRO: „Leistungsbeurteilung als Diskurs." In: *DE*, Sonderheft (2000), 5ff.

MÜLLER-MICHAELS, HARRO: „Keine Angst vor Kreativität – produktionsorientierte Aufgaben im Abitur." In: *DE*, H. 5 (2005), 22ff.

NEULAND, EVA: „Sprachbewusstsein – eine zentrale Kategorie für den Sprachunterricht." In: *DU*, H. 3 (2002), 4ff.

NUSSBAUMER, MARKUS: *Was Texte sind und wie sie sein sollen. Ansätze zu einer sprachwissenschaftlichen Begründung eines Kriterienrasters zur Beurteilung von schriftlichen Schülertexten.* Tübingen 1991.

TERHART, EWALD/LANGKAU, THOMAS/LÜDERS, MANFRED: „Konstruktivismus und Unterricht. Gibt es einen neuen Ansatz in der Allgemeine Didaktik?" In: *Zeitschrift für Pädagogik 45* (1999), 629–647. (= 1999 b)

TERHART, EWALD/LANGKAU, THOMAS/LÜDERS, MANFRED: *Selektionsentscheidungen als Problembereich professionellen Lehrerhandelns.* Abschlussbericht an die DFG. Institut für Pädagogik. Ruhr-Universität Bochum 1999. (= 1999a)

WINTER, FELIX: *Leistungsbewertung. Eine neue Kultur braucht einen anderen Umgang mit den Schülerleistungen.* 3. Aufl. Baltmannsweiler 2008.

Kapitel 8: Hermeneutik und Empirie

BECK, BÄRBEL/KLIEME, ECKHARD (Hg.): *Sprachliche Kompetenzen. Konzepte und Messung. DESI-Studie.* Weinheim, Basel 2007.

BECKER-MROTZEK, MICHAEL: *Schreibentwicklung und Textproduktion. Der Erwerb der Schreibtätigkeit am Beispiel der Bedienungsanleitung.* Opladen 1997.

BERTSCHI-KAUFMANN, ANDREA: *Lesen und Schreiben in einer Medienumgebung. Die literalen Aktivitäten von Primarschulkindern.* Aargau 2000.

FRANK, HORST JOACHIM: *Dichtung, Sprache, Menschenbildung. Geschichte des Deutschunterrichts von den Anfängen bis 1945.* München 1973 (dtv 1976).

FUHS, BURKHARD: *Qualitative Methoden in der Erziehungswissenschaft.* Darmstadt 2007.

GROEBEN, NORBERT/HURRELMANN, BETTINA (Hg.): *Empirische Unterrichtsforschung in der Literatur- und Lesedidaktik. Ein Weiterbildungsprogramm.* Weinheim, München 2006.

GRUBER, FRIEDERIKE: *Interaktive Lektüre. Fallstudien zu neuen Methoden des Literaturunterrichts.* Bochum 2000.

KIENLE, GUNVER SOPHIA: „Vom Durchschnitt zum Individuum. Evidenzbasierte Medizin und ärztliche Therapiefreiheit." In: *Deutsches Ärzteblatt 105*, H. 25 (2008), 1161–1163.

KORTE, HERMANN (Hg.): *„Die Wahl der Schriftsteller ist richtig zu leiten". Kanoninstanz Schule. Eine Quellenauswahl zum deutschen Lektürekanon in Schulprogrammen des 19. Jahrhunderts.* Frankfurt a.M. 2005.

KORTE, HERMANN (Hg.): *Der deutsche Lektürekanon an höheren Schulen Westfalens von 1820 bis 1870.* Frankfurt a.M. 2007.

MÜLLER-MICHAELS, HARRO: „Der literarische Kanon in der Oberschule der DDR." In: Ehrlich, Lothar/Mai, Gunther (Hg.): *Weimarer Klassik in der Ära Honecker. Köln, Weimar, Wien 2001*, 219–232.

MÜLLER-MICHAELS, HARRO: „Geschichte der Literaturdidaktik und des Literaturunterrichts." In: Bogdal, Klaus-Michael u. a.: *Grundzüge der Literaturdidaktik.* München 2004, 30–48.

RUPP, GERHARD/HEYER, PETRA/BONHOLT, HELGE: *Lesen und Medienkonsum. Wie Jugendliche den Deutsch-*

unterricht verarbeiten. Weinheim, München 2004.

Wrobel, Dieter: *Individualisiertes Lesen. Leseförderung in heterogenen Lerngruppen. Theorie – Modell – Evaluation.* Baltmannsweiler 2008.

2 Nachweis der Abbildungen

Abb. 2.1: *Didaktik im Gefüge der Wissenschaften.* Rechte beim Autor.

Abb. 3.1: *Grundriss Erdgeschoss, Rudolf-Steiner-Schule Göteborg.* Aus: Caldenby, Claes: „Rückzug und neue Werte-Schulbau in Schweden." In: *Schulen in Deutschland.* Stuttgart, Zürich: Karl Krämer Verlag: Wüstenrot-Stiftung 2004, 204.

Abb. 4.1: *Die sprachlichen Grundfertigkeiten.* Aus: Helmers, Hermann: *Didaktik der deutschen Sprache. Einführung in die Theorie der muttersprachlichen literarischen Bildung.* 10. Aufl. Stuttgart: Ernst Klett Verlag 1979, 32.

Abb. 5.1: *Struktur der Argumentation.* Aus: Müller-Michaels, Harro: *Deutschkurse. Modell und Erprobung angewandter Germanistik in der gymnasialen Oberstufe.* 2. Aufl. Weinheim: Beltz Athenäum 1994, 165.

Abb. 5.2: *Der Fünfsatz.* Aus: Geissner, Hellmut: „Der Fünfsatz. Ein Kapitel Redetheorie und Redepädagogik." In: *Wirkendes Wort 18*, Heft 4 (1968). Düsseldorf: Schwann Verlag, 68.

Abb. 5.3: Nach William O'Grady: *Semantics.* Aus: Ulrich, Winfried: *Didaktik der deutschen Sprache. Ein Arbeits- und Studienbuch in drei Bänden.* Stuttgart: Klett 2001, 32.

Abb. 5.4: *Funktionen sprachlicher Äußerungen.* Aus: Abraham, Ulf/Beisbart, Ortwin/Koss, Gerhard/Marenbach, Dieter: *Praxis des Deutschunterrichts.* Donauwörth: Auer 2007, 29. Zitiert bei: Ulrich, Winfried: Didaktik der deutschen Sprache. Ein Arbeits- und Studienbuch in drei Bänden. Bd. 2. Stuttgart: Klett 2001, 32.

Abb. 5.5: *Bühlersches Organonmodell.* Aus: Steinig, Wolfgang/Huneke, Hans-Werner: *Sprachdidaktik Deutsch. Eine Einführung.* 3. Aufl. Berlin: Erich Schmidt Verlag 2007, 119.

Abb. 5.6: *Allgemeines Modell der Textproduktion.* Aus: Bredel, Ursula u.a.: *Didaktik der deutschen Sprache.* Bd. 1. Paderborn: Schöningh 2003, 213.

Abb. 5.7: *Schreibentwicklung als Prozess in Stufen.* Aus: Steinig, Wolfgang/Huneke, Hans-Werner: *Sprachdidaktik Deutsch. Eine Einführung.* 3. Aufl. Berlin: Erich Schmidt Verlag 2007, S. 128.

Abb. 5.8: *Rhetorische Mittel.* Aus: Müller-Michaels, Harro: *Deutschkurse. Modell und Erprobung angewandter Germanistik in der gymnasialen Oberstufe.* Weinheim 1987, 2. Aufl. Weinheim: Beltz Athenäum 1994, 163.

Abb. 5.9: *Wie lernt man Rechtschreiben?* Aus: *Der Deutschunterricht. Beiträge zu seiner Praxis und wissenschaftlichen Grundlegung.* Velber: Friedrich-Verlag. Zitiert bei: Ulrich, Winfried: *Didaktik der deutschen Sprache. Ein Arbeits- und Studienbuch in drei Bänden.* Bd. 2. Stuttgart: Klett 2001, 188.

Abb. 5.10: *Spiegel-Werbung.* Aus: *Der Spiegel 20* (2007) v. 14.5.2007: Eine Initiative der Aktion Mensch.

Abb. 5.11: *Liste „30 Bücher für Kinder von heute".* Aus: *Eltern 12* (1981).

Abb. 5.12: *Literatur und ihre Medien.* Rechte beim Autor.

Abb. 5.13: *Leitfragen zur selbstständigen Erarbeitung des Themas.* Rechte beim Autor.

Abb. 6.1: *Handlungsphasen.* Rechte beim Autor.

Abb. 6.2: *Die U-Kurve des Lernens.* Aus: Willenberg, Heiner (Hg.):

Kompetenzhandbuch für den Deutschunterricht. Auf der empirischen Basis des DESI-Projekts. Baltmannsweiler: Schneider 2007, 137.

Abb. 6.3: *Mehrebenenmodell des Lesens.* Aus: Rosebrock, Cornelia/Nix, Daniel: *Grundlagen der Lesedidaktik und der systematischen schulischen Leseförderung.* Baltmannsweiler: Schneider 2008, 16.

Abb. 6.4: *Spirale des Verstehens.* Aus: Müller-Michaels, Harro: *Deutschkurse. Modell und Erprobung angewandter Germanistik in der gymnasialen Oberstufe.* 2. Aufl. Weinheim: Beltz Athenäum 1994, 236.

Abb. 6.5: *Verstehensprozess.* Rechte beim Autor.

Abb. 7.1: *Zürcher Textanalyseraster.* Aus: Abraham, Ulf/Beisbart, Ortwin/Koss, Gerhard/Marenbach, Dieter: *Praxis des Deutschunterrichts.* Donauwörth: Auer 2007. Zitiert bei: Ulrich, Winfried: *Didaktik der deutschen Sprache. Ein Arbeits- und Studienbuch in drei Bänden.* Bd. 2. Stuttgart: Klett 2001, 32.

Abb. 7.2: *Die Kriterienbereiche einer textanalytischen Aufsatzbewertung in der schematischen Darstellung eines Kugelmodells.* Aus: *Deutschunterricht 7/8* (1993). Berlin: Volk und Wissen Verlag, 365.

Abb. 7.3: *Sieben wichtige Kriterien zur Beurteilung produktiver Aufgabenlösungen.* Aus: *Deutschunterricht* (Oktober 2005). Braunschweig: Westermann Verlag, 24, Abb. 4.

Abb. 7.4: *Prozess und Kriterien des Schreibens.* Aus: Müller-Michaels, Harro: „Leistungsbeurteilung als Diskurs.“ In: *Deutschunterricht* Sonderheft (2000).“ Berlin: Volk und Wissen Verlag, 12.

Abb. 8.1: *Kanoninstanz Schule.* Aus: Korte, Hermann (Hg.): *„Die Wahl der Schriftsteller ist richtig zu leiten.“ Kanoninstanz Schule. Eine Quellenauswahl zum deutschen Lektürekanon in Schulprogrammen des 19. Jahrhunderts.* Frankfurt a. M.: Peter Lang Verlag 2005, 46.

3 Register